Bob Fenster durchforscht die Weltgeschichte nach tö-
richten Taten und absurden Aussagen der menschlichen
Spezies. Und er wird fündig: Fatale Fehleinschätzungen,
verhängnisvolle Begriffsstutzigkeit, aber auch eine schier
unerschöpfliche Naivität, die zu wahrlich blöden Missgeschicken führte, begegnen ihm zuhauf. Dabei stellt er
fest: Es gibt nichts, was so dumm ist, dass Menschen es
nicht tun würden.

Bob Fenster lebt als freier Journalist und Autor gemeinsam
mit seiner Frau und seinen drei Söhnen in Santa Cruz,
Kalifornien. Seine Texte erscheinen u. a. in der *Washington
Post*, dem *Wallstreet Journal* und *Reader's Digest*.

BOB FENSTER

Dümmer geht immer

Ein kurioses Sammelsurium menschlicher Fehlleistungen

Aus dem Englischen
von Hucky Maier

Rowohlt Taschenbuch Verlag

Die Originalausgabe erschien 2007
unter dem Titel «The Big Book of Duh!»
bei Andrews McMeel Publishing, LLC, Kansas City.

Deutsche Erstausgabe
Veröffentlicht im Rowohlt Taschenbuch Verlag,
Reinbek bei Hamburg, Februar 2011
Copyright für die deutsche Ausgabe © 2011
by Rowohlt Verlag GmbH, Reinbek bei Hamburg
Copyright © 2007 by Bob Fenster
Umschlaggestaltung ZERO Werbeagentur, München
(Foto: Andy Ryan/Getty Images)
Satz PMN Caecilia und Trade Gothic (InDesign)
bei Pinkuin Satz und Datentechnik, Berlin
Druck und Bindung CPI – Clausen & Bosse, Leck
Printed in Germany
ISBN 978 3 499 62708 8

INHALT

7 Einleitung

11 Teil 1: Auf in den Narrenpalast!

13 **Kapitel 1:** Meine Lieblingstrottel: Sie glotzen mit
Fischen um die Wette und verschicken sich selbst

29 **Kapitel 2:** Die Gesellschaft für kreative Dummheit:
Nackt durch die Gegend fliegen und die Schuhe mit
Champagner putzen

45 **Kapitel 3:** Schien in dem Moment eine gute Idee
zu sein: Stich mich ab!

63 **Kapitel 4:** Ist doch nicht meine Schuld:
War eh alles zu spät

81 **Kapitel 5:** Selig sind die geistig Armen!
Wer wollte noch gleich mit einer Schubkarre
über die Rocky Mountains?

98 **Kapitel 6:** Die mit dem Feuer spielen:
Ich lasse nicht locker, bis ich mich umgebracht habe

117 **Kapitel 7:** Der Intelligenztest für Dumme:
Wie gut kennen Sie Ihre Regierung?

127 **Kapitel 8:** Die Neinsager: Geniale Ideen erkennt
man daran, dass sie verworfen werden

140 **Kapitel 9:** Unkonventionelle Wege zum Erfolg:
Blinder Aktionismus oder abwarten und Tee trinken

163 **Kapitel 10:** Wen wird Ihr Lama als Nächsten
anspucken? Die Krise der Macht

183 **Kapitel 11:** Bei der Arbeit: Der mit der längsten
Leitung im Büro

201 **Kapitel 12:** Männer gegen Frauen: Irgendjemand

musste ja auf sie hereinfallen – seien Sie froh,
dass Sie es nicht waren!

217 **Kapitel 13:** Wie man die Einfältigen überlistet:
Lass die Katze laufen – wir geben auf!

232 **Kapitel 14:** Diese arroganten Idioten!
Nichts kann so lustig sein

248 **Kapitel 15:** Sie war gar kein Waschbär:
Überraschende Dinge, die die Menschen nicht wissen

265 **Kapitel 16:** Ich habe gerade einen klitzekleinen
Fehler gemacht: Tim «Rock» Raines und der Ford
«Utopian Turtletop»

279 **Kapitel 17:** Abteilung Tarnen und Täuschen:
Stell dir vor, ich wäre eine Giraffe, und
jemand behauptete, ich sei eine Schlange

297 **Kapitel 18:** Amerikas dümmste Verbrecher:
Der Bankräuber, der in Ohnmacht fiel, und
andere Freiwillige für einen Urlaub hinter
schwedischen Gardinen

312 **Kapitel 19:** Manche Missgeschicke schmerzen doppelt:
Kaffee mit komischem Beigeschmack …

328 **Kapitel 20:** Evergreens: Als die Bäume noch
Vögel gebaren

341 **Kapitel 21:** Bekloppte Ideen und die bekloppten Typen,
die darauf hörten

354 **Kapitel 22:** Intelligente Idioten: Wenn sich das Gehirn
langsam verabschiedet

370 **Kapitel 23:** Die ganz alltägliche Dummheit: Hohe
Gebilde, die erdacht wurden, um rechtschaffene
Menschen einzuschüchtern

387 **Kapitel 24:** Was haben Sie gesagt? Lebenszeichen,
die nach Intelligenz schreien

397 **Teil 2: Völlig abgedreht**

EINLEITUNG

Als William Howard Taft, Richter des Obersten Gerichtshofs der USA, der Rechtsfakultät der Universität Yale einen Besuch abstattete, fragte er den Dekan: «Ich nehme an, Sie lehren Ihre Studenten, dass alle Richter Narren sind.»

«Aber nein, Herr Bundesrichter», entgegnete Dekan Robert Hutchins, «wir lassen die Studenten dies selbst herausfinden.»

Dies ist die Schule des Lebens: Jeder muss für sich selbst herausfinden, dass die Welt voller Idioten steckt, die sich in der Regel als wir selbst entpuppen.

Willkommen zu einer weiteren Chronik der menschlichen Dummheit. Sollten Sie sich irrtümlich in diese Klasse verlaufen haben, sind Sie hier goldrichtig.

In all den Jahren, die ich mich inzwischen mit der menschlichen Dummheit beschäftige und darüber schreibe, laufen meine Nachforschungen stets auf eine zentrale Frage hinaus: Werden uns die Dummen eines Tages alle ins Verderben ziehen?

Weit gefehlt. Die Intelligenten werden hierfür verantwortlich zeichnen.

«Wir haben die Macht, jeden verdammten Mist anzustellen, den wir wollen», sagte Senator William Fulbright, «und scheinen ungefähr alle zehn Minuten davon Gebrauch zu machen.»

Egal welche Dummheiten wir auch begehen – es dürfte schwer sein, das Niveau unserer Regierung zu erreichen, die nicht nur in dieser Hinsicht den Weg weist. Aber keine Angst. Wenn uns etwas begleitet, dann ist es schlichtes Pech. Eine Ressource, die der Menschheit eigentlich so langsam ausgehen müsste.

Menschen begehen Dummheiten, weil sie glauben, ungeschoren davonkommen zu können. Später denken sie: Schien seinerzeit eine gute Idee zu sein. War doch nicht meine Schuld! Wer konnte schon ahnen, dass die Pistole geladen war?

Wir sind gut im Erfinden von Ausreden, weil wir es bitter nötig haben.

Gibt es doch so viele Leute, die das Zeug zum Astrophysiker, Hollywoodstar oder Milliardär hätten, denen jedoch das Pech an den Fingern klebt. Nach oben hin sind unseren Idioten keine Grenzen gesetzt. Sie befinden sich in bester Gesellschaft, sind unterhaltsam und immer für eine Überraschung gut – und jederzeit in der Lage, Platz für einen mehr auf der Party zu schaffen.

Die Welt ist ein einziges Chaos, wenn man die Sache nüchtern betrachtet. Aber unser Leid ist des Idioten Freud, da die menschliche Dummheit zu jeder Zeit an jedem Ort ihr Unwesen treiben kann.

Als US-Verteidigungsminister Donald Rumsfeld im Jahr 2004 auf dem Armeestützpunkt Fort Campbell in Kentucky eintraf, um vor Soldaten eine Rede zu halten, verkündete ein Sicherheitsoffizier folgende Sicherheitsmaßnahmen: «Die Öffentlichkeit hat zu dieser öffentlichen Veranstaltung keinen Zutritt.»

Seitdem hat sich die gesamte Regierung diese Politik zu eigen gemacht.

Politiker erzählen uns immer, alles sei bestens *und* sie würden es außerdem schon richten. Und wir glauben ihnen – zumindest einmal alle vier Jahre. Bauen sie Mist, geht ein Aufschrei der politischen Klasse durchs Land: «Verrat!» Und wir glauben ihnen wieder.

Ist das menschliche Gehirn nicht großartig? Lehrer erzählen uns, wir müssten lernen fürs Leben. Popstars erzählen uns, sexy zu sein ist intelligenter, als intelligent zu sein. Die

Werbung erzählt uns, je mehr wir kaufen, desto mehr Sex-appeal hätten wir. Wir glauben einfach alles.

Ich glaube, unser großer Fehler besteht darin, dass wir alles glauben.

Dieses Buch handelt von den unglaublichen Dummheiten, die die Menschheit zu begehen imstande war, nach wie vor ist und für immer bleiben wird.

Nach allem, was wir wissen, verdummt die menschliche Rasse jeden Tag ein kleines bisschen mehr, und wir haben in-zwischen möglicherweise den Punkt erreicht, zu dumm zu sein, um dies zu realisieren.

«Wenn jeder gleich denkt», sagte General George S. Patton Jr., «denkt keiner richtig.»

Patton würde sich bestätigt fühlen, denkt in diesem Buch doch niemand gleich – wenn überhaupt Gehirn im Spiel ist.

Ebenso die Künstlerin Corita Kent mit ihrer Forderung: «Alles außer dem Zirkus gehört verboten!»

In diesem Sinne: Manege frei!

Bevor es losgeht, hier noch ein kleiner Hinweis zum Schluss: Sie können intelligent oder dumm durchs Leben gehen. Ich empfehle Ihnen die erste Variante, haben Sie doch in diesem Fall weniger Konkurrenz zu fürchten.

Teil 1

Auf in den Narrenpalast!

KAPITEL 1

Meine Lieblingstrottel: Sie glotzen mit Fischen um die Wette und verschicken sich selbst

๑ ๑ ๑

Sie schicken sich an, einem der größten Privatvergnügen zu frönen, die unser Leben zu bieten hat: die Erkenntnis zu genießen, nicht so doof wie die nun folgenden Narren zu sein – egal welche Dummheiten Sie im Laufe Ihres Lebens begangen haben (oder gerade begehen).

Sie fragen sich, warum dies eines der größten Privatvergnügen sein soll? Ganz einfach: weil Sie mit ziemlicher Sicherheit Krach bekommen, wenn Sie Ihren Freunden davon erzählen.

Zwanzig Personen, die Ihr Selbstbewusstsein stärken, weil Sie – aller Wahrscheinlichkeit nach – nicht so dumm sind wie sie

Nr. 20

Ein Häftling, der in Massachusetts eine zehnjährige Gefängnisstrafe verbüßte, klagte auf Verkürzung seiner Haft um zwei Tage.

Warum? Weil zwei Schaltjahre in seine Haftzeit fielen und die beiden zusätzlichen Tage seine Strafe in unangemessener Weise verschärften, wenn man den Maßstab eines normalen Jahres zugrunde legte.

Klage abgewiesen, Eins mit Sternchen für Einfallsreichtum.

Nr. 19

Eine Texanerin setzte ihre sechsjährige Tochter an der Schule ab und fuhr davon. Die Polizei sah das Mädchen Stunden später mutterseelenallein auf dem Schulhof herumlaufen.

Die Polizisten nahmen die Mutter fest, obwohl diese beteuerte, ihr sei nicht aufgefallen, dass niemand sonst an der Schule war, als sie ihre Tochter dort absetzte. Ihr war wohl auch entgangen, dass es Samstag war.

Nr. 18

Es ist ohnehin schon schwer genug, im Showgeschäft Fuß zu fassen, aber noch viel schwerer wird es, wenn man es versucht, ohne auf die Vorzüge eines Gehirns zurückgreifen zu können.

In Chicago setzte sich im Jahr 1929 ein ambitionierter Schauspieler namens Charles Loeb in eine große Kiste und verschickte sich selbst an ein Filmstudio nach Hollywood.

Durch diesen Schachzug überwand er zwar die Studiotore, war aber mehr tot als lebendig, als man ihn schließlich auspackte. Loeb erholte sich zwar von seinen Verletzungen, konnte jedoch keine Filmrolle an Land ziehen, da niemand einen solchen Spinner unter Vertrag nehmen wollte.

Nr. 17

Im Jahr 2006 spürte die Polizei in dem nordkalifornischen Ort Petaluma einen Mann auf, der in seinem kleinen Haus tausend Ratten als Haustiere hielt. Jemand, der *eine* Ratte als Haustier hat, mag vielleicht ein Freak sein. Wer aber *tausend* Ratten hält, ist ein Zeitgenosse, dem man besser nicht den Rücken zukehren sollte. Noch merkwürdiger wird die Geschichte, wenn man weiß, dass die Polizei von Petaluma fünf Jahre zuvor auf eine Frau gestoßen war, die zweihundert Katzen in ihrem Haus beherbergte.

Dieser Fall sorgte allerdings für weniger Aufsehen, weil Tierfreunde in der Regel nun mal Hunde oder Katzen halten.

Dennoch könnte sich die Gemeinde des Problems entledigen, brächte sie die Katzenfrau mit dem Rattenmann zusammen. Oder sie könnte einfach ihr Motto ändern: «Petaluma, Heimat der Tiersammler».

Nr. 16

Zwei befreundete Kanadier kamen bei einem Frontalzusammenstoß mit ihren Motorschlitten ums Leben. Allerdings handelte es sich nicht um einen Unfall. Diese beiden Intelligenzbestien spielten das Feiglingsspiel – wer zuerst ausweicht, hat verloren. Ausgang unentschieden!

Nr. 15

Die allergrößten Dummköpfe versuchen Probleme zu lösen, die gar nicht existieren. Wie die Südkoreanerin, die sich im Jahr 1987 erhängte, weil sie vergessen hatte, den Wecker umzustellen, als in dem asiatischen Land die Sommerzeit begann.

Aufgrund ihres Versäumnisses musste ihr Mann ohne Proviant zum Firmenpicknick aufbrechen. Wie konnte sie nur mit dieser Schande leben? Nun, sie konnte es nicht.

Warum stellte sich ihr Ehemann eigentlich nicht selbst den Wecker oder kümmerte sich selbst um seine Marschverpflegung? Fragen, die nur eine Frau beantworten kann, die mit einem solchen Gatten gesegnet ist.

Nr. 14

Manchmal stehen Sie vor einem kleinen Problem oder glauben dies zumindest. Sie überlegen, wie Sie das Problem aus der Welt schaffen können, und riskieren dabei Kopf und Kragen.

Genau dies passierte einem Teenager in England, der fürchtete zu stinken. Er ging ins nächste Geschäft und kaufte ein Deodorant. Problem gelöst? Mitnichten!

Der Junge war sich nicht sicher, ob er den Körpergeruch auch *restlos* beseitigt hatte, weshalb er ein weiteres Deospray kaufte. Und daraufhin noch eines.

Schließlich desodorierte er sich zu Tode, wie die Obduktion ergab. Besessen von dem Gedanken, nur ja keinen Körpergeruch zu entwickeln, nebelte sich der Junge monatelang mit Unmengen von Deodorant ein. Dadurch wurde die Propan- und Butankonzentration in seinem Blut so hoch, dass sie dem Zehnfachen der tödlichen Dosis entsprach und schließlich zu einem Herzinfarkt führte.

Nr. 13

Zwei Kandidaten, die mit derart hirnrissigen Wahlverspre-chen ein politisches Amt anstrebten, dass ihnen meine Stimme gleichermaßen sicher gewesen wäre:

Im Jahr 1940 bewarb sich Samuel Ferdinand-Lop um das Amt des französischen Staatspräsidenten. Unter dem Slogan «Lopeothérapie» forderte er die Abschaffung der Armut nach zehn Uhr abends und wartete überdies mit einem originellen Plan auf, um die Luftqualität in Paris zu verbessern: Für den Fall seiner Wahl kündigte Lop die Verlegung der Stadt aufs Land an!

Im Jahr 1999 bewarb sich ein Politiker für das britische Oberhaus mit dem Vorschlag, Katzen einen Maulkorb zu ver-passen, um Mäuse und kleine Vögel vor Grausamkeiten zu bewahren.

Nr. 12

Oofty Goofty schrieb eines der merkwürdigsten Kapitel in der Geschichte des Showgeschäfts. Um seinen Lebensunter-halt zu bestreiten, nahm er sogar große Schmerzen in Kauf. Im 19. Jahrhundert trat Oofty Goofty als Straßenkünstler in

San Francisco auf, der sich von Leuten gegen Geld mit einem Knüppel malträtieren ließ.

Der Box-Champion John L. Sullivan ließ sich nicht zweimal bitten und verprügelte Goofty für 50 Cent mit einem Billardstock. Dabei brach er ihm das Kreuz, was das Ende von Gooftys Showkarriere bedeutete.

Nr. 11

*E*s bedarf besonderer Anstrengungen, um etwas besonders Bekloppptes zustande zu bringen – etwas, wofür man in bleibender Erinnerung behalten wird.

Ein Australier spielte in seiner Garage Billard, als ihm die Idee zu einem raffinierten Kunststoß kam. Er zog sich an einem Deckenträger nach oben und umklammerte ihn mit den Beinen, sodass er kopfüber nach unten hing, um aus dieser Position zum Stoß anzusetzen.

Doch der Stoß missriet dem Mann gründlich: Er fiel von der Decke, schlug mit dem Kopf auf den Betonboden und starb schließlich an den erlittenen Hirnschäden. Allerdings besteht der begründete Verdacht, dass unser Freund bereits vor dem tödlichen Sturz mit Hirnschäden zu kämpfen hatte.

Nr. 10

In South Carolina hatte ein Mann das Glück, sich lebend aus seinem Haus retten zu können, nachdem dort Feuer ausgebrochen war. Kaum befand er sich auf der Straße und damit in Sicherheit, rannte er plötzlich zurück in das brennende Haus, um sein Handy zu holen, damit er die Feuerwehr alarmieren konnte. Er kam in den Flammen um.

Nr. 9

Ein Angestellter einer Firma in Alexandria, Virginia, war mit der Beurteilung in seinem Arbeitszeugnis unzufrieden. Er rief seinen Chef an, um sich zu beschweren. Allerdings blieb es nicht bei einem Anruf. Nach der fünfzigsten Beschwerde wurde er wegen Belästigung verhaftet und zur Verbüßung einer Gefängnisstrafe von dreißig Tagen verurteilt.

Worum ging es bei der Beschwerde des Mannes? Er meinte, für seine Arbeit die Beurteilung «herausragend» verdient zu haben. Sein Chef hatte ihn lediglich mit «höchst erfolgreich» bewertet.

Sich zu beschweren ist vielleicht ein Charakterzug, der höchst erfolgreichen, aber nicht unbedingt herausragenden Menschen eigen ist.

Nr. 8

Im Jahr 1798 ergriff der Bischof von Durham der Church of England im britischen Oberhaus das Wort, um eine eindringliche Warnung an die Nation zu richten: Französische Agenten versuchten, Balletttänzerinnen ins Land einzuschleusen, um die britische Gesellschaft zu unterwandern.

Schlimmer als die französische Armee hätten die Ballerinen den Engländern auch nicht zusetzen können.

Nr. 7

In Neuseeland wurde ein Mann verhaftet, weil er seine Unterwäsche in Brand steckte und mit einem motorisierten Barhocker durch den Ort fuhr. Der Stein des Anstoßes? Fahren ohne Führerschein.

Nr. 6

Im Jahr 1988 erfand eine japanische Firma Unterwäsche für den Sechstagegebrauch. Man drehte seine Unterhose drei Tage lang um jeweils vierzig Grad seitwärts und kehrte anschließend die Innenseite nach außen, um selbige Prozedur drei weitere Tage lang zu wiederholen.

Was der ganze Aufwand sollte, vermochte die Marketingabteilung des Unternehmens allerdings nicht plausibel zu erklären.

Nr. 5

Das afrikanische Land Sambia startete ein Raumfahrtprogramm der eigenen Art und beschloss, seine Astronauten mit einem Katapult zum Mond zu schießen.

Das von sambischen Wissenschaftlern erdachte Bodentraining zur Vorbereitung auf die Unbill des Raumflugs hatte es in sich: Man steckte Freiwillige in eine Öltonne und ließ sie einen Hang hinunterrollen.

Nr. 4

Nachdem man dem Boxer Stanley Ketchel die Evolutionstheorie erklärt hatte, starrte dieser stundenlang auf ein Goldfischglas, um anschließend seine Freunde zu belehren, die Evolution liege völlig daneben. «Ich beobachte diese Fische jetzt seit Stunden», meinte er, «und sie haben sich kein bisschen verändert.»

Nr. 3

Unentschieden zwischen den russischen Gesichtsschlägern und den walisischen Schienbeintretern im Kampf um die dümmste Sportart der Welt.

Im Jahr 1931 kämpften in Kiew zwei Russen um einen neuen Ausdauerrekord in der obskur anmutenden sowjetischen Sportart, sich gegenseitig ins Gesicht zu schlagen. Ihr Scharmützel dauerte dreißig Stunden, und die beiden waren noch nicht einmal wütend aufeinander. Zumindest nicht zu Beginn des Kampfes.

In Wales finden jedes Jahr die Weltmeisterschaften im Schienbeintreten statt, einer Sportart, bei der sich zwei Männer gegenseitig an den Schultern packen und so lange gegen das Schienbein treten, bis einer aufgibt.

Nr. 2

König Georg VI. von England war nicht gerade als ausgewiesener Kunstkenner bekannt. Allerdings war er auch in anderen Dingen nicht allzu sehr bewandert.

Einmal besuchte der König eine Kunstausstellung und betrachtete ein Gemälde, auf dem ein Sturm über dem Meer zu sehen war. «Schade», meinte der König zu dem Künstler, «dass Sie so ein scheußliches Wetter hatten.»

Nr. 1

Im Jahr 2001 rief ein Mann aus North Carolina bei der Polizei an, um Anzeige zu erstatten, hatte ein Dieb doch seine Marihuanapflanzen gestohlen. Als die Polizei bei dem Mann zu Hause eintraf, führte das Opfer die Beamten in seinen Garten, wo der Übeltäter die Graspflanzen aus dem Boden gerissen hatte.

Sie meinen, dümmer geht's nicht? Weit gefehlt! Der Dieb hatte nicht *alle* Pflanzen mitgehen lassen, im Garten waren noch zweiundzwanzig Marihuanapflanzen übrig geblieben. Nachdem sich die Polizisten – vor Lachen – wieder eingekriegt hatten, führten sie den Mann ab.

Zwölf weitere Personen, denen Sie in puncto Dummheit so gut wie sicher nicht das Wasser reichen können – hoffentlich

Nr. 12

Isabella I. – Anfang des 16. Jahrhunderts Königin von Spanien – schwor, ihre Unterwäsche so lange nicht zu wechseln, bis die Truppen ihres Ehemanns die niederländische Stadt Ostende eingenommen hätten. Die Verteidiger der Stadt hielten der spanischen Belagerung drei Jahre lang stand.

Nr. 11

Ein japanischer Politiker, der in den Umfragen zurücklag, brauchte keinen Wahlkampfmanager, um sich folgende originelle Strategie auszudenken: Er täuschte einen Mordanschlag auf sich vor, um einen Mitleidsbonus zu erhaschen. Damit der Anschlag möglichst authentisch wirkte, stach sich unser Freund selbst ins Bein. Dabei durchtrennte er eine Arterie und verblutete, bevor er seine abschließende Wahlkampfrede halten konnte.

Nr. 10

Die Sängerin Ganna Walska hatte eine der miserabelsten Stimmen, die je in einer Oper zu hören waren. Dennoch war sie eine erfolgreiche Opernsängerin, verfügte sie doch über die Gabe, gerade auf reiche Männer besonders anziehend zu wirken. Schließlich heiratete Walska den Millionär Harold Fowler McCormick, der ihr jeden Wunsch erfüllte: Häuser, Schmuck, ihr eigenes Opernensemble. Unter anderem bestand Walska aber auch darauf, dass sich ihr Mann einer Operation unterzog, bei der ihm Affendrüsen implantiert werden sollten, um seine sexuelle Leistungsfähigkeit zu steigern. Ihr zuliebe ließ er die nicht ungefährliche Operation über sich ergehen. Anschließend warf sie ihn aus der gemeinsamen Villa.

Nr. 9

Joseph Gould entstammte einer wohlhabenden Familie und war Harvard-Absolvent. Dennoch sind Zweifel an seiner geistigen Verfassung angebracht. Nach dem College verschlug es Gould nach North Dakota, wo er im Rahmen einer selbstauferlegten Forschungsmission die Köpfe von Mandan- und Chippewa-Indianern vermessen wollte.

Gould verbrachte Jahre damit, fünfzehnhundert Indianer davon zu überzeugen, sich von ihm ihre Kopfmaße nehmen zu lassen – auch wenn sein Projekt aus wissenschaftlicher Sicht keinerlei Relevanz hatte.

Kurz vor dem Ersten Weltkrieg ging Gould nach Greenwich Village, wo er zum ersten Boheme-Dichter dieses New Yorker Stadtteils avancierte. Als Schriftsteller verfasste er zahlreiche Abhandlungen, die jedoch nie publiziert wurden. Einmal reichte er bei einer kleinen Zeitschrift eine Buchrezension ein, die deshalb nicht veröffentlicht wurde, weil sie knapp zweihundert Seiten umfasste – länger als das rezensierte Buch und um einiges umfangreicher als die Zeitschrift, in der Gould seinen Beitrag abgedruckt sehen wollte.

In Greenwich Village wurde Gould dann als *Professor Seagull** bekannt, weil er Vogelstimmen imitierte, um von Touristen Drinks spendiert zu bekommen. Er ernannte sich zum weltweit führenden Experten für Möwensprache.

Im Winter schlief Gould im Washington Square Park. Um nicht auszukühlen, stopfte er Zeitungspapier in seinen Anzug. Als wahrer Bohemien legte Gould großen Wert darauf, bei seinen Wärmedämmungsmaßnahmen nur eine Zeitung zu verwenden – die *New York Times*. Er selbst sagte über sich, er sei im Innersten ein Snob.

Nr. 8

Während des amerikanischen Bürgerkriegs bat ein Geschäftsmann Präsident Lincoln um einen Passierschein, um nach Richmond, der Hauptstadt der Konföderation, zu reisen. Der Präsident versuchte dem Mann zu erklären, warum er sich außerstande sah, seiner Bitte zu entsprechen. «Im Laufe der letzten zwei Jahre habe ich 250 000 Personen einen Passierschein ausgestellt, um nach Richmond zu fahren», meinte Lincoln, «und bis jetzt ist nie jemand dort angekommen.»

---

* *Seagull* ist die englische Bezeichnung für *Möwe*

Nr. 7

Unentschieden zwischen den Aufzugssurfern in Manhattan und den brasilianischen Eisenbahnsurfern in der Kategorie «Dinge, die nur jugendlichen Dummköpfen in den Sinn kommen können».

Im Jahr 1989 starb in New York City ein Jugendlicher beim Aufzugssurfen – einem gefährlichen Unterfangen, bei dem der Protagonist in einem Wolkenkratzer auf dem Kabinendach eines Aufzugs steht, der mit atemberaubender Geschwindigkeit wahlweise nach oben oder unten rauscht. Eine ziemlich blöde Art zu sterben, und so mochte man annehmen, dass dieser Fall anderen Teenagern, die den Nervenkitzel suchen, als abschreckendes Beispiel diente. Niemand würde so dumm sein, dem getöteten Jungen nachzueifern.

Falsch. Aufzugssurfen wurde in New York zu einer regelrechten Modeerscheinung. Immer mehr Jugendliche stürzten sich mit weit aufgerissenen Augen in die gefährliche Welt des Extrem-Aufzugssurfens. In jenem Jahr wurden zehn weitere Jungen am oberen Ende des Aufzugsschachts zu Tode gequetscht oder stürzten vom Kabinendach des rasend schnellen Aufzugs in den Tod.

Brasilianische Teenager versuchten unter Beweis zu stellen, dass sie sogar noch mutiger sind als Amerikas Aufzugssurfer, und verlegten sich darauf, auf dem Dach von elektrischen Hochgeschwindigkeitszügen mitzufahren.

Jungen, die sich nicht tief genug duckten, wurden von den Traversen der Oberleitungen enthauptet. Andere kamen aus dem Gleichgewicht und griffen haltsuchend nach den elektrischen Leitungen. Stürzten sie nicht vom Zugdach in den Tod, wurden sie durch einen Stromschlag getötet.

Nr. 6

Der Senator William Smith war Vorsitzender des nationalen Ausschusses, der die *Titanic*-Katastrophe untersuchte. Smith war es unerklärlich, warum nicht mehr Menschen überlebten, als das Schiff in den eisigen Fluten des
Nordatlantiks sank.

«Warum flüchteten sich die Passagiere an Bord nicht in die
wasserdichten Kabinen, um dem Tod durch Ertrinken zu entgehen?», fragte er. Senator Smith übersah, was offensichtlich
ist: Sinkt ein Schiff erst einmal auf den Meeresgrund, spielt es
keine Rolle mehr, wie wasserdicht die Kabinen sind.

Nr. 5

Zwei Filmstars – Joan Crawford und Yul Brynner – schenkten
sich nichts an Kreativität, wenn es galt, dem persönlichen
Assistenten skurrile Aufgaben zu übertragen: Crawford heuerte einen Assistenten an, dessen Tätigkeit darin bestand, am
Filmset anwesend zu sein, um ihr zwischen zwei Einstellun-
gen Komplimente ins Ohr zu flüstern.

Bei den Dreharbeiten zu *Die glorreichen Sieben* wurde Yul
Brynner den Eindruck nicht los, dass sein Kollege Steve
McQueen ihm die Schau stehlen wollte, indem er immer
dann an seinem Cowboyhut herumnestelte, wenn Brynner
seinen Text sprach. Prompt sicherte er sich die Dienste eines
Statisten, der McQueens Hut im Auge behalten und jede verdächtige Bewegung melden sollte.

Nr. 4

Die Niagarafälle üben auf Idioten seit jeher eine ganz besondere Anziehungskraft aus. Beim Anblick der mächtigen Was-
serfälle schießt manch übereifrigem Zeitgenossen als Erstes
der Gedanke durch den Kopf: Wow, einmal in einer Tonne
hier hinunter – das wäre das Größte! Oder in einem dieser

großen Gummireifen oder mit einem Kajak. Einsteigen und los!

Unter den vielen Leuten, die sich die Niagarafälle hinunterstürzten, sticht eine Frau hervor, die offenbar schon vor ihrer halsbrecherischen Mission unter multiplen Gehirnschäden litt. Im Jahr 1901 stürzte sich Maud Willard in einer Tonne die Niagarafälle hinunter. Im Gegensatz zu manch anderem Draufgänger brachte sie jedoch nicht der Höllenritt als solcher um.

Was also war die Ursache für Maud Willards Tod? Ihr Hund, der sie auf ihrem Himmelfahrtskommando – wohl eher unfreiwillig – begleitete, presste seine Nase so fest gegen das einzige Luftloch in der Tonne, dass sie erstickte. Der Hund überlebte.

Nr. 3

Ein Friseur in Singapur avancierte zum Trendsetter, als er eine neue Haarschneidetechnik kreierte und seiner Kundschaft mit einer Lötlampe zu Leibe rückte. Der Trend erwies sich als recht kurzlebig. Wie auch die Haarpracht der Kunden.

Nr. 2

Es gab schon immer Politiker, die keine Meinungsumfragen brauchten, um zu einer Wahl anzutreten. Hier drei Vertreter dieser Spezies:

Im viktorianischen England des 19. Jahrhunderts kandidierte John Fransham für das Parlament mit dem Wahlversprechen, das Bettenmachen gesetzlich auf ein Mal pro Woche zu beschränken. Begründung: Alles, was darüber hinausginge, sei zu weibisch.

Im Jahr 1952 bewarb sich Pastor Homer Tomlinson mit der Forderung nach einem auf religiösen Prinzipien basierenden Staat um das amerikanische Präsidentenamt. Er versprach,

Steuern durch die Abgabe eines Zehnten zu ersetzen und in seinem Kabinett den Posten eines Ministers für Gerechtigkeit zu schaffen. Nachdem Tomlinson die Wahl verloren hatte, erklärte er sich zum König der Welt.

Ein weiterer schriller Politiker, Screaming Lord Sutch, ging als Kandidat der Monster Raving Loony Party (zu Deutsch etwa: die Partei der rasend verrückten Monster) ins Rennen um einen Sitz im englischen Parlament. Er hatte sich auf die Fahnen geschrieben, das Klima in Großbritannien zu verbessern, indem er die ganze britische Insel in den Mittelmeerraum verlagern wollte.

Nr. 1

John Mytton, ein britischer Aristokrat im 19. Jahrhundert, ersann eine ungewöhnliche Methode, um seinen ständig wiederkehrenden Schluckauf zu kurieren – er zündete seine Kleidung an. Nachdem seine Kammerdiener das Feuer gelöscht und so seine Haut gerettet hatten, rief Mytton freudestrahlend aus: «Gott im Himmel, der Schluckauf ist weg!»

Gemeinsam sind wir stark: wenn unsägliche Dummheit das Produkt einer gesamten Mannschaft ist

Es gibt Fälle, in denen ein Einzelner einfach nicht in der Lage ist, eine Dummheit gigantischen Ausmaßes zu vollbringen. Glücklicherweise jedoch stehen Kohorten weiterer Idioten Gewehr bei Fuß, um in die Bresche zu springen – vorausgesetzt, es handelt sich um etwas wirklich Lächerliches.

Nr. 6

Gegen Ende des 19. Jahrhunderts wurde die Christlich-Apostolische Kirche von Zion im US-Bundesstaat Illinois von Wilbur Voliva geleitet, einem exzentrischen Prediger, der als der Generalaufseher bekannt war. Seine merkwürdigen persönlichen Marotten wurden zum Maßstab für den Verhaltenskodex der ganzen Gruppe – so war etwa der Verzehr von Speck oder Austern verboten, zu summen oder zu pfeifen fiel ebenfalls darunter. Jeder musste um zehn Uhr abends zu Hause sein, und all seine Anhänger hatten sich der Meinung anzuschließen, die Erde sei flach wie eine Scheibe.

Nr. 5

Eine französische Sekte im 18. Jahrhundert interpretierte die Ehe als ausgesprochen kurzlebige Institution. Jede zwischen zwei Sektenmitgliedern geschlossene Ehe besaß nur für einen einzigen Tag Gültigkeit, wobei ihr Vollzug in der Kirche unter den Augen der versammelten Sektengemeinschaft stattfand.

Nr. 4

Irgendwie überdauerte in Russland die Sekte der «Brüder und Schwestern des roten Todes» zweihundert Jahre. Nach ihren Verhaltensmaßregeln war die Eheschließung verboten, nicht jedoch der Beischlaf – vorausgesetzt, die beiden Protagonisten wurden nach dem Geschlechtsakt umgehend mit einem roten Kissen erstickt.

Im Jahr 1900 löste sich die Sekte schließlich auf, als sich einhundert Mitglieder selbst verbrannten, um dem ihrer Ansicht nach bevorstehenden Weltuntergang zuvorzukommen.

Nr. 3

Mitte des 19. Jahrhunderts hörte ein chinesischer Hellseher namens Hung Hsiu-Chuan Gott sagen, er sei Jesus' jüngerer Bruder. Um seiner Vision gerecht zu werden, gründete Hung die Gesellschaft zur Verehrung Gottes, die christliche Werte wie Gleichheit und Tugendhaftigkeit propagierte.

Hungs Auslegung von Gleichheit und Tugendhaftigkeit führte dazu, dass er den chinesischen Machthabern einen 14

Jahre währenden Krieg erklärte, dem 20 Millionen Menschen zum Opfer fielen – alles im Namen des jüngeren Bruders des Friedensfürsten.

Als sein Aufstand schließlich niedergeschlagen wurde, beging Hung Selbstmord. Hunderttausend seiner Anhänger taten es ihm gleich und ließen andere religiös motivierte Selbstmorde vergleichsweise blass aussehen.

Nr. 2

Die russische Sekte der «Lothardi» wählte einen eher «vertikalen» Ansatz in Sachen Tugendhaftigkeit. Ihr Credo bestand darin, dass Menschen über Tage gut und unter Tage böse zu sein hätten. Wollten die Lothardi dem Laster frönen – was oft genug der Fall war –, hielten sie ihre Orgien in unterirdischen Höhlen ab.

Nr. 1

William Miller, ein Prophet im 19. Jahrhundert, sagte für den 3. April 1843 den Weltuntergang voraus. Im Vorfeld dieses Datums begingen Hunderte seiner Anhänger Selbstmord, um sich als erste aller Gläubigen einen Platz im Himmel zu sichern.

Miller war ein so mitreißender Prediger, dass einige seiner Jünger versuchten, aus eigener Kraft die Himmelspforte zu erreichen, indem sie sich mit selbstgebauten Flügeln von Felsklippen stürzten.

Obwohl die Welt nicht unterging, hoben Tausende seiner Anhänger, die im April nicht Selbstmord begangen hatten, Gräber aus, in die sie sich setzten und auf ihre Erlösung warteten, als Miller für den 7. Juli desselben Jahres einen neuerlichen Weltuntergang prophezeite.

◉ ◉ ◉

KAPITEL 2

Die Gesellschaft für kreative Dummheit: Nackt durch die Gegend fliegen und die Schuhe mit Champagner putzen

♨ ♨ ♨

Der Komponist John Cage schrieb einen Song mit dem Titel *As Slow as Possible*; ihn abzuspielen würde 629 Jahre dauern. Und trotzdem würde anschließend zweifellos jemand im Publikum aufstehen und lautstark «Zugabe!» fordern.

Ein Sonderling gilt schnell als Künstler, Avantgardist, Erneuerer, ja sogar als Meister. Oder schlicht als Vollidiot. Trotz all der natürlichen Kräfte, die dafür sorgen, dass wir nicht aus der Reihe der Gleichförmigkeit tanzen, bringt die menschliche Rasse einen nie versiegenden Strom von Idioten und Sonderlingen hervor. Manchmal auch Kreuzungen der beiden Spezies.

♨ ♨ ♨

Der exzentrische britische Philosoph Jeremy Bentham vertrat die Auffassung, Menschen sollten nicht beerdigt werden. Vielmehr schlug er vor, sie zu mumifizieren und im Garten als Statuen aufzustellen, damit die Kinder nie den Bezug zu ihren Vorfahren verlören. Sie ahnen vermutlich schon, was mit Bentham nach seinem Tod passierte. Er wurde in seinen Lieblingsanzug gesteckt und lasiert, um anschließend im Londoner University College in einem Holzschrein ausgestellt zu werden.

♨ ♨ ♨

Während des 500-Meilen-Rennens von Indianapolis – kurz *Indy 500* genannt – im Jahr 1912 fand sich der Rennfahrer Ralph Mulford plötzlich allein auf der Strecke wieder, nachdem neun Wagen die Ziellinie passiert hatten und der Rest des Starterfeldes mit technischen Defekten ausgeschieden war.

Da Mulford die Gewissheit hatte, Zehnter zu werden und somit Preisgeld zu kassieren, hielt er an und aß zu Abend. Er kam schließlich nach 8 Stunden und 53 Minuten ins Ziel.

🌀 🌀 🌀

Es gibt Versicherungen für die ungewöhnlichsten Eventualitäten aller Art. Drei Schwestern in Schottland jedoch schossen den Vogel ab, als sie sich im Jahr 2000 für den Fall versicherten, Jesus zu gebären.

Sollte eine von ihnen Mutter des auf die Erde zurückgekehrten Erlösers werden, garantierte ihr die Versicherungspolice eine bestimmte Geldsumme, um Gottes Sohn großzuziehen.

🌀 🌀 🌀

Der englische Schriftsteller Ian Fleming, Erfinder des Agenten James Bond, hatte seltsame Marotten. Waren Gäste auf seinem Anwesen, hielt er diese an, am frühen Morgen nicht den Rasen zu betreten, um den Tau auf den Spinnennetzen zu bewahren. Es gehörte zu Flemings Gewohnheiten, nach dem Aufstehen in seinem Garten spazieren zu gehen und die Spinnennetze zu betrachten.

🌀 🌀 🌀

Der niederländische Mystiker John Roeleveld sammelte vierzig Jahre lang Tierknochen, war er doch davon überzeugt, am Jüngsten Tag würden die Tiere mit ihren alten Knochen wiederauferstehen. Doch damit nicht genug: Er sammelte außerdem kaputte Möbel und defekte Maschinen, in dem Glauben, Gott würde diese Objekte auf die gleiche Art und Weise wiederherstellen.

🙙 🙙 🙙

Im Jahr 2003 wurden zwei Piloten einer Fluggesellschaft entlassen, weil sie nackt geflogen waren – so sehr sie auch versicherten, es habe sich nur um einen Scherz gehandelt.

Stellt sich die Frage, inwieweit andere Berufe, die hinter geschlossenen Türen ausgeübt werden, die Versuchung mit sich bringen, sich seiner Kleidung zu entledigen (abgesehen von den Berufen natürlich, zu deren Ausübung dies unerlässlich ist!). So habe ich zum Beispiel von Radio-Discjockeys gehört, die splitternackt Sendungen moderierten, ohne dass jemand davon Wind bekommen hätte.

🙙 🙙 🙙

Man sagt: Wenn Ihnen die Politik Ihrer Regierung missfällt – warum tun Sie dann nichts dagegen? Einfach nur kritisieren kann jeder!

Und dann gibt es da Leute wie den kanadischen Fischer Russell Arundel, der einen Schritt weiter ging und im Jahr 1949 eine kleine Insel vor der Küste Neuschottlands zu einem unabhängigen Staat erklärte. Sich selbst ernannte Arundel zum Prinz aller Prinzen des Fürstentums von *Outer Baldonia*.

Er verfasste eine Charta der Grundrechte, die nur für Fischer Gültigkeit hatte und unter anderem das Recht beinhaltete, «zu lügen und dennoch die Wahrheit für sich zu reklamieren», sowie das Verbot, «zu nörgeln oder andere zu unterbrechen».

Der Mann hatte eine wahrhaftige Utopie geschaffen. So blicken wir alle neidvoll auf *Outer Baldonia*, dem einzigen Land der Welt, in dem Lügen durch die gesetzlich festgelegten

Grundrechte gedeckt sind. In anderen Ländern werden Lügen eher von den Leuten gedeckt, die an der Macht sind. Mir ist Arundels Ansatz wesentlich sympathischer – er ist ehrlicher.

∂ ∂ ∂

Arundel war nicht der einzige Visionär, der seine eigene Nation ausrief, weil ihm die Zustände in seinem Heimatland missfielen. Ein australischer Bauer namens Leonard Casley regte sich derart über die Regierung seines Landes auf, dass er sich im Jahr 1970 von Australien lossagte und seinen Hof zu einem eigenständigen, unabhängigen Staat deklarierte – der Provinz von Hutt River.

Casley verdiente durch den Verkauf von Hutt-River-T-Shirts und Souvenirartikeln weit mehr als mit seiner Landwirtschaft.

Im Jahr 1993 unterzeichnete der texanische Richter Charles Hearn ein Todesurteil und setzte ein Smiley neben seine Unterschrift. Die Verteidigung des Angeklagten erhob Einspruch mit der Begründung, dies käme der Bemerkung des Richters gleich: «Schönen Tod noch.»

Um finanzielle Mittel für die Nationalmannschaft zu rekrutieren, vertrieb der ecuadorianische Fußballverband ein Eau de Cologne für Männer, das Fans wie Fußballspieler riechen ließ.

Werden Footballfans in den Vereinigten Staaten nun die gleiche Leidenschaft entfachen und ihrerseits ein Eau de Cologne auflegen, das ihnen die Duftnote einer Umkleidekabine in der NFL verleiht?

∂ ∂ ∂

Footballspieler sind nicht unbedingt die am allerbesten riechenden Sportskanonen dieser Welt. Aber NFL-Stars denken sich immer extravagante Jubelszenarien aus, um einen gelungenen Spielzug zu feiern.

Als der Wide Receiver Randy Moss in einer Play-off-Begegnung 2005 einen Touchdown erzielte, drehte er den Anhängern der Green Bay Packers den Rücken zu und tat so, als würde er seine Hose herunterziehen, um den Fans seinen Allerwertesten entgegenzustrecken.

Nachdem John Randle, Defensive Lineman der Seattle Seahawks, den Quarterback des gegnerischen Teams «gesackt», also zu Fall gebracht hatte, feierte er dies, indem er in Hundemanier ein Bein hob – als würde er auf den am Boden liegenden Quarterback urinieren.

ᴓ ᴓ ᴓ

Hier nun eine Geschichte, die verrückt ist und dennoch in gewisser Weise Sinn macht. Im Jahr 2006 beantragte ein Häftling in Vermont eine staatliche Lizenz zum Ausschank von Alkohol. Er wollte im Gefängnis eine Kneipe für die Insassen eröffnen.

Zumindest ein Problem würde sich in diesem Fall nicht stellen: Keiner der Kneipenbesucher käme in Versuchung, sich betrunken ans Steuer zu setzen.

ᴓ ᴓ ᴓ

Der englische Philosoph Sir Thomas More hatte eine für das 16. Jahrhundert sehr progressive Einstellung zur Ehe. Er vertrat die Auffassung, zwei junge Leute, die sich mit Heiratsabsichten tragen, sollten sich zuerst gegenseitig nackt sehen, um späteren Enttäuschungen vorzubeugen.

Als ein Freund um die Hand von Mores Tochter anhielt, führte er diesen nach oben in ihr Zimmer, wo das Mädchen tief und fest schlief, und zog die Bettdecke beiseite, sodass der angehende Bräutigam sehen konnte, was ihn erwartete.

෨ ෨ ෨

William Castle, Filmproduzent zweitklassiger B-Movie-Streifen, drehte im Jahr 1958 einen billigen Horror-film mit dem Titel *Macabre*. Er steckte weder besonders viel Geld noch besonders viel Herzblut in das Projekt. Die Werbetrommel für seinen zweitklassigen Film jedoch rührte er in erstklassiger Weise.

Castle schaltete Zeitungsanzeigen, in denen er der Fangemeinde avisierte, dass jeder, der den Film sehen wolle, zusätzlich zum Kauf einer Eintrittskarte eine Versicherung über 1000 Dollar abschließen müsse – für den Fall, jemand erschrecke sich während des Films zu Tode.

Castle parkte für alle Fälle einen Leichenwagen vor dem Kino und postierte eine Krankenschwester im Eingangs-bereich, um die Kinobesucher medizinisch zu betreuen, die vor Schreck ohnmächtig wurden.

Natürlich kassierte niemand die Versicherungssumme. Aber eine ganze Menge Leute kaufte Eintrittskarten, um sich persönlich davon zu überzeugen, was es mit dem ganzen Rummel auf sich hatte.

෨ ෨ ෨

Im Jahr 1993 klopfte eine Frau nachts an die verschlossene Eingangstür einer Fernsehanstalt in Tulsa, Oklahoma. Sie erklärte dem Nachtwächter, sie hätte eine Panne mit ihrem Wagen, und bat um Einlass, um das Firmentelefon zu benutzen und einen Abschleppdienst zu rufen. Kaum war sie durch die Tür, bedrohte sie den Wachmann mit einer Pistole und begann, die Firmenräume auszurauben.

Schließlich stellte sich heraus, dass der Raubüberfall nur ein Test war, den sich der neue Chef ausgedacht hatte, um zu sehen, wie die Mitarbeiter reagierten. Was soll man von Chefs halten, die ihren Angestellten im wahrsten Sinne des Wortes die Pistole an die Schläfe halten?

🙟 🙟 🙟

King Gillette experimentierte sechs Jahre lang herum, bis ihm schließlich mit der Erfindung des Nassrasierers der Durchbruch gelang und er zum Millionär wurde. Anschließend widmete sich Gillette anderen Dingen und steckte seine Energie und sein Vermögen in das Projekt einer neuen Weltordnung, in der zum Wohle der Menschheit nur Ingenieure das Sagen haben sollten.

Außerdem trieb ihn eine weitere große Vision um: Er wollte die Menschen davon überzeugen, nicht weiter zu Hause in der eigenen Küche zu kochen, sondern friedlich und im Geiste der Brüderlichkeit in riesigen Speisesälen gemeinsam zu essen – wie in einem großen Sommerferienlager, das nie zu Ende geht.

Kurioserweise haben in der modernen Welt von heute Ingenieure in vielerlei Hinsicht *tatsächlich* das Sagen. Und was die riesigen Gemeinschaftsspeisesäle angeht – schlägt sich Gillettes Idee einer Esskultur dieser Art heute nicht in Fast-Food-Ketten und Restaurants in Einkaufspassagen nieder? Allerdings war Gillette etwas zu sehr auf den Geist von Frieden und Brüderlichkeit fixiert.

🙟 🙟 🙟

Zu viel Freizeit macht ebenfalls erfinderisch. Selbst die unsinnigsten Erfindungen lassen sich patentieren, muss eine Idee doch nicht pfiffig oder gar praktisch sein, um patentiert zu werden, sondern lediglich einzigartig.

Die Erfinder des per Schaukelstuhl angetriebenen Staubsaugers, des Unterwasser-Flugzeugträgers oder des Haarschneideautomaten haben ebenso viel Denkarbeit und Engagement in ihre Kreationen gesteckt wie die Erfinder der Glühbirne oder des Computers. Sie haben lediglich einen entscheidenden Punkt außer Acht gelassen: Sie haben es versäumt, sich die Frage zu stellen, wer um alles in der Welt ihre Erfindungen braucht.

Versäumnisse dieser Art haben uns folgende Prachtexemplare patentierter Skurrilitäten beschert:

1. Eisenbahnzüge mit Schienen auf dem Dach jedes Waggons, damit ein schneller Zug einen langsamen auf der gleichen Gleisspur überholen kann – in einer Art vorübergehendem Huckepackverfahren.

2. Brillen für Hühner, damit sie sich nicht gegenseitig die Augen auspicken.

3. Fußwärmer, die mittels unter dem Hemd und in beiden Hosenbeinen verlaufenden Schläuchen mit Atemluft betrieben werden. Am oberen Ende mündet der Schlauch in ein unter dem Kinn angebrachtes trichterförmiges Mundstück, in das man ausatmet. So breitet sich die Wärme der Atemluft in dem Schlauchsystem aus und hält den Leuten an kalten Tagen die Füße wohlig warm – und Fremde auf Distanz.

4. Ein Gerät zum Grübchenmachen, das auf dem Prinzip eines Handbohrers basiert.

5. Ein automatischer «Klaps-Spender», der Babys durch Tätscheln ihres Hinterns zum Einschlafen bringen sollte. Diese Erfindung kam in der Regel zusammen mit einem anderen Gerät zum Einsatz, das dazu diente, Kleinkinder nach dem Essen aufstoßen zu lassen, und aussah wie eine dieser Zirkuskanonen, mit denen Akrobaten in die Manege katapultiert werden.

6. Ein Pullover für zwei Personen – zum Kuscheln für kalte Tage.

7. Ein Kino, das die Besucher durch unter den Sitzen angebrachte Falltüren betreten und auch wieder verlassen,

damit sie sich beim Popcornholen nicht gegenseitig auf die Füße treten.

8. Eine Diebstahlsicherung für das Auto, die nicht nur Alarm auslöst, sondern gleichzeitig auch einen Flammenwerfer in Gang setzt.

9. Golfbälle, die mit einer insektenanlockenden chemischen Substanz beschichtet sind, die es Golfern erleichtern soll, ihre verlorengegangenen Bälle wiederzufinden – vorausgesetzt, sie haben sich mit einem Insektenschutzmittel eingecremt.

Ebenfalls Überstunden für Golfer schoben die Erfinder übelriechender Golfbälle, die es den Sportlern ermöglichen sollten, nach einem missglückten Abschlag den verlorengegangenen Ball zu erschnüffeln. Oder radioaktiver Golfbälle, die mittels eines Geigerzählers aufgespürt werden konnten. Wäre diese Erfindung jemals zum Einsatz gekommen, hätte es wohl schon bald mehr verlorengegangene Golfer als Bälle gegeben.

Eine Flut von Ideen dieser Art führte schließlich dazu, dass Charles Duell, Leiter des amerikanischen Patent- und Markenamts, im Jahr 1899 verkündete: «Alles, was erfunden werden kann, wurde bereits erfunden.»

Im englischen Salisbury wurde ein Evangelist mit einer Strafe von 1900 £ belegt, weil er mit einem motorisierten Gleitschirm über die Hausdächer flog, um aus luftigen Höhen zu den Sündern am Boden sprechen zu können. «Ich dachte, wenn die Menschen plötzlich diese Stimme am Himmel hören, meinen sie vielleicht, Gott spräche zu ihnen», brachte er zu seiner Verteidigung vor.

Wer in der Hierarchie der Kwakiutl-Indianer aufsteigen wollte, hatte sein ganzes Hab und Gut zu zerstören. So verbrannten machtbesessene Stammesmitglieder nicht nur ihren
gesamten Besitz und ihre Nahrungsmittelvorräte, sondern
zündeten auch ihre eigenen Häuser an. Ihnen blieb die Macht
des Nichts.

ᘒ ᘒ ᘒ

Im 18. Jahrhundert duellierten sich deutsche Universitäts-
studenten mit Säbeln im Namen der Ehre. Schmisse im
Gesicht galten als Zeugnis ganz besonderen Muts.

Die verletzten Studenten hielten den Arzt an, ihre Wunden
schlecht zu vernähen, wollten sie doch, dass jeder ihre Nar-
ben sieht. Je markanter die Narbe, desto größer das soziale
Ansehen des Studenten.

ᘒ ᘒ ᘒ

Im Jahr 1851 erfand ein britischer Arzt ein blutegelgestütz-
tes Unwetterwarnsystem. Das von ihm entwickelte «Gerät» zur Wettervorhersage bestand aus einem mit Blutegeln
gefüllten Glas, das mit einer Glocke bestückt war. Kündigte
sich ein Sturm an, nahm die Bewegungsaktivität der Blutegel
zu, was wiederum die Glocke auslöste.

Der Arzt wollte die gesamte Küste Großbritanniens mit seinem Frühwarnsystem ausstatten, doch die Regierung erteilte
seinen ehrgeizigen Plänen eine Absage.

ᘒ ᘒ ᘒ

Im Jahr 1981 warteten die kreativen Diebe New York Citys
mit einer neuen Masche auf und begannen, in der U-Bahn
die so genannten *Tokens* – also Wertmarken – aus den Münz-
schlitzen an den Drehkreuzen zu saugen. Meister ihres Fachs
kamen auf diese Art polizeilichen Schätzungen zufolge auf
Tageseinnahmen von bis zu 75 Dollar.

Kulinarischer Einfallsreichtum? Spitzenköche haben ein Näschen für neue Kreationen – und Gourmets einen mitunter recht ausgefallenen Geschmack.

1. Der deutsche Gourmand Johann Ketzler verschlang einen ganzen gebratenen Ochsen. Allein. In 42 Tagen.

2. Ein exzentrischer Engländer nahm die letzten vierzig Jahre seines Lebens nur noch Nahrung in Form von Rüben zu sich. Vielleicht dauerte die konsequente Rüben-Diät auch nur ein paar Wochen, die unserem englischen Freund jedoch wie vierzig Jahre anmuteten.

3. Im alten Rom galt Kaiser Elagabal als ausgewiesener Feinschmecker. Sein Leibgericht ist heute kaum noch auf Speisekarten gehobener Restaurants zu finden: Kamelfersen.

4. Vor 3500 Jahren labte sich das chinesische Königshaus an ausgesuchten Delikatessen wie gebratenen Jungschwalbenschwänzen und gedünsteten Orang-Utan-Lippen.

5. Ein Restaurant in Decatur im US-Bundesstaat Georgia erweiterte 2006 seine Speisekarte um zwei Gerichte. Das ist deshalb erwähnenswert, weil die verwendeten Zutaten auf ein und demselben Teller eigentlich nichts zu suchen haben. So bestand der «Hamdog» aus einem um einen Hotdog gewickelten und anschließend frittierten Hamburger, garniert mit Chili, Spiegeleiern und Speck. Und der letzte Schrei war ein Cheeseburger mit Speck, der auf einem Krispy Kreme Doughnut serviert wurde.

6. In der spanischen Stadt Barcelona gibt es ein Restaurant, dessen Küchenchef ein gefeierter Star der Branche ist und für seine bizarren Kreationen wie Gänseleber-Eis, Hasenohren und Kellogg's Paella – ein Gericht, das aus Kartoffel-Vanille-Püree, Garnelenköpfen und Rice Krispies besteht – Höchstpreise erzielt.

Angesichts dieser Speisekarte erscheint eine gewisse Reserviertheit zu Tisch durchaus verständlich – und eine

Tischreservierung unumgänglich, erfreut sich das Restaurant doch größter Beliebtheit.

🌀 🌀 🌀

Marketinggesellschaften machen Werbung für die absonderlichsten Nahrungsmittel, um den Verkauf ihrer Produkte zu steigern. Als da wären: Trauben-Pesto-Pizza, Erdnussbutter-Wackelpudding-Sandwiches, Beeren mit grüner Pfeffersoße, Birnen-Tomaten-Pizza, Rinderzungensalat mit Kirschen und hartgekochten Eiern, Spaghettikürbis-Walldorfsalat, Pflaumensalat aus mit Erdnussbutter gefüllten Früchten, Zwiebelwein, Jalapeño-Chili-Eis, Popcorn mit Cheeseburgergeschmack und Feigen-Eis.

🌀 🌀 🌀

Im Jahr 1999 präsentierte ein Schneider im südkoreanischen Seoul den parfümierten Anzug für Geschäftsleute. An verschiedenen Stellen des Anzugs waren Kapseln eingearbeitet, die auf Druck den Duft eines Pinienwalds – oder von Pfefferminz oder Lavendel – freisetzten.

Alle drei Geschmacksrichtungen zusammen hätten jedem Geschäftstreffen wohl eine ganz besondere Duftnote verliehen.

🌀 🌀 🌀

Britische Exzentrik ist unerreicht – und zudem kann kein Land der Welt mehr Exzentriker für sich reklamieren als Großbritannien.

1. Robert Cook, ein Landadliger aus dem 17. Jahrhundert, ließ seine gesamte Kleidung – vom Hut bis zur Unterwäsche – aus weißem Leinen anfertigen. Außerdem hielt er auf seinem Bauernhof nur weiße Kühe und Schimmel.
2. Henry Cope war im 19. Jahrhundert als der «Grüne Mann Englands» bekannt. Er trug ausschließlich grüne Kleidung

und ernährte sich nur von grünen Lebensmitteln. Selbst das gesamte Interieur seines Anwesens einschließlich der Möbel war in Grün gehalten.

3. Beau Brummell, Trendsetter für die englische High Society in Fragen des guten Geschmacks, erklärte Gemüse für unzeitgemäß. Als er von einer Dame der feinen Gesellschaft gefragt wurde, ob er überhaupt schon einmal Gemüse gegessen habe, antwortete Brummell: «Ja, gnädige Frau, einst aß ich eine Erbse.»

    Brummells Mittel, um seine Frivolitäten ausleben zu können, waren begrenzt – im Gegensatz zu seinem Stilgefühl. So gehörte es zu seinen Marotten, seine Schuhe täglich mit Champagner putzen zu lassen.

4. Sir Tatton Sykes war besessen davon, nur ja nicht der englischen Kälte anheimzufallen. So trug er auf seinen ausgedehnten Landspaziergängen stets mehrere Mäntel übereinander, die er – je wärmer es im Laufe des Tages wurde – nach und nach abstreifte.

    Die Jungen aus dem Dorf verdienten sich ein gutes Zubrot, folgten sie Sir Sykes doch auf seinen täglichen Ausflügen und brachten ihm anschließend seine Mäntel zurück – Tag für Tag, für einen Shilling das Stück.

5. Jemmy Hirst war Mitte des 19. Jahrhunderts begeisterter Jäger. Allerdings nicht unbedingt ein Vertreter der klassischen englischen Jagd. Wenn Hirst auf die Jagd ging, hielt er es nicht mit Pferden und Jagdhunden wie andere englische Herren. Stattdessen ritt er auf einem Stierbullen und bediente sich dressierter Schweine, um die Beute zu apportieren.

6. Im 19. Jahrhundert zeigte der Marquis von Waterford ein Herz für Arme. In London schleppte er Ginfässer auf die Straße und spendierte jedem Passanten ein Gläschen. Auf diese Weise wurde er vorübergehend zum beliebtesten Menschen Londons.

7. Hannah Beswick, eine wohlhabende Engländerin im 18. Jahrhundert, trieb stets die Angst um, sie könnte bei lebendigem Leib begraben werden. So vermachte sie ihrem Hausarzt ein kleines Vermögen unter der Bedingung, ihren Leichnam so lange aufzubewahren, bis er absolute Gewissheit habe, dass sie tot sei.

Der Arzt tat, wie ihm aufgetragen. Er balsamierte den Leichnam der Frau ein und bewahrte ihn fortan in seiner Standuhr auf – für den Rest seines Lebens.

෨ ෨ ෨

Der Millionär Cornelius Vanderbilt achtete stets darauf, dass die Füße seines Betts in mit Salz gefüllten Schälchen standen, um der Heimsuchung durch böse Geister im Schlaf vorzubeugen.

෨ ෨ ෨

Der preußische Generalfeldmarschall Gebhard Leberecht von Blücher trug maßgeblich zu Napoleons Niederlage in der Schlacht von Waterloo bei. Außerhalb des Schlachtfelds jedoch stellte er ein Problem für seine britischen Verbündeten dar. Blücher war davon überzeugt, französische Spione erhitzten alle Böden, damit er sich die Füße verbrenne. So ging er immer auf Zehenspitzen, wenn er ein Gebäude betrat.

Im Jahr 1977 kletterte Emma Disley auf den höchsten Berg, den Wales zu bieten hat. Dieser ist zwar nur gute 1000 Meter hoch und stellt mithin keine größere alpinistische Herausforderung dar – allerdings bestieg sie ihn auf Stelzen.

Nach einem Streit mit ihrem Exmann um das Sorgerecht schnappte sich eine Frau aus Arizona ihre beiden vier und sechs Jahre alten Kinder und floh nach North Carolina. Dort lebte sie die kommenden zwei Jahre als Mann mit einer anderen Frau zusammen. Sie machte ihre Kinder glauben, sie sei nicht ihre Mutter, sondern ihr Vater.

୨ ୨ ୨

Als sich der texanische Gesetzgeber mit dem Thema der Zweisprachigkeit auseinandersetzte, hielt der frühere Gouverneur des US-Bundesstaats, «Farmer Jim» Ferguson, mit seiner Meinung nicht hinterm Berg: «Wenn Englisch gut genug war für Jesus Christus, dann ist es auch gut genug für die Schulkinder in Texas.» Ja wenn, Herr Gouverneur, wenn.

୨ ୨ ୨

König Ludwig II. von Bayern gab ein Vermögen aus, um das mittelalterliche Märchenschloss Neuschwanstein im ganz und gar nicht mittelalterlichen Jahr 1868 bauen zu lassen.

Allerdings gehörte das verprasste Geld nicht ihm, sondern dem Fiskus, was einer der Gründe dafür war, dass Ludwig für unzurechnungsfähig erklärt und in ein Irrenhaus gesteckt wurde. Ein weiterer Grund für diese Maßnahme: Ludwig pflegte sein Pferd zum Abendessen einzuladen. Ein König hat es eben schwerer als ein Normalsterblicher, den Status der Unzurechnungsfähigkeit zu erlangen.

୨ ୨ ୨

Im Jahr 1973 wurde ein Mann, der zu Lebzeiten für einen schwedischen Süßwarenhersteller tätig war, in einem mit Schokolade überzogenen Sarg beerdigt.

୨ ୨ ୨

Wenn Sie das nächste Mal jemand auffordert, Ihren Schreibtisch oder Ihr Zimmer aufzuräumen, verweisen Sie einfach auf den Schriftsteller Robert Pirsig, der einst feststellte: «Was über Pioniere der Menschheit immer geflissentlich verschwiegen wird, ist die Tatsache, dass sie ausnahmslos von Natur aus unordentlich sind.»

ᘒ ᘒ ᘒ

Manche Leute geben sich wirklich die allergrößte Mühe, besonders originell zu sein, und dennoch ist dies manchmal zu wenig: Jim Corbett, Boxweltmeister im Schwergewicht, freute sich wie ein Kind, als er dem berühmten Draufgänger Steve Brodie vorgestellt wurde. «Ich wollte schon immer mal den Mann treffen, der über die Brooklyn Bridge gesprungen ist», meinte Corbett.

«Nicht *über* die Brücke», verbesserte ihn Brodie. «Ich bin *von* der Brooklyn Bridge gesprungen – und hab's überlebt.»

«Von der Brücke?», sagte der Box-Champion, drehte sich um und ging weg. «Das kann doch wohl jeder verdammte Idiot.»

ᘒ ᘒ ᘒ

Wie stößt man auf solche Originale? Oftmals einfach durch eine schärfere Beobachtungsgabe. «Je intelligenter jemand ist, desto mehr Leute findet er originell», meinte der Philosoph Blaise Pascal. «Otto Normalbürger sieht keine Unterschiede zwischen Menschen.»

ᘒ ᘒ ᘒ

Was Religion anbelangt, haben viele Menschen Antworten auf alles parat. Leider jedoch nicht die gleichen Antworten wie andere Menschen.

Der Schriftsteller Christopher Morley wartete mit einer interessanten Variante zur Diskussion über die Schöpfungsgeschichte auf, als er sagte: «Meine Theologie ist – kurz gesagt – die, dass die im Universum geltenden Regeln zwar niedergeschrieben, aber nie unterzeichnet wurden.»

KAPITEL 3

Schien in dem Moment eine gute Idee zu sein: Stich mich ab!

Wenn wir einmal die Geschichte menschlicher Unzulänglichkeiten etwas näher betrachten, stellen wir fest, dass wir unsere Fehler alle aus ein und demselben Grund begehen – weil sie seinerzeit eine gute Idee zu sein schienen.

Dabei übersehen wir in der Regel genau das, was später offensichtlich und Wasser auf die Mühlen unserer Kritiker ist. Dennoch gibt es auch eine gute Nachricht zu vermelden: Leute, denen Fehler dieser Art unterlaufen, sind de facto bestens geeignet, als Fernseh-Experten Karriere zu machen.

Das Fernsehen liegt bisweilen daneben, Zeitungen verbreiten gelegentlich Falschmeldungen. Und Historiker machen ohnehin immer wieder die gleichen Fehler – Geschichte wiederholt sich schließlich.

Ein Jahr vor der Wiederwahl Bill Clintons zum amerikanischen Präsidenten schrieb das *Wall Street Journal*: «Clinton wird gegen jeden republikanischen Kandidaten verlieren, der nicht auf der Bühne sabbert.»

Möglicherweise ließ sich kein Republikaner dieses Zuschnitts finden.

Allerdings bekleckerte sich der politische Gegner auch nicht gerade mit Ruhm. Nehmen wir den Demokraten Hubert Humphrey, einen Mann, der um jeden Preis Präsident werden wollte. So sehr, dass er den riesengroßen Fehler beging, unter

Lyndon Johnson als Vizepräsident zu dienen. Das ist, als be-
gäbe sich jemand zum Marquis de Sade in die Lehre, um das
Handwerk der Lederverarbeitung zu erlernen.

Johnson demütigte Humphrey bei jeder sich bietenden
Gelegenheit. Einmal trat der Präsident seinem Vize gegen das
Schienbein, weil dieser sich nicht schnell genug fortbeweg-
te. «Wenn ich deine Meinung hören will», sagte Johnson zu
Humphrey, «werde ich dir das schon stecken.»

Obwohl Humphrey all diese Erniedrigungen ertrug, wurde
er nie US-Präsident. Er verlor die Wahl gegen einen Politiker,
der sogar noch größere Demütigungen über sich ergehen lassen musste, um in das Amt zu kommen: Richard M. Nixon.

Regierungen produzieren unaufhörlich gute Ideen, die
Millionen verschlingen und sich letztlich als nutzlos erweisen. Aber auch Beamte bringen eine Menge kleiner, billiger, nutzloser Ideen hervor.

Die Sozialfürsorge in South Carolina verschickte folgenden
Brief: «Ihre Essensmarken verlieren mit sofortiger Wirkung
ihre Gültigkeit, da wir Kenntnis von Ihrem Ableben erhalten
haben. Sollte sich an Ihrer persönlichen Situation etwas ändern, steht es Ihnen frei, jederzeit einen Neuantrag zu stellen.»

Dennoch führt nicht etwa South Carolina die Rangliste der
im Umgang mit Verstorbenen innovativsten Behörden
an. Sondern Arkansas, wo die Anwälte eines in der Todeszelle
sitzenden Häftlings im Jahr 2003 argumentierten, ihr Mandant
dürfe nicht hingerichtet werden, da er unzurechnungsfähig
sei. Nach einem Urteil des Obersten Gerichtshofs durften un-
zurechnungsfähige Menschen nicht hingerichtet werden.

Ein Berufungsgericht entschied daraufhin, dem Gefangenen – auch gegen seinen Willen – Psychopharmaka zu verabreichen, sodass er wieder zurechnungsfähig würde und von Rechts wegen hingerichtet werden könnte.

Ein Richter erläuterte die Entscheidung des Gerichts: «Die einzige unerwünschte Folge dieser Medikation ist die Hinrichtungsfähigkeit.»

Vor welchen möglichen Nebenwirkungen wurde noch gleich auf dem Beipackzettel gewarnt? «Übelkeit, Schwindel, Angstzustände, Impotenz und Hinrichtungsfähigkeit.»

Auch ein Kinobetreiber in Südkorea scheint irgendwie etwas missverstanden zu haben, als er das Musical *The Sound of Music – Meine Lieder, meine Träume* kurzerhand für zu lang erklärte und eines Abends mit einer Schere in den Vorführraum ging, um alle Lieder aus dem Film herauszuschneiden.

Nun gut, in jedem von uns steckt bekanntlich ein Filmkritiker, aber in diesem Fall war es um die Träume geschehen.

Scharfkantige Gegenstände sind der Fluch der Dummen. In Moskau forderte der Wachmann einer Bank seinen Kollegen auf: «Stich mich ab!» Der Mann wollte testen, ob ihn seine neue kugelsichere Weste auch gegen Messerstiche schützte. Der Test verlief negativ.

Oftmals kommt es zu Fehlern, weil «man das schon immer so gemacht hat». Gewohnheit legitimiert.

Nehmen wir zum Beispiel den neuen Geldadel: Die Bosse internationaler Konzerne kontrollieren nicht nur ihre Firmenimperien, sondern auch den Rest der Welt. Ein Unternehmen wird von einem Chef geführt, weil dies schon immer so war.

Denken Sie nur an den einen oder anderen Chef, unter dem Sie gearbeitet haben, und Sie wissen, warum so viele Firmen heruntergewirtschaftet werden.

Angenommen, der Chef bezieht bescheidene hundert Mal mehr Gehalt als sein persönlicher Assistent. Arbeitet er auch hundert Mal mehr als sein Assistent? Oder hundert Mal besser? Nie im Leben!

Er befindet sich wahrscheinlich gerade im Golfclub und tut so, als sei Golfspielen Teil seiner beruflichen Pflichten, während er für eine schlecht gespielte Runde mehr Geld verdient als die Hälfte der in der Spielervereinigung PGA zusammengeschlossenen Profis.

Und während der Chef außer Haus ist, macht sein persönlicher Assistent den Job besser – und hundert Mal billiger.

Und dann gibt es da noch die Leute, die das ganze System und seine Funktionsweise nicht so recht durchschaut haben. Zum Beispiel legte der Betreiber eines Heilbads für Vegetarier in Mexiko testamentarisch fest, dass er unbedingt in der Nichtrauchersektion des örtlichen Friedhofs begraben würde. Rauchen – so viel war ihm wohl klar – beeinträchtigt die Gesundheit.

Die meisten hoffnungsvollen Nachwuchstalente im Showbusiness wissen die – wie auch immer geartete – Unterstützung ihrer Eltern durchaus zu schätzen. Aber die Eltern eines sechzehnjährigen Mädchens aus Scottsdale im US-Bundesstaat Arizona schossen deutlich über das Ziel hinaus, als ihre Tochter verlauten ließ, sie wolle Popsängerin werden.

Sie engagierten einen Gesangslehrer für das Mädchen. Und anschließend einen Schauspiellehrer, dem bald ein weiterer folgte. Das Ganze nahm eine derartige Eigendynamik an, dass die Eltern nicht mehr aufhören konnten und ihrer Tochter einen Manager, einen Pressesprecher, einen eigenen Komponisten, einen persönlichen Fotografen und – was für jedes Mädchen im Teenageralter unerlässlich ist – einen eigenen Webmaster zur Seite stellten.

«Sie ist schon verwöhnt», gab ihre Mutter zu. «Aber dennoch auf dem Teppich geblieben.»

Natürlich. Wie einer, der verrückt ist – bodenständig verrückt. Vielleicht hatten die Eltern des Mädchens gehofft, ihre Tochter würde eines Tages an Shirley Temple, den größten Kinderstar Hollywoods, heranreichen. Zu ihrem achten Geburtstag erhielt der kleine Liebling der Amerikaner 135 000 Geschenke. Bis das Mädchen mit so vielen Geschenken spielen oder sie tragen könnte, wäre sie längst zu alt dafür.

Die Gesellschaft verfügt über die seltsame Fähigkeit, Menschen dazu zu bringen, absurde Ideen nicht nur als richtig, sondern auch als absolut notwendig zu akzeptieren. Nehmen wir zum Beispiel Krawatten. «Ich habe eine gute Idee», hat da wohl einst jemand gesagt. «Wir laufen ab sofort alle mit einer Minischleife um den Hals herum.» Die Männer nahmen die Idee ernst, und dies bis zum heutigen Tag.

«Wenn Männer die Welt regieren», fragte sich die Fernsehjournalistin Linda Ellerbee, «warum tragen sie dann immer noch Krawatten?»

Bevor Israels Königin Jezebel Selbstmord beging und sich aus einem Turmfenster stürzte, legte sie mit aller Sorgfalt ihr volles Make-up auf. Wozu der ganze Aufwand? Sie wollte keine hässliche Leiche abgeben.

Allerdings hatte die Königin nicht bedacht, was der Aufprall aus ihrem sorgfältig geschminkten Gesicht machen würde.

Manche Zeitgenossen verpfuschen alles in umgekehrter Weise. Sie verkennen die Möglichkeiten der revolutionärsten Erfindungen, die je gemacht wurden, und denken: Das funktioniert doch nie! Vollkommen ausgeschlossen! Ein Ding der Unmöglichkeit! Und begehen anschließend den noch viel größeren Fehler, mit ihrer dümmlichen Prognose an die Öffentlichkeit zu gehen.

Im Jahr 1876 wurde dem amerikanischen Präsidenten Rutherford Hayes vorab die neue Erfindung von Alexander Graham Bell – das Telefon – vorgeführt.

«Eine phantastische Erfindung», meinte der Präsident. «Aber wer soll jemals einen solchen Apparat benutzen?»

Hayes war nicht der einzige kluge Kopf, der die Bedeutung des Telefons völlig falsch einschätzte. Bell bot seine Erfindung Western Union zum Kauf an, der seinerzeit modernsten Technologiefirma Amerikas, die das landesweite Telegraphennetz betrieb.

Fachleute von Western Union prüften das Telefon auf Herz und Nieren und kamen zu dem Schluss, dass es niemals den Telegraphen zu ersetzen imstande wäre. «Dieses Telefon», erklärte ein Sprecher der Firma, «weist zu viele Unzulänglichkeiten auf, um ernsthaft als Kommunikationsmittel in Betracht gezogen zu werden. Für uns ist das Gerät grundsätzlich von keinerlei Nutzen.»

Präsident Hayes und Western Union hätten wohl einen Weckanruf gebraucht, um wachgerüttelt zu werden. Leider blieb dieser aus, schließlich hatten sie ja kein Telefon.

Ebenfalls den Wald vor lauter Bäumen nicht gesehen haben folgende Koryphäen:

1. Der *Literary Digest* im Jahr 1899: «Das Automobil wird selbstredend nie zu einem Massentransportmittel werden wie das Fahrrad.»

2. Der Physiker Lord Kelvin, Präsident der Akademie der Wissenschaften des Vereinigten Königreichs – der *Royal Society* –, im Jahr 1895: «Schwerer als Luft? Solche Flugmaschinen sind unmöglich.»

3. Der Physiker und Nobelpreisträger Robert Millikan im Jahr 1923: «Es deutet nichts darauf hin, dass der Mensch je imstande ist, sich die Atomkraft zunutze zu machen.»

4. Admiral William Leahy, Berater des US-Präsidenten in Sachen Atombombenprojekt: «Die Bombe wird nie hochgehen. Ich rede hier als Sprengstoffexperte.»

5. «Ich bin zu dem Schluss gekommen, dass es für Tonfilme keinen Markt gibt», erklärte Thomas Edison im Jahr 1926. Edison war der Erfinder der Filmkamera.

6. Filmregisseur D. W. Griffith war ähnlicher Auffassung, als er im gleichen Jahr ganz Hollywood versicherte: «Tonfilme haben keine Zukunft. Nach hundert Jahren werden unsere so genannten Tonfilme aus dem Gedächtnis der Menschen verschwunden sein.»

7. Ein Jahr später machte auch H. M. Warner, Chef der gleichnamigen Filmstudios, keinen Hehl aus seiner Abneigung gegenüber der neuen Tonfilm-Technologie. «Wer zum Teufel will Schauspieler sprechen hören?», fragte er sich.

8. Lee de Forest, amerikanischer Erfinder, der als einer der Väter des Fernsehens gilt: «Der Mensch wird nie zum Mond gelangen, ungeachtet des wissenschaftlichen Fortschritts in der Zukunft.»

9. Thomas Watson, IBM-Vorstandschef, beurteilte im Jahr 1943 das Geschäftspotenzial eines neumodischen Apparats folgendermaßen: «Ich denke, es gibt einen Weltmarkt für vielleicht fünf Computer.»

10. Ken Olson, Gründer von Digital Equipment Corporation, im Jahr 1977: «Ich sehe keinen Grund, weshalb sich jemand für zu Hause einen Computer anschaffen sollte.»

E inem alten Sprichwort zufolge wurde die Titanic von Profis erbaut, die Arche Noah jedoch von einem Amateur. Oder wie der Schriftsteller Peter Cook zu sagen pflegte: «Fachleute sind die Letzten, von denen eine Lösung zu erwarten ist. Man wäre in jedem Fall besser beraten, fünf alte Deppen mit der Sache zu betrauen.»

Im Jahr 1956 sollte im Rahmen der US-Fernsehserie *United States Steel Hour* die wahre Geschichte eines schwarzen Jugendlichen aus Mississippi verfilmt werden, der von Rassisten entführt und ermordet wurde.

Zunächst nahm der Produzent verschiedene Änderungen am Drehbuch vor. Er machte aus dem schwarzen Teenager einen Juden, verlegte den Ort des Geschehens von den amerikanischen Südstaaten nach Neuengland und ließ den Mord gänzlich unter den Tisch fallen. So oder so ähnlich stellt sich Hollywood die Handlung eines Dramas vor, das «auf einer wahren Geschichte beruht».

A ls der Fernsehproduzent Mort Naham fast fünfzig Jahre später ein innovatives Konzept für eine neue Sitcom mit dem Titel *The Secret Diary of Desmond Pfeiffer* (zu Deutsch: Das geheime Tagebuch des Desmond Pfeiffer) präsentierte, zeigte sich, dass Hollywood mit der Geschichte des Rassismus immer noch nicht im Reinen war.

Naham erklärte der Presse, die Sendung würde ein Riesenerfolg, und merkte an: «Auch wenn es in unserer Geschichte schwierige und schmerzliche Epochen gegeben haben mag – diese Zeiten sind jetzt reif für eine Komödie.»

Die Sitcom, die in den Tagen des Bürgerkrieges spielte, handelte von Sklaven, die in den amerikanischen Südstaaten unterdrückt wurden.

*I*n Hollywood grassieren nicht nur merkwürdige Ansichten über die komödiantische Aufarbeitung der Sklaverei, auch mit Radkappen tut sich die Traumfabrik schwer.

Während der wilden Verfolgungsjagd im Actionfilm *Bullit* verliert Steve McQueens Ford Mustang drei Radkappen. Und als am Ende der Szene Wagen samt Hauptdarsteller in einer Mauer landen, fliegen drei weitere Radkappen davon.

Sechs Radkappen an einem Auto mit vier Rädern? Möglicherweise war McQueens Mustang eine Spezialanfertigung auf Kundenwunsch – ähnlich wie James Bonds Waffen, denen scheinbar auch nie die Munition ausgehen.

Im Jahr 1965 startete ein US-Marinepilot vor der Küste Floridas zu einem Übungsflug. Er visierte sein Ziel an und bombardierte es, hatte allerdings falsch gezielt. So verfehlte er sein Zielobjekt völlig und warf die Bombe versehentlich auf ein nahegelegenes Geschäft.

*W*enn man das gewaltige Arsenal an Vernichtungswaffen betrachtet, das unseren Militärs zur Verfügung steht, möchte man meinen, es bestünde keine Notwendigkeit, weitere Tötungsmaschinen zu erfinden.

Einer der führenden Militärexperten Europas war offenbar gleicher Meinung, als er erklärte: «Ich werde alle neuen Ideen ignorieren. Die Erfindung von Waffen- und Kriegsgerät ist an ihre Grenzen gestoßen, und so habe ich keinerlei Hoffnung auf weitere Fortschritte.»

Wer war dieses weitsichtige militärische Genie? Julius Frontinius, Erfinder von Waffen, dessen Kreationen dazu beitrugen, dass Rom im ersten Jahrhundert v. Chr. zur führenden Militärmacht aufstieg.

Nachdem General João Figueiredo im Jahr 1979 zum brasilianischen Präsidenten gewählt worden war, zeigte er sein ausgeprägtes Gespür für Machtpolitik. «Ich werde versuchen, dieses Land für die Demokratie zu öffnen», verkündete er stolz. «Und jeden, der sich mir widersetzt, hinter Gitter bringen, ja, ihn vernichten.»

Mehr als 46 000 Wähler schrieben bei den US-Senatswahlen im Jahr 1962 Edward Kennedys Namen auf ihre Stimmzettel. Das Dumme daran? Diese Leute wählten in Connecticut, während Kennedy in Massachusetts kandidierte.

Ein Restaurant im kalifornischen Emeryville änderte seinen Namen und wurde vom «Bayerischen Hof» zur «Sushi-Lounge». Dumm nur, dass es sich um ein China-Restaurant handelte.

Die amerikanische Firma Gerber macht mit dem Verkauf von Babynahrung in kleinen Gläschen ein Vermögen. In den 1970er Jahren leistete sich das Unternehmen allerdings einen gewaltigen Flop, als es einzelne Essensportionen für Erwachsene in den gleichen Babygläschen verkaufen wollte. Ganz so nostalgisch waren die Konsumenten wohl doch nicht.

Klugheit und Dummheit gehen oftmals Hand in Hand. So ist das Fertiggericht als solches keine schlechte Idee. Die miserablen Zutaten, aus denen es meist besteht, lassen die gute Idee jedoch zur Nebensache werden. Nehmen wir das Fernsehen: eine intelligente Erfindung. Ganz im Gegensatz zu den dümmlichen Sendungen, die gezeigt werden. Oder das Flugzeug: ein Wunderwerk der Technik. Und wir bestücken es mit Bomben, damit die Reichen die Armen vernichten können, ohne sich die Finger dabei schmutzig zu machen. Riesige Containerschiffe versetzen uns in die Lage, gewaltige Frachten über die Weltmeere zu transportieren, was zuvor in dieser Form nicht möglich war. Allerdings haben wir dieses merkwürdige Verhaltensmuster entwickelt, die Schiffe mit den unnützesten Dingen zu beladen. Amerikaner importieren Bier aus Deutschland, löschen die Fracht, um das Schiff anschließend mit amerikanischem Bier vollzuladen und zurück nach Deutschland zu schicken. Warum können die Amerikaner nicht einfach besseres Bier brauen?

Die klugen Erfinderköpfe sind indes nicht dafür verantwortlich zu machen, wie wir ihre intelligenten Kreationen zweckentfremden. Dies geht auf das Konto der mittleren Führungsebene.

Als der TV-Sender CBS im Jahr 2000 Golfturniere übertrug, störten sich die Produzenten daran, dass die Golfplätze dem Fernsehzuschauer nicht die gewünschte Naturatmosphäre vermittelten. So ließen sie bei jeder Übertragung vorab aufgenommenes Vogelgezwitscher einspielen.

Im Jahr 1400 verbuchte die Universität im französischen Toulouse zu wenige Einnahmen aus Studiengebühren. Wie rekrutierte die Hochschule die fehlenden finanziellen Mittel? Sie bat nicht etwa die Ehemaligen zur Kasse, sondern gründete kurzerhand die sogenannte Abtei – ein Uni-Bordell.

Im Jahr 2006 baute die Gemeinde Islamorada in Florida eine neue Kanalisation. Da die Stadtplaner Bedenken hatten, es könnten sich womöglich nicht genügend Haushalte finden, um das neue Kanalisationsnetz in seiner Kapazität auszulasten, tüftelten sie einen recht originellen Notfallplan aus. Zur Vermeidung einer zu geringen Auslastung sollten von den umliegenden Gemeinden zusätzliche Abwasserkontingente gekauft werden.

Die Filmgesellschaft 20th Century Fox scheffelte Millionen mit ihren Fernsehproduktionen, die Filmstudios dagegen warfen kaum etwas ab. Darryl Zanuck, Chef der 20th Century Fox, schloss es im Jahr 1946 kategorisch aus, dass das Fernsehen jemals ein populäres Medium werden könnte. «Die Leute werden es bald leid sein, jeden Abend auf eine Sperrholzkiste zu starren», sagte er voraus.

Zanuck übersah, was nicht zu leugnen ist: Wenn es die Leute leid sind, auf die Kiste zu starren, schlafen sie vor selbiger ein. So wurde das Fernsehen zum Babysitter für Erwachsene.

Im Sport gibt es nicht nur Siege. Sondern auch Niederlagen und gelegentlich Unentschieden. Der australische Fußballprofi Mark Viduka fügte diesen drei gängigen Optionen eine neue hinzu, als er anmerkte: «Es würde mich nicht stören, jedes Spiel zu verlieren, solange wir die Liga gewinnen.»

Den Filmmogul Sam Goldwyn trieb wohl Ähnliches um, als er *Die besten Jahre unseres Lebens* produzierte, einen tiefgründigen Film, der nicht unbedingt das Zeug zum Kassenschlager hatte. «Es ist mir egal, ob der Film auch nur einen Cent einspielt», ließ Goldwyn verlauten. «Ich will nur, dass ihn jeder Mann, jede Frau und jedes Kind in Amerika sieht.»

Beamte in Apache County, New Mexico, mutmaßten, ihr Sheriff habe 8000 Dollar aus öffentlichen Mitteln veruntreut. Um dies zu beweisen, heuerten sie für 100 000 Dollar einen externen Ermittler an, der die nötigen Argumente liefern sollte, um den Sheriff zur Rückgabe der 8000 Dollar zu zwingen.

Die Staatsdiener hätten dem Land Ausgaben in Höhe von 92 000 Dollar ersparen können, wenn sie die ganze Angelegenheit schlicht ignoriert hätten.

Als der englische Wissenschaftler Joseph Priestley im 18. Jahrhundert das kohlensäurehaltige Sodawasser erfand, hatte er kein Erfrischungsgetränk für zwischendurch im Sinn. Er dachte vielmehr, Sodawasser sei geeignet, die Menschen von einer der größten Plagen jener Zeit zu heilen – dem Gelbfieber.

Was zwar nicht der Fall war, aber das Aufkommen von Coca-Cola, Pepsi-Cola und all den anderen Brausegetränken erst ermöglichte, die inzwischen eine wahre Zucker- und Kohlensäureplage über die Welt brachten.

Im Jahr 1935 erklärte Bill Thompson, Bürgermeister von Chicago, das Sprechen von Englisch für gesetzeswidrig und ließ das Regionalparlament bekannt geben, «Amerikanisch» sei die Amtssprache in Illinois.

Die Zeitschrift *Scientific American* beurteilte das dem Autobau innewohnende Entwicklungspotenzial folgendermaßen: «Die Tatsache, dass im vergangenen Jahr keine zukunftsweisenden Neuerungen zu verzeichnen waren, spricht dafür, dass die Konstruktion von Automobilen praktisch an die Grenzen ihrer Entwicklungsmöglichkeiten gestoßen ist.» Das Jahr, von dem hier die Rede ist: 1909.

Was ist so ungewöhnlich an einer Verfilmung der Oper *Carmen* mit Mitgliedern der New Yorker «Met» in den Hauptrollen? Eigentlich nichts, es sei denn, der Stoff wurde im Jahr 1915 als erste Stummfilm-Oper der Welt verfilmt.

*D*ie Verwaltung einer Highschool in St. Louis untersagte im Jahr 1998 der Schulband, das Stück *White Rabbit* von Jefferson Airplane zu spielen, weil dessen Text Drogen verherrliche. Die Schulband gab schließlich eine Instrumentalversion des Songs zum Besten – ohne Text.

◇ ◇ ◇

*I*n Benton Harbor im US-Bundesstaat Michigan verbot der Direktor einer Middle School der schuleigenen Blaskapelle, den Evergreen *Louie, Louie* zu spielen. Was hatte der Schulleiter gegen das Lied? Der vulgäre Text war ihm ein Dorn im Auge – sofern man überhaupt von einem vulgären Text sprechen konnte, wusste doch niemand so genau, wie der Text dieses Nuschelsongs lautete.

Auch in diesem Fall erwies sich der Text als völlig irrelevant, da die Blaskapelle die Instrumentalversion des Stücks spielte.

◇ ◇ ◇

Abby, populäre amerikanische Briefkastentante mit eigener Zeitungskolumne, wurde einmal von einer Frau gefragt, ob die Pille von der Einkommenssteuer absetzbar sei.

Abbys Antwort war denkbar einfach: «Nur wenn sie nicht wirkt.»

Unabdingbare charakterliche Grundvoraussetzung für jeden Politiker, Wirtschaftsführer oder Präsidenten einer der großen US-Profiligen ist die Fähigkeit, den Leuten, ohne mit der Wimper zu zucken, Märchen auftischen zu können.

Im Jahr 1974 nahm Clarence Campbell, Präsident der National Hockey League NHL, seine Sportart gegen Kritiker in Schutz, die beklagten, Eishockey sei zu einer Art Randale auf Eis verkommen. Campbell erklärte daraufhin: «In der NHL hat es nie irgendeine Form von Gewalt gegeben.» Und verzog dabei keine Miene.

Der deutsche Komponist Richard Wagner trug immer Handschuhe, wenn er ein Werk von Felix Mendelssohn dirigierte, und warf diese nach getaner Arbeit weg. Mendelssohn war Jude, und Wagner dachte, die Handschuhe bewahrten ihn davor, von der jüdischen Musik infiziert zu werden.

Als Königin Victoria Felix Mendelssohns *Lieder ohne Worte* rühmte, musste der Komponist gestehen, dass die Stücke nicht von ihm stammten. Seine Schwester Fanny Hensel hatte sie geschrieben.

Mendelssohn hatte das Werk unter seinem Namen veröffentlicht, weil er der Ansicht war, Frauen könnten unmöglich als Komponisten erfolgreich sein. Wohl wahr – vor allem, wenn andere ihre Lorbeeren einheimsen.

Im Jahr 2005 forderten Kritiker von der britischen Werbeindustrie, in ihren Fernsehspots die gutaussehenden, biertrinkenden Bilderbuchmenschen durch einen anderen Typ Mensch zu ersetzen: den abstoßenden, übergewichtigen Säufer mittleren Alters, dessen Haar sich langsam lichtet – kurz: Typen, die allen Grund zum Trinken haben. Die Kritiker argumentierten, schöne, junge Menschen in Werbespots für Alkoholika vermittelten der britischen Jugend das fatale Bild, Trinken sei chic.

Sicherheitsbeauftragte eines Elektronik-Unternehmens in Silicon Valley sind die Urheber folgender Anweisung im Mitarbeiterhandbuch für Umwelt, Gesundheit und Sicherheit: «Betätigen Sie in periodischen Abständen Ihre Augenlider, um Ihre Augen zu befeuchten.»

Die Zeitschrift *New Woman* hatte die Bedürfnisse der modernen Geschäftsfrau messerscharf erkannt und wartete mit diesem Vorschlag zur Einsparung wertvoller Zeit auf: «Treffen Sie sich mit mehreren Freunden gleichzeitig.»

In einem Artikel über praktische Maßnahmen gegen einen trockenen Mund legte die Zeitschrift *Self* ihren Lesern den wissenschaftlich getesteten Ratschlag ans Herz: «Trinken Sie öfters einen Schluck Wasser.»

Die Geschäftsleitung der Morgan Guaranty Trust Company hielt es für unverzichtbar, folgende Anweisung ins Mitarbeiterhandbuch aufzunehmen: «Vermeiden Sie es, mit *Hallo* zu grüßen. Diese allseits beliebte und vertraute Grußformel ist im Geschäftsleben fehl am Platz.»

Manchmal wirkt ein ohnehin schon dummer Ratschlag noch viel dümmer, wenn der schlaue Ratgeber auch noch seine Zielgruppe grandios verfehlt. Im Jahr 2005 fand an einer Middle School im kalifornischen Palo Alto ein Berufsberatungstag statt, in dessen Verlauf ein Referent über die Vorzüge einer Karriere als Stripperin räsonierte.

Dreizehn- und vierzehnjährigen Mädchen redete er ein, je größer ihre Oberweite – egal ob natürlicher oder künstlicher Natur –, desto mehr Geld könnten sie als Stripperinnen verdienen.

Selbst wenn gewisse Leute in den Himmel kommen sollten, dürfte sich manch einer von ihnen keinen rechten Reim darauf machen können, legt man folgende Begebenheiten jüngeren Datums als Bewertungsmaßstab zugrunde:

1. Im Jahr 1998 fürchtete jeder, der einen Computer sein Eigen nannte, dass das bevorstehende Jahrtausend aufgrund des notorischen Y2K-Bugs massive Rechnerprobleme mit sich bringen könnte. Der ultrakonservative Fernsehprediger Jerry Falwell verkündete, die voraussichtlichen Computerprobleme (die nie auftraten) seien in Wirklichkeit «das Werk Gottes, um diese Nation wachzurütteln».

   Falwell sagte voraus, die Schwierigkeiten, die durch die Software-Aktualisierungen zur Verhinderung des Y2K-Problems aufträten, könnten ein weltweites Wiederaufleben religiöser Werte in Gang setzen, das darin gipfeln würde, dass Christus auf die Erde zurückkäme, um die wahren Christen mit sich in den Himmel zu nehmen. Um für dieses langersehnte Ereignis gewappnet zu sein, deckte sich Falwell mit Nahrungsmitteln und Munition ein.

   Wofür brauchte der Mann auf dem Weg zum Himmel eigentlich die Munition? Oder das ganze Essen?

2. Es ist eine Binsenweisheit, dass jeder stirbt, um in den

Himmel zu kommen. Sind wir einmal dort angekommen, scheinen wir uns allerdings nicht so recht im Klaren zu sein, was wir bis in alle Ewigkeit dort tun sollen.

Oder wie die Schriftstellerin Susan Ertz es ausdrückte: «Millionen von Menschen sehnen sich nach Unsterblichkeit, die schon an einem regnerischen Sonntagnachmittag nichts mit sich anzufangen wissen.»

3. Im Jahr 2004 startete Kanada eine Anzeigenkampagne in Zeitschriften, um Touristen ins Land zu locken. Slogan: «Mehr als ein Urlaub – so schön kann nur das Paradies sein.»

Dies sprach Leute an, die eigentlich einen Urlaub an einem wärmeren, dafür weniger malerischen Ort im Sinn hatten.

Wer allerdings glaubte, im Garten Eden gäbe es keine Shopping-Malls wie in Montreal, musste bald erkennen, dass das letzte Hemd wohl doch Taschen hat. Und diese auch gut gefüllt sein sollten, wenn Kanadier im Paradies das Sagen haben, hat doch auch hier alles seinen Preis – selbst das Golfen zwischen den einzelnen Harfensoli.

Die Schriftstellerin Rebecca West: «Läge die gesamte Menschheit in einem Grab, müsste die Inschrift auf dem Grabstein lauten: ‹Schien seinerzeit eine gute Idee zu sein›.»

KAPITEL 4

Ist doch nicht meine Schuld:
War eh alles zu spät

◎ ◎ ◎

Im Jahr 1979 verklagte ein Mann die Brauerei Coors, ihn zum Alkoholiker gemacht zu haben. Er argumentierte, auf den Bierdosen hätte ein Warnhinweis angebracht sein müssen, dass das Getränk Alkohol enthält.

Wir leben in einer freien Gesellschaft – in der jeder frei ist, den anderen die Schuld für die eigenen dummen Fehler unterzuschieben. Wenn Sie also etwas besonders Idiotisches verbocken, nehmen Sie einfach jemanden mit ins Boot. Nicht etwa, um sich herauszureden. Aber auf diese Art können Sie jederzeit auf eine unschlagbare Ausstiegsklausel zurückgreifen: Es war nicht meine Schuld.

◎ ◎ ◎

Eine Frau in New Hampshire baute ihr Haus unmittelbar neben einem Golfplatz. Und verklagte anschließend den Golfclub wegen Belästigung, weil so viele Golfbälle in ihrem Garten landeten.

◎ ◎ ◎

In Zimbabwe ertrank im Jahr 1990 das spirituelle Oberhaupt eines Stammes während eines Rituals. Seine Anhänger zogen den Mann nicht aus dem Wasser, weil sie dachten, seine magischen Kräfte würden ihn beschützen und ihn in die Lage versetzen, unter Wasser zu atmen, wo er schließlich zwei Tage lang verblieb.

Sie glauben vielleicht, man könne niemanden außer sich selbst verantwortlich machen, wenn man ein Buch schreibt, mit dem man nicht hundertprozentig zufrieden ist. Aber Sie irren sich. Selbst wenn es sich bei dem Buch um eine Autobiographie handelt, ist der Autor in manchen Fällen imstande, mit dem Finger auf jemand anders zu zeigen.

Wenn Sportstars und andere Berühmtheiten für viel Geld ihre Autobiographie zu Papier bringen, bedienen sie sich oft eines Ghostwriters, der das zu erledigen hat, was man von einem Star kaum erwarten kann – die eigene Geschichte zu erzählen. Dies kann zu überraschenden Enthüllungen führen.

Als der Basketballstar Charles Barkley feststellen musste, dass er in seiner eigenen Autobiographie falsch zitiert wird, räumte er ein: «Mann, ich hätte sie lesen sollen.»

Aber es passiert nicht nur Sportlern, dass sie bisweilen nicht wissen, was sie gesagt haben. Auch Schriftsteller sind davor nicht gefeit. Alexandre Dumas, Verfasser von *Die drei Musketiere*, schrieb zahlreiche Stücke und Bücher – mit freundlicher Unterstützung gleich mehrerer Ghostwriter.

«Hast du mein neues Buch schon gelesen?», fragte er einmal seinen Sohn.

«Nein», antwortete dieser. «Und du?»

◎ ◎ ◎

Für Wilfrid Sheed war klar, warum viele Menschen unter einem Minderwertigkeitskomplex leiden – jedenfalls nicht deshalb, weil sie etwa minderwertig wären. «Ein Grund, warum die Menschen eine so schlechte Meinung von sich selbst haben, ist darin zu sehen, dass sie ihr Wissen zum Großteil von Schriftstellern beziehen», meinte Sheed. Und er muss es wissen, schließlich ist er selbst Schriftsteller.

◎ ◎ ◎

H ier ein Grund, warum Anwälte so teuer sind: Während eines Mordprozesses im US-Bundesstaat Illinois im Jahr 1986 verprügelte der Angeklagte vor Gericht seinen Anwalt und ging anschließend auf den Richter los. Nach seiner Verurteilung legte der Mörder Berufung ein, wobei er geltend machte, der Richter sei ihm gegenüber aufgrund seiner Attacke voreingenommen gewesen.

Im US-Bundesstaat Washington kam es zwanzig Jahre später zu einem ähnlichen Vorfall, als ein Mann, der sich wegen Körperverletzung zu verantworten hatte, im Gerichtssaal auf seinen Verteidiger eindrosch – damit war das Plädoyer der Anklage abgeschlossen.

Der Psychiater Thomas Szasz: «Unrecht plus Unrecht ergibt noch lange kein Recht, aber eine gute Entschuldigung.»

◎ ◎ ◎

A uch Eltern eignen sich hervorragend zum Sündenbock. Wenn Sie glauben, Sie sind nicht schuld, können Sie durchaus richtigliegen, vor allem wenn Ihre Eltern Gewehr bei Fuß stehen, um die Schuld auf sich zu nehmen.

Man sagt, es braucht ein ganzes Dorf, um ein Kind großzuziehen. Manchmal allerdings reichen schon die Eltern aus, um die Karre gegen die Wand zu fahren. Hier zwei Mütter und zwei Väter, denen das wunderbar gelang.

1.   Viele übertrieben ehrgeizige Mütter haben mit ihren Kindern Großes im Sinn und träumen bisweilen davon, dass ihre Sprösslinge von Hollywood entdeckt werden. Die Träume einer Mutter aus Detroit zerplatzten allerdings schnell, als sie 1938 ihre beiden acht und zehn Jahre alten Töchter mit dem Bus in die Hollywood-Metropole Los Angeles schickte. Sie erklärte den Mädchen, sie sollten im Besetzungsbüro vorsprechen und die Familie nachholen, sobald sie große Filmstars seien. Die Behörden vor Ort setzten die Mädchen in den nächsten Bus nach Hause.

2. James Vincent Forrestal, erster Verteidigungsminister der USA nach dem Zweiten Weltkrieg und seines Zeichens Workaholic, ist ein frühes Beispiel eines Vaters, der keine Zeit für seine Kinder hat. Als er sich einmal auf einer Konferenz in London befand, erreichte ihn ein Anruf seiner beiden Söhne, sie hätten ihr Flugzeug in Paris verpasst. Der Vater sagte den Jungen, sie sollten das Problem selbst lösen, wie sie zu ihm nach London kommen.

Seine Söhne waren sechs und acht Jahre alt.

3. Hetty Green war im 19. Jahrhundert als die «Hexe der Wall Street» bekannt, galt sie doch als die geizigste Millionärin New Yorks. Als ihr kleiner Sohn sich am Bein verletzte, wollte sie partout nicht mit ihm zum Arzt gehen. Sie sagte dem Jungen, es mache keinen Sinn, Geld für eine ärztliche Behandlung auszugeben, da er ohnehin wieder gesund würde.

Da die Wunde nicht medizinisch versorgt wurde, kam es zu einer Wundbrandinfektion, die dazu führte, dass das Bein des Jungen amputiert werden musste.

4. Der frühere Schlagzeuger Lenny Hart managte die Band *Grateful Dead* in ihren Anfangstagen. Den Manager-Job bekam er überhaupt nur, weil sein Sohn Mickey eines der Bandmitglieder war. Lenny erleichterte die Band seines Sohnes um Tausende von Dollar.

«Er war ein absolut verkommener Mensch», meinte Mickey nach Lennys Tod. «Ich schäme mich für so einen Vater. Aber er war ein erstklassiger Schlagzeuger.»

◎ ◎ ◎

«Wer regiert die Welt, und wie entstehen Kriege?», fragte der Zeitungsverleger Karl Kraus. «Diplomaten erzählen Journalisten Ammenmärchen und glauben anschließend, was sie in der Zeitung lesen.»

Der Politiker Joseph Choate rühmte in einer Rede die Pilgerväter für die Entbehrungen, die diese bei der Besiedlung der Neuen Welt auf sich nahmen.

«Vergessen wir jedoch nicht die Pilgermütter», fügte er an. «Schließlich hatten sie nicht nur genau das Gleiche wie die Pilgerväter zu ertragen, sondern auch die Pilgerväter selbst.»

◉ ◉ ◉

Die russische Revolution wäre möglicherweise nie zustande gekommen, wenn die Bauern auf Zar Nikolaus I. gehört hätten. «Nicht ich regiere Russland», meinte der Zar, «sondern 10 000 Beamte.»

Keine Revolution stürzt 10 000 Beamte.

◉ ◉ ◉

Im Jahr 1929 beschlossen Arbeiter eines sowjetischen Staatsbetriebs, den Jahrestag der Abdankung von Zar Nikolaus I. mit einer Filmvorführung zu feiern. Ein Kino gab es nicht, jedoch konnten die Genossen für ihre Zwecke einen kleinen Raum in einer Fabrik auftreiben. Der Betriebsleiter warnte, es sei zu gefährlich, so viele Leute in einen Raum zu stecken, in dem zuvor Benzin ausgelaufen war.

Die Arbeiter schlugen seine Warnungen in den Wind. Sie ließen die Korken knallen und feierten, als der Film begann.

Ein betrunkener Akkordeonspieler sorgte für die musikalische Untermalung des Stummfilms. Er schnippte eine brennende Zigarette weg, die auf dem Filmknäuel landete, das sich auf dem Boden auftürmte, da der Mann am Projektor von dessen Bedienung keine Ahnung hatte.

Der hochentzündliche Nitrofilm fing Feuer, was wiederum den benzingetränkten Boden des hoffnungslos überfüllten Raums in Brand setzte und 120 Menschen das Leben kostete.

Die Überlebenden gingen auf den Betriebsleiter los, machten sie ihn doch für die Katastrophe verantwortlich, obwohl er sie eindringlich vor den Gefahren gewarnt hatte. Und so kam es, dass er von den Leuten umgebracht wurde, deren Leben er zu retten versucht hatte.

«Mit der Schwerkraft können wir fertig werden», sagte der Physiker Wernher von Braun, der Amerikas erstes Raketenprogramm entwickelte, «aber manchmal ist der Papierkram das Problem.»

Eine Mexikanerin, die sich als plastische Chirurgin ausgab, eröffnete im Jahr 2002 eine Klinik in Mexiko und führte bei hundert Frauen Brustimplantationen durch. Allerdings verwendete sie fehlerhaftes Silikonmaterial, weshalb ihre Patientinnen nach den Operationen deformierte Brüste hatten.

Nachdem die falsche Ärztin verhaftet wurde, wartete sie in ihrem Prozess mit einer ungewöhnlichen Verteidigung auf: Sie sei nicht schuldig, weil aus keiner der Frauen – selbst mit perfekten Brüsten – eine Schönheit geworden wäre.

Kriminelle aller Couleur sollten sich diese Verteidigungsstrategie merken. Ein Bankräuber etwa könnte geltend machen, sein Verbrechen sei nicht weiter von Belang, würde von den Kunden, die ihr Geld der Bank anvertraut hatten, ohnehin keiner reich. Politiker, die der Bestechlichkeit überführt wurden, könnten anführen, hätten sie dieses Schmiergeld nicht angenommen, wären sie gezwungen gewesen, andere Zuwendungen anzunehmen.

☺ ☺ ☺

Im Jahr 1916 war das Georgia Institute of Technology – kurz Georgia Tech – eine Football-Hochburg. Das Cumberland College hingegen brachte kaum eine Mannschaft zusammen. Die beiden Mannschaften trafen in einer Begegnung aufeinander, die so unglaublich einseitig war, dass sich Spieler des Cumberland-Teams weigerten, einen Ball zurückzuerobern, den ihr Running Back verloren hatte.

«Mach du mal», meinten sie zu ihrem Mitspieler, «schließlich hast du den Ball auch verloren.»

Endergebnis: 222 : 0 für Georgia Tech. Im dritten Viertel wurde die Partie aus Mitleid mit dem hoffnungslos unterlegenen Cumberland-Team abgebrochen.

◎ ◎ ◎

Im Jahr 1971 schaltete die Familie von Sir Peregrine Henniker-Heaton Scotland Yard ein, um dessen plötzliches Verschwinden zu untersuchen. Die Polizeibeamten fanden jedoch keine Spur von ihm. Auch eine dreijährige landesweite Suche ergab keinerlei Hinweise auf den Verbleib des Vermissten.

Schließlich wurde die Leiche Henniker-Heatons gefunden. Wo? In seinem Haus.

Zur Verteidigung Scotland Yards sei angemerkt, dass es sich um ein großes Haus handelte.

◎ ◎ ◎

In den 1950er Jahren trieb Eltern in ganz Amerika die Angst um, ihre Kinder könnten Kinderlähmung bekommen. Nachdem ein Impfstoff entwickelt worden war, legte die Regierung ein landesweites Impfprogramm für Kinder auf. Allerdings waren schon bald sämtliche Impfstoff-Vorräte aufgebraucht.

Der für das Programm verantwortliche Regierungsbeamte erklärte, man verfüge deshalb nicht über genügend Impfstoff, weil «niemand eine derart massive Nachfrage vorhersehen konnte».

Niemand also – außer jedem Bürger, der *nicht* für die amerikanische Regierung tätig war.

Fünfzig Jahre später warteten Regierungsstellen mit der

gleichen Ausrede auf, als sie der Hurrikan Katrina und die anschließende Sturmflut völlig unvorbereitet trafen und verheerende Schäden in New Orleans anrichteten.

◎ ◎ ◎

Die britische Politikerin Norah Phillips: «Und was verwirrte Menschen angeht, so gefielen mir die Äußerungen des Kaufhausdetektivs, der meinte, er habe jede Menge Leute gesehen, die so verwirrt waren, dass sie klauten, aber keinen Einzigen, der so verwirrt gewesen wäre, dass er zweimal bezahlt hätte.»

◎ ◎ ◎

Als John Adams der zweite Präsident der Vereinigten Staaten wurde, machte in politischen Kreisen das Gerücht die Runde, er habe einen General nach England gesandt, um vier Frauen als Mätressen auszusuchen – für jeden der beiden Männer zwei. Ein Skandal.

Dem widersprach Adams energisch: «Wenn das wahr ist, hat er alle vier für sich behalten und mir meine zwei vorenthalten.»

◎ ◎ ◎

Egal, wie viele dumme Fehler wir auch machen, finden wir Trost in der Erkenntnis, dass es immer jemanden gibt, der noch viel öfter viel dümmere Fehler begeht.

«Ein Mann, der ein Nilpferd anschaut, mag bisweilen versucht sein, das Nilpferd als grandiosen Fehler der Evolution zu betrachten», merkte der Schriftsteller G. K. Chesterton an. «Aber er wird auch nicht umhin können, sich einzugestehen, dass eine natürliche Unterlegenheit ihn persönlich daran hindert, Fehler dieser Art zu machen.»

◎ ◎ ◎

Exxon Mobil stellte einen neuen Weltrekord für Unternehmensgewinne auf, als die Ölgesellschaft im Jahr 2005 Einnahmen von fast 37 Milliarden Dollar für das abgelaufene Geschäftsjahr verbuchen konnte. Auch wenn die Benzinpreise damals historische Höchststände erreichten, stritt die Geschäftsführung kategorisch ab, Preisabsprachen an den Zapfsäulen zu betreiben. Niemand glaubte diesen Beteuerungen, dennoch hatte jeder den gleichen Preis zu zahlen.

Preisabsprachen sind ein Instrument der Wirtschaft, das dazu dient, allen Leuten – auch denen, die ihnen nicht glauben – den von ihnen festgesetzten Preis abzuverlangen. Und wenn Sie clever sind, streiten Sie alles ab und kommen ungeschoren davon. Ist der Kapitalismus nicht großartig?

◎ ◎ ◎

Im Jahr 1968 nahm ein Einbrecher in Detroit seinen Hund auf einen seiner Raubzüge mit. Als die Polizei überraschend auftauchte, flüchtete der Mann und ließ den Hund am Ort des Geschehens zurück. Der Einbrecher wäre wohl unerkannt entkommen, aber sein Hund wurde ihm zum Verhängnis. Die Polizisten konnten den Ganoven ausfindig machen, indem sie zu dem Hund sagten: «Ab nach Hause, alter Junge.»

◎ ◎ ◎

In Peoria im US-Bundesstaat Arizona erkannten eine Mutter und ein Vater, dass sie nach einer zweitägigen Sauftour durch verschiedene Kneipen zu betrunken waren, um sich selbst ans Steuer zu setzen und nach Hause zu fahren. So händigten sie die Wagenschlüssel vernünftigerweise ihrer Tochter aus und hielten diese an, sie nach Hause zu fahren.

Obwohl die frischgebackene Fahrerin nüchtern war, war sie der Sache nicht gewachsen und krachte mit dem Wagen in ein Haus. Die Mutter brach sich bei dem Unfall einen Knöchel und mehrere Rippen.

Beide Eltern mussten sich wegen Kindesmissbrauchs vor Gericht verantworten. Warum? Weil ihre Tochter zum damaligen Zeitpunkt gerade einmal elf Jahre alt war.

ⓞ ⓞ ⓞ

Vielleicht bestand ja eine Art Seelenverwandtschaft mit jenem anderen Typen, der alles daransetzte, nicht betrunken Auto zu fahren. Im Jahr 1972 fiel einem Polizisten in Jackson, Mississippi, ein Wagen auf, der Schlangenlinien fuhr. Es stellte sich heraus, dass der Fahrer blind war und das Auto nach den Anweisungen seines Beifahrers steuerte, der ins Feld führte, er sei zu betrunken, um selbst zu fahren.

ⓞ ⓞ ⓞ

William Pitt war im frühen 19. Jahrhundert britischer Premierminister. Sein Hausarzt riet ihm, täglich eine Flasche Portwein zu trinken, sei dies doch seiner Gesundheit förderlich. Pitt nahm sich den ärztlichen Rat zu Herzen und sinnierte, wenn er jeden Tag sechs Flaschen Portwein tränke, sei dies seiner Gesundheit sechs Mal so förderlich.

Natürlich hätte sich Pitt wohl kaum im Alter von 46 Jahren zu Tode gesoffen, wenn ihm sein Arzt nicht diesen Floh ins Ohr gesetzt hätte.

ⓞ ⓞ ⓞ

Der Schriftsteller George Bernard Shaw – seines Zeichens Vegetarier – war schrecklich dünn, während sein Kollege G. K. Chesterton als Allesfresser und ausgewiesener Gourmand außerordentlich dickleibig war.

«Wenn man Sie so anschaut, könnte man meinen, in England hätte es eine Hungersnot gegeben», meinte Chesterton, als sich die beiden Schriftsteller einmal trafen.

«Und wenn man Sie so anschaut», konterte Shaw, «könnte man meinen, Sie haben sie verursacht.»

Die Enkelin des Regisseurs Alfred Hitchcock musste einst für die Schule einen seiner Filme, *Im Schatten des Zweifels*, analysieren. Also bat sie ihren Opa um Hilfe. Das Mädchen war fest davon überzeugt, für ihren Aufsatz die Note «sehr gut» bekommen zu haben, schließlich wusste niemand mehr über Hitchcocks Filme als ihr Großvater.

Als sie den Aufsatz zurückbekam, war dieser mit «ausreichend» benotet. Hitchcock wäre beinahe mit der Analyse seines eigenen Films durchgefallen.

Charles II., König von England, konnte sich seines Thrones sicher sein, was ein – wenn auch eher unabsichtliches – Verdienst seines Bruders James war. James war bei der englischen Aristokratie so unbeliebt, erklärte Charles, dass «mich niemand umbringen wird, um dich zum König zu machen».

Abu Abbas war der Anführer einer palästinensischen Terroristenbande, die im Jahr 1985 ein Kreuzfahrtschiff kaperte und eine amerikanische Geisel im Rollstuhl ermordete. Jahre später beklagte er sich, er sei in der Presse falsch dargestellt worden.

«Die Medien haben der Welt nicht berichtet, dass Abu Abbas das Leben von 600 Passagieren rettete», sagte er, «sondern nur, dass ein behinderter Mann getötet wurde.»

Ist der Quotient zwischen den Menschen, die man nicht tötet, und denen, die man tötet, hoch genug, müsste man nach Abu Abbas' Verständnis von Fairness für seine Verbrechen exkulpiert werden, wenn nur die Medien Mördern gegenüber nicht so voreingenommen wären.

◉ ◉ ◉

Wenn ein Jäger auf Hirschjagd geht, erwartet er wohl zuallerletzt, dass der Hirsch zurückschlägt. Im Jahr 1990 schoss ein Jäger einen Hirsch an, der sich jedoch partout weigerte, das Zeitliche zu segnen. Also versetzte der Mann dem Tier mehrere Schläge mit dem Kolben seines Jagdgewehrs, wodurch sich zufällig ein Schuss löste und den Jäger tötete.

◎ ◎ ◎

Als die Schätze des Tutanchamun auf einer Wanderausstellung in verschiedenen amerikanischen Museen zu bestaunen waren, erlitt der mit der Bewachung der Exponate betraute New Yorker Polizist einen Schlaganfall. Er klagte mit der Begründung, er sei Opfer des Fluchs des Pharaos geworden.

◎ ◎ ◎

Beim Besuch eines englischen Kunstmuseums im Jahr 1977 küsste eine Frau spontan ein Gemälde. «Ich küsste das Bild nur, um es zu beleben», brachte sie zu ihrer Verteidigung vor. «Es machte auf mich einen so kalten Eindruck.» Das Museum musste 1260 Dollar berappen, um ihren Lippenstift von der Leinwand zu entfernen.

◎ ◎ ◎

Eine aus elf Profis bestehende Diebesbande beging einen der größten Raubüberfälle der Geschichte, als sie im Jahr 1950 den Hauptsitz des Geldtransportunternehmens Brink's in Boston überfiel und mehr als zwei Millionen Dollar aus dem Tresorraum erbeutete. Sicher, die Räuber übersahen bei ihrem Coup weitere 800 000 Dollar in bar, aber immerhin entkamen sie unerkannt mit den zwei Millionen Dollar. Beinahe jedenfalls.

Jahrelang bemühte sich die Polizei vergeblich, das Verbrechen aufzuklären. Bis schließlich eines der Bandenmitglieder zur Polizei ging und ein umfassendes Geständnis ablegte – elf Tage, bevor die Verjährungsfrist ablief.

Warum packte der Mann aus? Er fühlte sich von den anderen Bandenmitgliedern um den gerechten Anteil seiner Beute betrogen, und so flog das perfekte Verbrechen durch eine engstirnige Dummheit auf. Diese Art der Aufklärung von Verbrechen – Kommissar Zufall – ist besonders dazu angetan, unsere Gefängnisse zu füllen.

◎ ◎ ◎

Im Jahr 1985 verklagte eine Frau mehrere Casinos in Nevada, nachdem sie beim Black Jack mehr als 300 000 Dollar verloren hatte. Ihr Argument: Die Casinos hätten sie warnen müssen, dass sie nicht gut genug ist, um beim Black Jack zu gewinnen.

Sie war allerdings auch nicht gut genug, um den Prozess zu gewinnen.

◎ ◎ ◎

Philipp III., König von Spanien im 17. Jahrhundert, starb an einem Hitzschlag, nachdem er zu lange vor dem Feuer gesessen hatte.

Der König wusste, dass er überhitzen würde, dennoch weigerte er sich, aufzustehen und sich von der Feuerstelle zu entfernen, gehörte dies doch nicht zu seinen Aufgaben als König. Der für das Feuer verantwortliche Diener des Königs, dessen Aufgabe es war, den königlichen Sessel vom Feuer wegzurücken, hatte dienstfrei.

◎ ◎ ◎

Der im 16. Jahrhundert lebende Wissenschaftler Girolamo Cardano war auch ein berühmter Astrologe. Er behauptete, die Sterne sagten voraus, dass er am 21. September 1576 sterben würde.

An jenem Tag beschloss Cardano – der sich bester Gesundheit erfreute und weit und breit keinen Feind hatte, der ihm nach dem Leben trachtete –, dass seine astrologische Vorhersage nicht fehlschlagen dürfe. Also beging er Selbstmord.

◎ ◎ ◎

Was brachte die Eltern eines neunjährigen Mädchens in Indien dazu, ihre Tochter mit einem Hund zu verheiraten? Sie dachten, das Mädchen stünde im Bann eines Teufels und dies sei die einzige Möglichkeit, sie zu heilen.

◎ ◎ ◎

Der Schriftsteller Peter De Vries: «Wenn ich es nicht länger aushalte, an die Opfer zerrütteter Familien zu denken, beginne ich, an die Opfer intakter Familien zu denken.»

◎ ◎ ◎

W. S. Gilbert, Schriftsteller und für den Text der komischen Opern verantwortlich, die er zusammen mit dem Komponisten Arthur Sullivan unter dem Namen «Gilbert und Sullivan» verfasste, kritisierte einen Schauspieler während einer Probe.

«Hören Sie auf, mich zu schikanieren», entgegnete der Schauspieler. «Ich kenne meinen Text.»

«Schon möglich», erwiderte Gilbert. «Aber nicht meinen.»

Filmstar Rock Hudson: «Ich habe (den Fernsehstar) Lee Majors nicht zur Schauspielerei gebracht. Das kann man mir beim besten Willen nicht anhängen.»

Revolutionen ersetzen in der Regel alte Missstände durch neue. Dabei tun sich vor allem die Franzosen als wahre Meister hervor, Gräueltaten im Namen der Rache zu begehen.

Während der Schreckensherrschaft, die der Französischen

Revolution im Jahr 1793 folgte, wurden die siegreichen Revolutionäre derart von Rachegelüsten übermannt, dass sie ihre Landsleute zu Tausenden abschlachteten: zunächst wegen Verbrechen gegen die Menschlichkeit, anschließend wegen Anschuldigungen von Verbrechen gegen die Menschlichkeit und schließlich wegen der bloßen Möglichkeit der Erhebung derartiger Anschuldigungen.

In Nantes kam der Scharfrichter mit seiner Guillotine kaum nach, die astronomische Anzahl der von den Revolutionstribunalen verhängten Hinrichtungen zu vollstrecken. Zum Tode verurteilte Aristokraten, Priester, Regierungsbeamte und sonstige Personen, die bei den Tribunalen in Ungnade gefallen waren, wurden auf Schiffen zusammengepfercht, die auf dem Fluss zum Kentern gebracht wurden.

Die Gefangenen, die dem Tod durch Ertrinken zu entkommen versuchten, wurden mit Enterhaken unter Wasser gedrückt.

Im Fluss wimmelte es schließlich derart von Leichen, dass das Wasser verseucht wurde und in der ganzen Stadt tödliche Krankheiten auslöste. So machten sich die Revolutionäre in ihrem grenzenlosen Rachewahn versehentlich selbst den Garaus.

Der Diplomat Henry Kissinger: «Selbst ein Irrer hat ein paar ganz normale Feinde.»

Im Jahr 1931 musste Präsident Herbert Hoover wohl irgendwie entgangen sein, welch gravierende Auswirkungen die Weltwirtschaftskrise für Millionen von Amerikanern hatte, wartete er doch mit folgendem Lösungsvorschlag für die Probleme des Landes auf: «Ich denke, wenn sich jemand alle zehn Tage über einen guten Witz vor Lachen wegwerfen kann, werden wir unsere Schwierigkeiten bald überwunden haben.»

Der Präsident machte diesen kleinen Scherz zu einer Zeit, als das Land einen wahren wirtschaftlichen Albtraum durchlebte und ein Viertel aller erwerbsfähigen Amerikaner arbeitslos war. Amerika führte die Krise auf Hoovers verfehlte Wirtschaftspolitik zurück. Der Präsident indes lediglich auf einen Mangel an Humor.

◉ ◉ ◉

Im Jahr 1998 zahlte eine englische Reederei zwei Millionen Pfund Schadenersatz an die Bewohner einer Insel im Südpazifik, nachdem einer ihrer Superfrachter das Korallenriff der Insel zerstört hatte, weil er zu nahe an der Küste navigierte.

Warum hatte das Schiff die vorgeschriebene Route verlassen? Der Kapitän wollte einen besseren Blick auf die Inselbewohnerinnen haben, die sich oben ohne am Strand tummelten.

◉ ◉ ◉

Wie Lehrern bestens bekannt ist, kommt es einer Strafe Gottes gleich, Siebtklässler unterrichten zu müssen. Nur eines ist schlimmer – die Siebtklässler zu beaufsichtigen, die nachzusitzen haben.

Im Jahr 2004 brachte diese ehrenvolle Aufgabe einen Lehrer an einer Middle School in Missouri zum Durchdrehen. Als ein vierzehnjähriger Junge, der nachsitzen musste, weiterhin herumtobte, fesselte der Lehrer den Schüler kurzerhand mit Klebeband an seinen Stuhl.

Der Lehrer musste zwar seinen Job quittieren, wurde jedoch in Lehrerkreisen zu einer lebenden Legende.

◉ ◉ ◉

Ein Israeli starb im Alter von 91 Jahren, nachdem ihm sein Pfleger Geschirrspülmittel statt Hummus als Brotaufstrich verabreicht hatte. Die Ausrede des Pflegers? Er konnte die hebräische Schrift auf den Packungen nicht lesen und daher das Lebensmittel nicht vom Spülmittel unterscheiden.

◎ ◎ ◎

In der Zeitungsbranche sind schrille Boulevardblätter dafür zuständig, Halb- und Unwahrheiten zu drucken. Seriöse Printmedien kämen niemals auf die Idee, die Seiten ihrer journalistischen Erzeugnisse mit Klatsch und Tratsch zu besudeln. Stattdessen zitieren sie ungenannte Quellen und überlassen es diesen, dem Leser Klatschgeschichten aufzutischen.

«Die *Times* veröffentlicht keine Gerüchte», schrieb der Dramatiker Tom Stoppard. «Sie berichtet nur über Tatsachen, will heißen, dass andere, weniger verantwortungsbewusste Blätter gewisse Gerüchte verbreiten.»

◎ ◎ ◎

Einer Hollywood-Legende nach soll der Filmstar Lana Turner entdeckt worden sein, als sie sich in einem Drugstore in Los Angeles eine Brause gönnte. Ob dies nun stimmt oder nicht – die Legende inspirierte viele junge Mädchen zur Nachahmung.

«Seitdem saßen Tausende von Mädchen in amerikanischen Drugstores herum, tranken Limonade und warteten darauf, entdeckt zu werden», meinte der Filmkolumnist Sidney Skolsky. «Aber der Effekt war stets der gleiche: Sie wurden nur dick von der Limonade.»

◎ ◎ ◎

Warum sind manche Leute reich und andere nicht? Der Fernsehprediger Jerry Falwell hatte die passende Antwort: «Materieller Reichtum ist ein Geschenk Gottes an die Menschen, für die er an erster Stelle steht.»

Jesus hatte zwar eine andere Auffassung von Reichtum, aber schließlich war er auch nicht so reich wie Pastor Falwell.

◎ ◎ ◎

Wenn Sie nicht wissen, wie sich die Reichen und Mächtigen vom Rest der Menschheit unterscheiden, sind Sie keiner von ihnen. «Jeder Mensch glaubt, Gott auf seiner Seite zu haben», sagte der Dramatiker Jean Anouilh. «Die Reichen und Mächtigen jedoch haben die Gewissheit, dass er auf ihrer Seite ist.»

Der Millionär John D. Rockefeller: «Ich glaube, dass die Fähigkeit, Geld zu machen, eine Gabe Gottes ist.»

Der Modedesigner Hubert de Givenchy: «Ich bin absolut davon überzeugt, dass meine Begabung gottgegeben ist. Ich bitte Gott um viel, aber ich danke es ihm auch. Ich bin ein sehr anspruchsvoller Gläubiger.»

◎ ◎ ◎

Der Dichter Robert Frost: «Vergib mir meinen Unsinn, o Herr, wie ich auch jenen ihren Unsinn vergebe, die meinen, etwas Sinnvolles zu sagen.»

◎ ◎ ◎

KAPITEL 5

**Selig sind die geistig Armen!
Wer wollte noch gleich mit einer Schubkarre
über die Rocky Mountains?**

◨ ◨ ◨

Der heilige Matthäus hat uns schon vor 2000 Jahren gelehrt, unserer Dummheit abzuschwören. Es hat den Anschein, als sei sein Aufruf ungehört verhallt. Betrachten wir das Ganze jedoch unter dem Aspekt der Unterhaltung, sind Dummköpfe ein Geschenk des Himmels.

Gelegentlich danken die Dummköpfe Gott dafür, Dummköpfe zu sein. Der britische Filmkomiker Alastair Sim, der seinen Teil dazu beitrug, aus dem Film *Die Schönen von St. Trinians* einen Lacherfolg zu machen, bekannte einmal: «Vor vielen Jahren wurde mir mit frappierender Offenheit erklärt, dass ich ein Dummkopf sei und immer einer war. Seitdem bin ich so glücklich, wie nur jemand glücklich sein kann.»

Nun ist es an der Zeit, dass andere Dummköpfe die Bühne betreten und sich vor uns verneigen.

REKORDVERDÄCHTIG

Werfen wir zunächst einen Blick auf ein paar merkwürdige Sportler, die in Disziplinen Höchstleistungen erbrachten, für die sich kein Mensch interessiert. Mit ungebrochenem Ehrgeiz greifen sie wie besessen nach einer (nicht existenten) Goldmedaille oder einem Eintrag ins *Guinness-Buch der Rekorde*.

Vielleicht nahmen sie das Guinness-Buch ein bisschen zu ernst oder verfügten einfach über eine nicht ganz alltägliche

Begabung und waren neugierig, wie weit sie es damit bringen könnten, um schließlich auf immer die gleiche Antwort zu stoßen: entschieden zu weit! Im Folgenden einige meiner Lieblingssportler, die in einer anderen Liga spielten:

▣ ▣ ▣

Ashrita Furman hätte die Zuschauer in Manhattans Central Park zweifellos begeistert – wenn er denn Zuschauer gehabt hätte. Im Jahr 1980 bewältigte er den 2,5 Kilometer langen Rundkurs um das Reservoir gleich mehrfach, indem er einen Salto nach dem anderen schlug.

▣ ▣ ▣

In Indien balancierte ein Mann im Jahr 1995 72 Stunden und 40 Minuten lang auf einem Fuß.

▣ ▣ ▣

In England balancierte ein Mann 100 Ziegelsteine 14 Sekunden lang auf dem Kopf. Summa summarum also ein Gewicht von etwa 20 Kilogramm. Wahrscheinlich hat jeder von uns schon einmal mit diesem Gefühl Bekanntschaft gemacht – ein echter Brummschädel.

Ein Brite benötigte genau 13,4 Sekunden, um eine 30 Zentimeter lange Gurke in 264 Scheiben zu schneiden.

Ein anderer Essensfreak verknotete mit der Zunge in einer Stunde 833 Kirschenstiele.

▣ ▣ ▣

Zwei Schotten stellten eine neue Rekordmarke in der (in-offiziellen) Disziplin des Krabbelns auf: 51 Kilometer auf allen Vieren.

Dies ist jedoch nur der Rekord für die Sprintstrecke. Den Langstreckenrekord im Krabbeln hält abermals ein Inder, der über einen Zeitraum von 15 Monaten hinweg 1400 Kilometer auf allen vieren zurücklegte, um seine religiöse Hingabe unter Beweis zu stellen.

▣ ▣ ▣

Für den Fall, dass Sie sich fragen sollten, was hinter den Mauern der renommiertesten amerikanischen Univer-sitäten so abläuft: Vierzehn Studenten aus Stanford spielten 244 Stunden und 43 Minuten lang Bockspringen. Und legten dabei mehr als 1600 Kilometer zurück.

Ein Brite legte in 25 Stunden 116 Kilometer zurück – mit einer Milchflasche auf dem Kopf.

Ein Amerikaner legte fast 86 Kilometer auf einem Einrad zu-rück – rückwärts, wobei er die ganze Zeit über die Schulter nach hinten schaute.

▣ ▣ ▣

Keiner dieser Zeitgenossen dürfte je zum Großverdiener sei-nes Sports aufsteigen, andererseits ist kein Großverdiener imstande, diesen verrückten Typen das Wasser zu reichen.

▣ ▣ ▣

Im Jahr 2006 schaffte es ein junger Mann aus Illinois ins Guinness-Buch der Rekorde, ließ er sich doch nicht etwa *einen* Ohr- oder Nasenring oder *ein* Bauchnabelpiercing, sondern am ganzen Körper sage und schreibe 1016 Piercings an einem einzigen Tag stechen.

Um anschließend zu erklären: «Ich glaube, ich habe etwas Denkwürdiges in meinem Leben vollbracht.»

◻ ◻ ◻

Und was die unverbesserlichen Rekordjäger angeht, die nicht nur ein bisschen, sondern viel zu weit gehen: Um Eingang ins Guinness-Buch zu finden, aß ein Mann ein ganzes Fahrrad – Stück für Stück.

VERRÜCKTE KUNST

Es soll Künstler geben, die nicht exzentrisch sind. Ich habe zwar noch keinen gesehen, aber ein nichtexzentrischer Künstler wäre wohl der exzentrischste. Unterdessen produzieren meine Lieblingskünstler weiterhin verrückte Kunst um der verrückten Kunst willen.

◻ ◻ ◻

Im Jahr 1983 fertigte ein japanischer Künstler ein Porträt der Mona Lisa an – ausschließlich aus Toastbrot.

◻ ◻ ◻

Der Künstler Tom Forsythe nahm sich unserer Nahrungskette als Thema an und schuf eine Fotoserie mit dem Titel *Food Chain Barbie*, in der unter anderem eine in einen Tortillafladen eingewickelte und mit Käse überzogene Barbie-Puppe zu sehen war – Forsythes *Enchilada Barbie*.

Mattel, Hersteller der Barbie-Puppen, verklagte Forsythe wegen Verletzung des Urheberrechts. Das Gericht entschied zugunsten des Rechts eines Künstlers auf Parodien, auch wenn diese nicht allzu geschmackvoll sein mögen.

◻ ◻ ◻

Der Künstler Cosimo Cavallaro schuf eine besonders schmack-
hafte Installation, indem er in einem Hotel in Manhattan ein
Zimmer anmietete und dessen Interieur vollständig mit ge-
schmolzenem Käse überzog. Sein Werk bestand hauptsäch-
lich aus Greyerzer, aber auch aus anderen Käsesorten – ganz
wie es ihm die Muse befahl.

Anhänger dieser Art von künstlerischem Käse mutmaßten,
Cavallaro hätte außerdem mit einem deftigen elsässischen
Münster herumhantiert. Dabei hätte es ein stinknormaler
holländischer Gouda ebenso getan.

◰ ◱ ◲

Im Jahr 1940 wollte sich der italienische Künstler Ferruccio
Vecchi bei Benito Mussolini lieb Kind machen und schuf
eine Skulptur des Diktators, die er *Il Duce* nannte. Er stellte
Mussolini auf dem Kopf stehend und ein Schwert schwin-
gend dar.

◰ ◱ ◲

Die englische Künstlerin Catherine Gregory stellte in einer
Kunstgalerie grausam zugerichtete Tiere aus, um gegen Tier-
quälerei zu protestieren. Unter den Exponaten befanden sich
ein zerstückelter Hund und mehrere verstümmelte Hasen
sowie eine aus 63 plattgedrückten Mäusen bestehende Skulptur.

◰ ◱ ◲

Bühnenkünstler sind nicht weniger verrückt als ihre Kollegen, die sich der Bildenden Kunst verschrieben haben. So
stellte Tony Minnock Anfang des 20. Jahrhunderts seine extrem ausgeprägte Fähigkeit zur Schau, Schmerzen ertragen
zu können. Seine Varieté-Nummer bestand darin, sich wie
Christus ans Kreuz nageln zu lassen, während er dem Publikum gleichzeitig ein Ständchen gab.

Sadakichi Hartmann wartete mit einer anderen merkwürdigen Varieté-Nummer auf. Er ließ mittels Ventilatoren Duftstoffe im Publikum verbreiten, um dieses auf eine aromatische Weltreise zu entführen.

◧ ◧ ◧

Hadji Ali war ein ägyptischer Bühnenkünstler in den 1930er Jahren, der es zu einer gewissen Berühmtheit brachte, war er doch in der Lage, Knöpfe, Schmuck, Münzen und Goldfische zu schlucken und all diese Gegenstände anschließend wieder auszuspucken – fein säuberlich voneinander getrennt, versteht sich.

◧ ◧ ◧

Der Komponist George Antheil, bekannt als der «Bad Boy» der internationalen Musikszene, gab avantgardistische Konzerte, bei denen die gesamte Musik von einem automatischen Klavier stammte. Antheil saß an der Klaviatur und tat so, als würde er spielen, wobei er wildeste Verrenkungen vollführte bis hin zur totalen Erschöpfung – ohne auch nur einen Ton Musik zu machen.

Er war der erste Luftpianist. Seine Konzerte machten ihn in den 1920er Jahren zum Stolz von Paris.

◧ ◧ ◧

Der Künstler Robert Rauschenberg inszenierte einmal ein Aktionskunstwerk, bei dem 30 große Schildkröten auf der Bühne ausgesetzt wurden, auf deren Panzer jeweils eine Taschenlampe angebracht war. Um die Schildkröten herum tanzte ein Darsteller auf den Knien mit Blechdosen. Ein weiterer Darsteller zerfetzte ein Telefonbuch, während drei Darstellerinnen in Brautkleidern durchs Publikum gingen und Kekse verteilten.

KREATIVE TÄUSCHUNGEN

Im Sport betrügt nur derjenige, der erwischt wird. Der aktuellen Doping-Diskussion nach zu urteilen, gibt es wesentlich mehr Wettkampfsportler, deren Leistungsfähigkeit durch das Regelwerk Grenzen gesetzt wird, als Betrüger, die erwischt werden.

▣ ▣ ▣

Die vier Erstplatzierten des olympischen Marathons im Jahr 1900 wurden disqualifiziert, nachdem sie schon früh aus dem Rennen ausgestiegen waren und sich mit einem Pferdewagen bis kurz vor das Ziel chauffieren ließen, um schließlich vor allen anderen Konkurrenten ins Stadion einzulaufen.

Die vier Betrüger flogen auf, weil der tatsächliche Gewinner gleich zu Beginn des Rennens die Führung übernommen hatte und über eine Distanz von 42 Kilometern von niemandem überholt wurde.

▣ ▣ ▣

Bei den Olympischen Spielen 1976 wurde ein sowjetischer Armee-Major, der beim Degenfechten – dem Sport der Gentlemen – an den Start ging, disqualifiziert, weil er seinen Degen mit einem Kontaktknopf präpariert hatte. Durch dieses unerlaubte Hilfsmittel wurden bei seinen Gegnern Treffer angezeigt, die er in Wirklichkeit gar nicht gesetzt hatte.

▣ ▣ ▣

Die etwas exotisch anmutende Sportart des internationalen Schildkrötenrennens wurde im Jahr 1974 von einem handfesten Skandal erschüttert. Die siegreiche Schildkröte eines bedeutenden Rennens wurde disqualifiziert, weil sich herausstellte, dass ihr Trainer vier ferngesteuerte Räder unter ihrem Panzer angebracht hatte.

*A*ls Ferdinand Marcos die Philippinen regierte, säumten seine Leibwächter stets die Fairways, wenn er Golf spielte. Sie sollten ihren Präsidenten vor gefährlichen Feinden schützen – wie etwa seinen Golfpartnern.

Die Leibwächter stellten sicher, dass Marcos' Bälle nie vom Kurs abkamen, sondern kerzengerade das Fairway hinabflogen – selbstverständlich weiter als die seiner Konkurrenten (egal, gegen wen er spielte).

◻ ◻ ◻

Waren die Michigan Wolverines zwischen 1901 und 1905 tatsächlich das Maß aller Dinge im College-Football oder doch nur raffinierte Betrüger? Mit einer Bilanz von 55 Siegen, 1 Unentschieden und 1 Niederlage deklassierten sie ihre Gegner mit einer Gesamtpunktzahl von 2821 zu 42.

Die Wolverines hatten einen entscheidenden Wettbewerbsvorteil: Ihr Running Back – der Star der Mannschaft – hatte bereits für ein anderes College gespielt, an dem er einen Abschluss gemacht hatte. Verletzte dies nicht die Regeln des College-Footballs?

«In der damaligen Zeit gab es keine Regeln», erklärte Fielding Yost, der legendäre Wolverines-Coach.

DAS KREUZ MIT DER ENGLISCHEN SPRACHE

*D*ie englische Sprache ist bisweilen so verzwickt, dass mir … die Worte fehlen. Allerdings kommen wir nicht umhin, Worte zu finden, wollen wir unserem Gegenüber klarmachen, dass uns selbige fehlen.

Von den zahlreichen Leuten, die keinen Hehl aus ihrem Frust mit der Sprache machten, stechen folgende Zeitgenossen hervor, die versuchten, Sprachprobleme mit Geld in den Griff zu bekommen.

◻ ◻ ◻

Der Industriemagnat Andrew Carnegie ließ sich die Gründung einer Gesellschaft zur Vereinfachung der englischen Rechtschreibung 250 000 Dollar kosten – um so bahnbrechende Neuerungen durchzusetzen wie etwa eine Änderung der Schreibweise des Wortes «philosophy». Neue Schreibweise nach Carnegie: «filosofy».

◨ ◨ ◨

Der Cambridge-Gelehrte Charles Ogden glaubte, auf der Welt würde nie Frieden einkehren, bis alle Menschen eine gemeinsame Sprache sprächen. Zu diesem Zweck überarbeitete er die englische Sprache, bis diese nur noch 850 Wörter umfasste.

Der Versuch mag aller Ehren wert gewesen sein, aber ich wette, dass jeder von uns Leute kennt, die mit einem halb so großen Wortschatz auskommen und mit ihren Mitmenschen nicht unbedingt in Frieden leben.

◨ ◨ ◨

Timothy Dexter, ein Kaufmann aus dem 18. Jahrhundert, scherte sich nicht um irgendwelche Interpunktionsregeln. Als er seine Autobiographie veröffentlichte, enthielt der gesamte Text kein einziges Satzzeichen.

Die letzte Seite allerdings bestand Zeile für Zeile ausschließlich aus Punkten, Kommas, Ausrufe- und Fragezeichen, verbunden mit der Aufforderung an den Leser, er möge das Buch doch nach eigenem Gutdünken mit Satzzeichen versehen. Doch damit nicht genug – Dexter stand dem Vernehmen nach auch mit der englischen Rechtschreibung auf Kriegsfuß.

◨ ◨ ◨

Benjamin Franklin war ein vielseitiger Mensch, ein echtes Multitalent. Neben seiner Karriere als Erfinder, Schriftsteller und Staatsmann, der sich für eine neue Staatsform starkmachte, fand er darüber hinaus noch die Zeit, eine Kampagne zur Änderung des englischen Alphabets zu starten. Franklin wollte die Buchstaben c, j, q, w, x und y abschaffen.

Er schlug vor, sie durch sechs neue Buchstaben zu ersetzen, die seiner Vorstellung nach jeden möglichen Laut mit einem einzigen Buchstaben zu erzeugen imstande sein sollten.

Ob ihm diese Idee in den Sinn kam, als er bei Blitz und Donner einen Drachen steigen ließ, ist allerdings nicht bekannt.

◻ ◻ ◻

George Hearst wählte einen eher praktischen Ansatz, um die sich aus seiner fehlenden sprachlichen Kompetenz ergebenden Probleme zu lösen. Hearsts Nachkommen führten später zwar sein Zeitungsimperium weiter, aber der Patriarch selbst machte sein eigentliches Vermögen 1859 in den Silberminen Nevadas. Obwohl er Analphabet war, wurde er kalifornischer Senator, beförderte er doch seine politische Karriere mit Hilfe seines Reichtums. Die Kritik seiner politischen Gegner, er sei ungebildet, beeindruckte ihn herzlich wenig, er ließ sie an sich abperlen.

DUMMKÖPFE ALLER KLASSEN

Der Unterhaltungswert vieler Dummköpfe basiert weniger auf ihren Dummheiten an sich, sondern vielmehr auf der Art und Weise, wie sie sie begehen. Würdigen wir diese Persönlichkeiten also in Anlehnung an die Worte des Dichters Robert Frost, der einmal sagte: «Eine zivilisierte Gesellschaft zeichnet sich dadurch aus, dass sie Exzentrik in einem Grad toleriert, dass man an ihrem gesunden Menschenverstand zweifeln muss.»

◻ ◻ ◻

Königin Christina von Schweden ließ sich eine Minikanone bauen, um die Flöhe in ihrem Palast mit kleinen Kanonenkügelchen zu beschießen.

▫ ▫ ▫

Im Jahr 1971 strengte ein Anwalt aus Pennsylvania einen Prozess gegen den Teufel an. Die Klage wurde vom Gericht mit der Begründung abgewiesen, die Gerichtsbarkeit des Staates Pennsylvania sei für den Fall nicht zuständig. Satan, so argumentierte der Richter, sei schließlich nicht in diesem Bundesstaat ansässig.

▫ ▫ ▫

Früher, als noch ohne Handschuhe geboxt wurde, waren die einzelnen Runden zeitlich nicht begrenzt. Jede Runde dauerte so lange, bis einer der beiden Boxer zu Boden ging. In einem Kampf im Jahr 1871 zwischen Jem Mace und Joe Coburn traten die Unzulänglichkeiten dieser Regel offen zutage.

Nach dem Gong zur ersten Runde postierte sich der Grobmotoriker Mace in der Mitte des Rings, während Coburn – der bessere Boxer – entlang der Ringseile tänzelte. Keiner der beiden machte Anstalten, seine Taktik zu ändern.

So zog sich die erste Runde über 70 Minuten hin, ohne dass es auch nur zu einem einzigen Schlagabtausch gekommen wäre, bis schließlich die Polizei erschien, um den regelwidrigen Kampf abzubrechen. Wie diese Farce überhaupt zu einem offiziellen Kampf erklärt werden konnte, blieb indes ein Rätsel.

▫ ▫ ▫

Im Jahr 1878 lobte der Langstreckengeher Lyman Potter ein Preisgeld von 1500 Dollar für denjenigen aus, der in der Lage wäre, eine Schubkarre schneller als er von San Francisco nach New York zu schieben.

Zu Potters Überraschung wurde seine Wette von einem 41-jährigen Franzosen namens Leon Federmeyer angenommen.

Ausgestattet mit 60 Kilo Essensvorräten schob Federmeyer seine Schubkarre bei Wind und Wetter durch die Wüste und über die Berge. Nach sechs Monaten erreichte er mit seinem Gefährt New York City und forderte sein Preisgeld ein. Sein Gegner jedoch tauchte nie auf – ebenso wenig wie das Preisgeld.

Federmeyer war ruiniert und versuchte, den durch das entgangene Preisgeld erlittenen Verlust durch die Teilnahme an regulären Langstreckenrennen für Geher wieder wettzumachen. Merkwürdigerweise stellte sich jedoch heraus, dass er ohne Schubkarre langsamer unterwegs war als mit.

◫ ◫ ◫

Der französische Dichter Ferdinand Flocon, ein Zeitgenosse des 19. Jahrhunderts, ließ sich von den französischen Gesetzen inspirieren. Er sah es als sein Lebenswerk an, aus dem Bürgerlichen Gesetzbuch Frankreichs ein Versepos zu machen.

Ein anderer Franzose legte in seinem Testament einen Geldbetrag fest, um Kleider für Schneemänner zu kaufen.

Richard «Deacon» Jones, ein Richter aus Nebraska, legte einmal eine Kaution von «zigtausend Pengos» fest. Der Angeklagte konnte die Kaution jedoch nicht bezahlen, hatte der Richter doch niemandem verraten, was ein «Pengo» ist.

Für einen anderen Angeklagten bezifferte Richter Jones, der Gerichtsunterlagen mitunter als «Schneeweiß» unterschrieb, die Kaution auf 13 Cent. In diesem Fall stellte der Angeklagte die Kaution.

Der englische Priester John «Mad Jack» Alington wurde seines Amtes enthoben, weil er in seinen Predigten der freien Liebe das Wort redete – und dies im 19. Jahrhundert! Alington gründete daraufhin seine eigene Kirche. Er berief eine Gemeindeversammlung ein und ließ Branntwein und Bier für die Gläubigen ausschenken.

Im Gottesdienst trug Mad Jack gewöhnlich ein Leopardenkostüm und ließ sich während seiner Predigt auf einem hölzernen Spielzeugpferd von Dienern im Kirchenschiff hin- und herziehen.

◻ ◻ ◻

Im 18. Jahrhundert wurde Robert Coates nicht nur von Kritikern, sondern auch vom Publikum als der schlechteste Shakespeare-Darsteller auf englischen Bühnen angesehen. Als er den Romeo spielte, bewarf ihn das Londoner Publikum mit Müll, und der Mime sah sich gezwungen, die Bühne auf allen vieren zu verlassen, um dem Bombardement zu entgehen.

Aber Coates rächte sich auf seine Weise. Seine Darbietung war derart lächerlich, dass sich sechs Zuschauer kranklachten und in ein Krankenhaus eingeliefert werden mussten. So war *Romeo und Julia* als Komödie letztlich genauso tragisch wie als Tragödie.

◻ ◻ ◻

Bei einem Baseballspiel im Jahr 1880 gelang es dem Catcher Miah Murray, einen vermeintlich unerreichbaren Ball mit einem sensationellen Satz in letzter Sekunde zu fangen, bevor er auf die Zuschauerränge flog. Die Fans klatschten frenetischen Beifall. Murray fühlte sich ob dieser Anerkennung geschmeichelt und verneigte sich tief vor dem Publikum.

Während er sich verbeugte, lief der Runner der gegnerischen Mannschaft von der ersten Base zur zweiten. Die Fans feierten derweil weiterhin ihren Helden, was dieser sichtlich genoss, allerdings auch zur Folge hatte, dass der gegnerische Base-Runner im Spaziergang einen Home-Run schaffte und so die entscheidenden Punkte für sein Team erzielte.

◻ ◻ ◻

*B*evor beim Basketball eine Sirene zum Einsatz kam, um den Ablauf der für einen Angriff erlaubten Zeit anzuzeigen, stellte das Team der Georgetown Highschool in Illinois eindrucksvoll unter Beweis, warum die Einführung eines derartigen Hilfsmittels lange überfällig war. Nachdem die Mannschaft aus Georgetown schon kurz nach Beginn des Spiels einen Freiwurf verwandelt und anschließend ihrem Gegner von der Homer Highschool den Ball abgejagt hatte, beschränkte sie sich darauf, diesen für den Rest des Spiels in den eigenen Reihen zu halten und auf Zeit zu spielen.

Die Spieler der Homer Highschool waren nicht in der Lage, das Blatt zu wenden, und so ließen sie sich schließlich entnervt auf dem Spielfeld nieder, während der Schiedsrichter Zeitung las. Nach Ablauf der Spielzeit feierte Georgetown einen 1:0-Sieg – ein typisches Fußballergebnis und gleichzeitig das niedrigste Ergebnis in der Geschichte des Basketballs.

◻ ◻ ◻

*D*er Zeitungsverleger Joseph Pulitzer wollte für seine *New York World* eine Reklametafel bauen lassen, die man bis zum Mars sehen konnte. Schließlich verwarf er seinen Plan wieder, war er doch unschlüssig, welche Sprache die Marsmenschen sprächen.

◻ ◻ ◻

Ein junger Mann bekam von Freunden immer wieder zu hören, er habe eine frappierende Ähnlichkeit mit Bill Russell, dem berühmten Center der Boston Celtics. So begann der

angehende Hochstapler, sich für den Basketballspieler auszugeben, um in Clubs Frauen näherzukommen und sich von
Celtics-Fans Drinks spendieren zu lassen. Allerdings hatte
er ein kleines Problem: Er war nur 1,85 Meter groß, während
Russell fast 2,10 Meter maß.

Der falsche Russell war jedoch um eine Erklärung nicht
verlegen und erzählte den Leuten, die er zum Narren halten
wollte, er habe sich einer Verkleinerungsoperation unterzo-
gen, um in seinen Mercedes zu passen.

□ □ □

Disco-Fieber? Hip-Hop-Wahn? All diese Modeerscheinungen des Zeitgeistes sind nichts im Vergleich zu dem
frenetischen Tanzwahn, der im Mittelalter in Europa um sich
griff. Auf dem Land brachen die Leute in den Straßen un-
vermittelt in wilde, ekstatische Tänze aus und machten die
Nacht zum Tag.

Dieser mittelalterliche Tanzwahn hielt zweihundert Jahre
lang an – bis ins 16. Jahrhundert. Städte und Gemeinden versuchten, dem wilden Treiben Einhalt zu gebieten, indem sie
rote Kleidung verboten und die Farbe Rot von Gebäuden ver-
bannten. Alles Rote, so vermutete man, würde die Tanzfreun-
de zur Raserei bringen.

□ □ □

Im Jahr 1963 überkam die Landbevölkerung in Uganda
eine einzigartige Form von Massenhysterie. Hunderte
von Leuten rannten mit wachsender Begeisterung durch die
Straßen ihrer Dörfer, wobei sie sich die Lunge aus dem Leib
schrien und Hühner herzten.

Schließlich hatte der Wahnsinn irgendwann wieder ein
Ende – sehr zur Erleichterung der ugandischen Behörden und
der Hühner.

Filmstars leben in einer Welt, in der Verrücktheiten zum täglich Brot gehören. Sie werden derart verhätschelt, dass sie glauben, sich alles erlauben zu können.

Leinwandstar Tallulah Bankhead – bekannt für ihren verschrobenen Sinn für Humor und ihren wilden Lebensstil – machte sich über diese Attitüde lustig, als sie erklärte: «Kokain macht nicht süchtig. Ich muss es wissen – schließlich nehme ich es seit Jahren.»

◻ ◻ ◻

Sportler bedienen sich oft merkwürdiger Trainingsmethoden. Aber die wenigsten sind so merkwürdig wie das Trainingsprogramm, dem sich der Baseballspieler Walter Brodie unterzog, um für die Saison 1896 in Form zu kommen. Er ritt täglich 50 Kilometer auf einem Pferd, um anschließend mit einem dressierten Bären zu ringen. In jener Saison ging sein Punkteschnitt um 70 Zähler zurück.

◻ ◻ ◻

Als 1894 in Paris der erste Striptease aufgeführt wurde, ließ die Legende seiner Entstehung nicht lange auf sich warten. Die Tänzerin gab vor, von einem Floh gepiesackt worden zu sein, sodass ihr angeblich nichts anderes übrigblieb, als sich ihrer Kleidung zu entledigen, um sich zu kratzen und den Störenfried loszuwerden.

◻ ◻ ◻

Im Jahr 1963 wurde der Künstler Harvey Ball von einer Versicherungsgesellschaft beauftragt, einen Ansteckbutton zu entwerfen, um die Mitarbeiter des Unternehmens zu motivieren. Kurz darauf präsentierte Ball seinem Auftraggeber einen gelb ausgemalten Kreis mit zwei punktförmig dargestellten Augen und einem breiten Grinsen – das «Smiley» war geboren. Er verkaufte seine Zeichnung für 45 Dollar.

Balls «Smiley» brachte Geschäftsleuten aller Couleur Millionen ein, druckten diese ihn doch auf Buttons, Aufkleber und T-Shirts. Leider hatte Ball vergessen, seine Kreation urheberrechtlich schützen zu lassen, sodass er keinerlei Kapital daraus schlagen konnte. Er nahm es jedoch gelassen und erklärte: «Auch ich kann nur einmal am Tag warm essen.»

◻ ◻ ◻

E s ist keine Seltenheit, dass ein Unternehmen eine Dummheit begeht. Aber eine Dummheit, die auf ein Wunder hoffen lässt, findet sich in der Tat nur selten.

Im Jahr 1964 präsentierte Pepsi-Cola einen neuen Slogan: «Prickelnd. Lebendig. Frisch. Der Geschmack der neuen Pepsi-Generation.» Allerdings versäumte es das Unternehmen, für seine internationalen Märkte die besten Übersetzer zu engagieren. So suggerierte der Pepsi-Slogan in seiner deutschen Übersetzung nicht mehr und nicht weniger als die Auferstehung von den Toten. Noch peinlicher geriet die chinesische Übersetzung, die jedem Pepsi-Trinker gar in Aussicht stellte, seine Vorfahren wieder zum Leben zu erwecken. Unglaublich, wozu eine schlichte Dose Limo so imstande sein kann …

◻ ◻ ◻

Auch die Konkurrenz von Coca-Cola bekleckerte sich nicht gerade mit Ruhm, wenn wir uns an die Geschichte der *New Coke* erinnern – eine Coca-Cola, die von vornherein niemand wollte.

Coca-Cola-Trinker liebten ihre alte Coke, die sie ihr ganzes Leben lang getrunken hatten. Sie waren schockiert, als sie 1985 erfuhren, dass sie nun die New Coke trinken sollten.

Die Posse geriet zu einem peinlichen Fehler gigantischen Ausmaßes. In zwei Jahren verschwendete das Unternehmen vier Millionen Dollar für Forschung und Entwicklung, Geschmacktests und Verbraucherbefragungen – um schließlich die New Coke wieder vom Markt zu nehmen.

KAPITEL 6

Die mit dem Feuer spielen: Ich lasse nicht locker, bis ich mich umgebracht habe

๛ ๛ ๛

Man möchte annehmen, dass man niemanden ausdrücklich darauf hinweisen muss, Klapperschlangen besser nicht zu küssen, setzt man Dinge dieser Art doch als gegeben voraus.

Dennoch erschien im Jahr 1990 ein Mann in einem Krankenhaus in Arizona mit einem nicht ganz alltäglichen Problem. Er wurde von einer Klapperschlange in die Zunge gebissen, als er versuchte, sie zu küssen.

Der Vorfall ereignete sich auf einer Party. Jemand hatte sein Haustier – eine Schlange – mitgebracht. Der Alkohol floss in Strömen, und so dauerte es nicht lange, bis unser Freund übermütig wurde und rief: «Hey Leute, schaut alle mal her!» Und zack – schon war es passiert.

Des Weiteren möchte man annehmen, die Geschichte sei an dieser Stelle zu Ende und jedem sei klar, dass das Leben eigentlich schon schwer genug ist. Auch ohne giftige Schlangen zu küssen, die nicht darum gebeten haben.

Doch weit gefehlt. Zehn Jahre später meinte erneut ein Mann in Florida, er müsse unbedingt eine Klapperschlange küssen – und kam unversehrt davon. Also versuchte er es wieder. Und zack! Auch in diesem Fall handelte es sich um eine Klapperschlange aus Arizona.

Welche Schlüsse können wir aus diesen missglückten Annäherungsversuchen nun ziehen? Klapperschlangen aus Arizona scheinen für Männer einen derartigen Sex-Appeal zu haben, dass sie nicht die Finger von ihnen lassen können.

Außerdem lässt sich daraus schließen, dass manche Leute einfach nicht aufhören können, mit dem Feuer zu spielen. Oder wie der Schriftsteller Mark Twain einmal sagte: «Ein Mann, der eine Katze am Schwanz zieht, lernt etwas, das er in keiner anderen Weise zu lernen imstande ist.»

Und dann sind da noch die Leute, die eine Katze am Schwanz ziehen und überhaupt nichts dabei lernen.

IST DAS DING GELADEN?

Sollte man Waffen im Haus haben? Keine Sorge, Waffen sind völlig ungefährlich. Man darf nur keine Munition im Haus haben. Schließlich sind es nicht die Waffen, die Menschen töten. Sondern die Munition.

Andere waffenspezifische Fragen lauten etwa: Sollte man hoch oder tief zielen? Wer hat bei einem Schusswechsel zwischen Ihnen und einem Kaktus die Nase vorn? Sollte man mit einem Vizepräsidenten auf Wachteljagd gehen?

Wie auch immer Sie zur Reglementierung von Waffenbesitz stehen – Sie müssen zugeben, dass eine Menge Leute, die Waffen zu Hause haben, durchgeknallt sind.

❧ ❧ ❧

Hier eine weitere dieser Vorsichtsmaßregeln, von denen man annimmt, sie seien überflüssig. Sind sie aber nicht. Also: Legen Sie sich nicht mit dem Killerkaktus an!

Im Jahr 1982 fuhr ein Mann in die Wüste von Arizona, um Schießübungen zu machen. Er zielte mit seinem Gewehr auf einen Saguaro-Riesenkaktus (was gesetzlich verboten ist) und drückte zweimal ab.

Die Schüsse teilten den Kaktus in zwei Hälften. Die obere Hälfte fiel herab, begrub den Mann unter sich und zerquetschte ihn.

❧ ❧ ❧

In Südafrika machten zwei Männer Schießübungen, bei denen sie sich gegenseitig Bierdosen vom Kopf schossen. Wenn Sie in derartigen Situationen Ihr Ziel schon verfehlen, dann hoffen Sie wenigstens, zu hoch zu zielen. Jedenfalls hoffen Sie inständig, dass Ihr Schützenkamerad zu hoch zielt.

Einer der Männer zielte zu tief und schoss seinem Freund ins Gesicht. So war der Schütze der Verlierer des Zielschießens, während der Gewinner schwer verletzt wurde.

ᘓ ᘓ ᘓ

Schießen Sie sich einmal versehentlich selbst ab, mag dies peinlich sein. Passiert Ihnen dies jedoch ein zweites Mal, gilt der zweite Zusatzartikel der Verfassung der Vereinigten Staaten möglicherweise nicht für Sie.

Im Jahr 1971 schoss sich ein Mann aus Arizona ins Bein, als er auf der Jagd war. Kann passieren, Unfälle wie dieser sind in der Tat keine Seltenheit. Allerdings feuerte der verletzte Jäger mit seinem Gewehr einen weiteren Schuss ab, um Hilfe herbeizuholen, und schoss sich ins andere Bein.

Sich zwei Mal ins Bein zu schießen, dürfte definitiv ein Hilferuf sein.

ᘓ ᘓ ᘓ

Dieser Jäger ist noch harmlos im Vergleich zu dem Bankräuber, der mit den Worten «Das ist ein Überfall!» eine Bank betrat. Als er seine Pistole aus dem Hosenbund zog, war er so nervös, dass er sich selbst anschoss. Die Kugel durchtrennte eine Arterie, und der Mann verblutete an Ort und Stelle – in der Bank, die er ausrauben wollte.

Positiv sei vermerkt, dass sich der Bankräuber immerhin nicht den Rest seines Lebens von allen Seiten die Frage anhören musste: «Du hast *was* gemacht?»

ᘓ ᘓ ᘓ

Im Jahr 1808 trugen zwei Pariser in luftigen Höhen ein Duell mit Musketen aus – in Heißluftballons. Nachdem einer der Duellanten einsehen musste, dass es nicht ohne war, einen sich hin und her bewegenden Mann im Korb eines Ballons zu treffen, konnte sich auch der andere dieser Erkenntnis nicht entziehen, sodass er es erst gar nicht versuchte. Er feuerte einfach auf dessen Ballon und sah zu, wie sein Kontrahent in den Tod stürzte und das Duell damit beendet war.

ഗ ഗ ഗ

Im Jahr 1975 empörte sich eine Amtsrichterin in Los Angeles über die Art und Weise, wie ein Polizeibeamter vor Gericht eine Aussage machte. Anwälte, Geschworene und selbst der Angeklagte waren perplex, als sich die Richterin dem Zeugen zuwandte und drohte, ihm eine «Kaliber-38-Sterilisation» zu verpassen.

ഗ ഗ ഗ

Ein Bauer aus Uruguay griff im Jahr 1977 zur Selbsthilfe, um sich von quälenden Zahnschmerzen zu befreien. Er schoss sich einen schmerzenden Zahn kurzerhand mit seiner Pistole weg. Den Störenfried war er los – allerdings auch den Großteil seines Kiefers.

ഗ ഗ ഗ

Im Jahr 1976 tauchte ein älterer Mann in einem Krankenhaus im französischen Toulouse auf und erklärte dem Personal, er wolle seinen Körper der Wissenschaft zur Verfügung stellen. Anschließend zog er eine Pistole und erschoss sich. Das Krankenhauspersonal nahm die Spende des Mannes an.

ഗ ഗ ഗ

Viele Rockstars sterben so jung, dass man meinen könnte, es handle sich um einen Karrieresprung. Sie kommen bei

Autounfällen, Flugzeugabstürzen oder Drogenexzessen ums Leben.

Und dann war da noch Terry Kath, Leadsänger von Chicago, einer der angesagtesten Bands in den 1970er Jahren. Kath hantierte mit einer Pistole herum und hielt sie sich an den Kopf. Seine berühmten letzten Worte Freunden gegenüber lauteten: «Keine Angst, das Ding ist nicht geladen. Seht ihr?»

ॐ ॐ ॐ

Im Jahr 1994 gerieten ein Gast und eine Kellnerin in einem bolivianischen Restaurant aneinander, als der Mann steif und fest behauptete, er habe gesehen, wie die Bedienung in seine Suppe geniest habe. Daraufhin zog sie eine Pistole und zwang den Mann mit vorgehaltener Waffe, die Suppe aufzuessen.

ॐ ॐ ॐ

Ein Straßenprediger in Tennessee hatte seine liebe Mühe und Not, sich eines schönen Tages im Jahr 2006 bei einer Menschenmenge Gehör zu verschaffen. Also zog er eine Pistole und schoss in die Luft. Seine Maßnahme hatte durchaus den gewünschten Effekt – allerdings bei den falschen Leuten. Der Prediger wurde wegen grob fahrlässiger Gefährdung der öffentlichen Sicherheit verhaftet.

Im Jahr 2006 feuerte ein Mann aus Chicago einen Schuss auf Polizisten ab, der sein Ziel jedoch verfehlte. Die Polizei erwiderte das Feuer und traf ihn 25-mal. Der Mann überlebte die rekordverdächtige Anzahl Schussverletzungen.

Ein elfjähriger Junge aus Pennsylvania wurde von der Grundschule verwiesen, weil er zweimal mit einer geladenen Pistole zum Unterricht erschien.

Seine Mutter – selbst Lehrerin – nahm ihren Sohn mit den Worten in Schutz: «Ich kann seine Waffen doch nicht wegschließen. Schließlich gehören sie ihm, und er hat ein Recht, sie zu benutzen, wann er will.»

ೋ ೋ ೋ

Der Schriftsteller William Burroughs: «Nach einer Schießerei will man immer den Leuten die Waffen abnehmen, die nichts damit zu tun haben.»

DER DUFT DER GROSSEN WEITEN WELT

Sie sind der Ansicht, unsere Nichtrauchergesetze seien zu streng? Dann sollten Sie sich nicht entgehen lassen, was dem ersten Zigarettenraucher widerfuhr.

ೋ ೋ ೋ

Rodrigo de Jerez, ein Seemann der Schiffsbesatzung von Christoph Kolumbus, brachte von seinen Entdeckungsreisen nach Kuba Zigaretten mit nach Spanien. Die Inquisition warf ihn ins Gefängnis – wegen des «teuflischen Brauchs» zu rauchen.

ೋ ೋ ೋ

Zweihundert Jahre später wurde in Deutschland das Rauchen zu einem Verbrechen erklärt, auf dem die Todesstrafe stand.

ೋ ೋ ೋ

Als Sir Francis Drake im späten 16. Jahrhundert nach England zurückkehrte, brachte er aus der Neuen Welt Pfeifen und Tabak mit. Als er Königin Elisabeth in die Kunst des Rauchens einweihen wollte und sich eine Pfeife ansteckte, kippte ihm ein königlicher Diener einen Eimer Wasser über den Kopf, glaubte er doch, Sir Francis habe sich in Brand gesteckt.

*I*m 17. Jahrhundert glaubten Mediziner, Rauchen sei dazu angetan, die Menschen von der Pest zu heilen. So hielten sie ihre Patienten an, Tabak zu inhalieren, um ihrer Gesundheit etwas Gutes zu tun.

❧ ❧ ❧

Als das Rauchen im 16. Jahrhundert in Europa Einzug hielt, griffen die Damen und Herren der feinen Gesellschaft zur Pfeife, während Zigarettenrauchen als Eigenheit der unteren Klassen verpönt war. Nur Bettler, so die damals vorherrschende Meinung, rauchten Zigaretten, weil sie sich keine Pfeifen leisten konnten.

❧ ❧ ❧

Virginia braucht Frauen. Dies wäre im 17. Jahrhundert die Schlagzeile gewesen, hätte es damals in den Kolonien schon Zeitungen gegeben.

Tabakbauern aus Virginia kauften Frauen in England, um sie zu ehelichen, und bezahlten mit Tabak. Für eine attraktive Braut mussten sie etwa 50 Kilo Tabak berappen.

❧ ❧ ❧

*W*ährend der Hungersnot in Irland im 19. Jahrhundert starben viele Leute, weil Rauchern der Zutritt zu den Armenküchen verwehrt wurde und Tabaksüchtige lieber verhungerten, als mit dem Rauchen aufzuhören.

❧ ❧ ❧

Als Wissenschaftler im Jahr 1954 bekannt gaben, dass Lungenkrebs bei Zigarettenrauchern drei bis sechzehn Mal häufiger auftritt als bei Nichtrauchern, nahm die Zahl der Raucher überraschenderweise sogar zu.

❧ ❧ ❧

Die Schauspielerin Brooke Shields wartete mit folgender zenbuddhistisch inspirierter Ansicht zum Rauchen auf: «Rauchen ist tödlich. Und wer stirbt, verliert einen sehr wichtigen Teil seines Lebens.»

ↄↄↄ

Mao Tse-tung, der Befreier Chinas, war Kettenraucher (wenn auch aller Wahrscheinlichkeit nach nicht während der Unbilden des Langen Marsches). Mao verteidigte sein Laster und erklärte, Rauchen sei «eine Form von Atemübungen».

ↄↄↄ

Der Schriftsteller Russell Hoban: «Wenn ich nicht rauche, fühle ich mich nur schwerlich als lebendes Wesen. Ich fühle mich überhaupt erst als lebendes Wesen, wenn ich mich totgeraucht habe.»

ↄↄↄ

Zur gleichen Zeit, als die US-Regierung mehrere Millionen Dollar in ein Aufklärungsprogramm steckte, um Jugendliche vor den tödlichen Gefahren des Rauchens zu warnen, bewilligte der Kongress einen Zuschuss von 328 Millionen Dollar für die Tabakbauern des Landes, hatten diese doch Einkommensverluste zu verzeichnen, weil der Verkauf von Zigaretten zurückging.

ↄↄↄ

Der Opernsänger Giovanni Martinelli tauchte einst in einer Anzeige für eine Zigarettenmarke auf, obwohl er Nichtraucher war. Die Anzeige suggerierte Rauchern, die beworbene Marke verursache keinen Reizhusten.

«Warum sollte ich Reizhusten bekommen?», erklärte Martinelli. «Schließlich habe ich nie geraucht.»

U m zu zeigen, wie er zu seinem Spitznamen «The Mouth» gekommen war, rauchte Jim Purol im Jahr 1983 140 Zigaretten auf einmal – ein origineller Versuch, die Strategie der Selbsttötung durch Rauchen im großen Stil in die Praxis umzusetzen.

ᘓ ᘓ ᘓ

Der Schriftsteller Fletcher Knebel: «Es ist heute zweifelsfrei erwiesen, dass das Rauchen eine der Hauptursachen für Statistiken ist.»

ᘓ ᘓ ᘓ

In den 1970er Jahren stritten Tabakhersteller energisch ab, dass Zigaretten schädlich, wenn nicht sogar tödlich sind. Dieses kategorische Dementi hielt sie jedoch nicht davon ab, den Versuch zu unternehmen, «gesunde» Zigaretten zu vertreiben.

R. J. Reynolds brachte in den Siebzigern eine naturreine Zigarette namens Real auf den Markt, gefolgt von einer rauchfreien Zigarette namens Premier in den Achtzigern. Das Unternehmen gab insgesamt 300 Millionen Dollar für Werbemaßnahmen für die beiden neuen Marken aus.

Die Unternehmensführung hatte alles bedacht bis auf eines: Warum sollten sich Raucher plötzlich um ihre Gesundheit scheren? Beide Marken gerieten zum Flop.

ᘓ ᘓ ᘓ

N icht nur Passivrauchen ist gefährlich, sondern auch Feuerzeuge, die nicht in Gebrauch sind.

Ein Mann aus Florida wurde von der Polizei gestellt, weil er seine Frau mit einem Messer bedrohte. Als er sich seiner Verhaftung widersetzte, feuerte ein Polizeibeamter mit einer Elektroschockpistole auf ihn.

Die Pistole traf das Feuerzeug in der Brusttasche des Mannes und setzte dessen Hemd in Brand – ein untrüglicher Beweis dafür, dass Zigaretten gesundheitsschädlich sein können, auch wenn sie nicht glimmen.

ഗ ഗ ഗ

Der Jurist Henry G. Strauss: «Ich habe vollstes Verständnis für den Amerikaner, der so entsetzt darüber war, was er über die Gefahren des Rauchens gelesen hatte, dass er das Lesen aufgab.»

HAUSGEMACHTE KATASTROPHEN

*I*m 17. Jahrhundert wurden die Menschen in ganz Italien und Frankreich von einer panischen Angst erfasst, waren sie doch der festen Überzeugung, sie würden von einem unsichtbaren, geruch-, geschmack- und farblosen Gift langsam dahingemeuchelt.

Die Leute glaubten, die einzige Möglichkeit, sich gegen das Gift zu schützen, bestünde darin, alle Gefängnisinsassen ihrer Stadt öffentlich hinzurichten, unabhängig davon, was sie verbrochen hatten oder ob sie bereits überführt waren.

ഗ ഗ ഗ

*I*m Jahr 1904 geriet das Ausflugsschiff *General Slocum* auf dem New Yorker East River in Brand und sank, was einer Mischung aus Idiotie und Dummheit geschuldet war. Die verantwortlichen Leute machten alles falsch, was nur falsch zu machen war, mit dem Ergebnis, dass 1021 Menschen ums Leben kamen. Die meisten der Opfer waren Kinder, die sich auf einem sonntäglichen Schulausflug befanden.

Das Feuer brach in einem geschlossenen Raum aus, wo entgegen der gesetzlichen Sicherheitsbestimmungen und wider jeglichen gesunden Menschenverstand brennbare Materialien gelagert waren.

Die Besatzung konnte das Feuer nicht löschen, weil der

Löschschlauch verplombt war, um Wasserlecks zu verhindern. Als es schließlich gelang, die Plombierung aufzubrechen, barst der Schlauch durch den Wasserdruck, da er jahrelang nicht erneuert, ja nicht einmal gewartet worden war.

Die Rettungsboote waren derart an Deck festgezurrt, dass es unmöglich war, sie loszumachen und zu Wasser zu lassen. Viele Schwimmwesten waren an die Wand genagelt, damit sie von den Ausflüglern nicht gestohlen werden konnten.

Die meisten Schwimmwesten wären ohnehin nicht zu gebrauchen gewesen, hatte sich doch der Kork darin aufgelöst.

Bei Katastrophen, die – wie im Falle der *General Slocum* – auf menschliches Versagen zurückzuführen sind, wird im Nachhinein stets offensichtlich, wie leicht sie zu verhindern gewesen wären.

ღ ღ ღ

Die Katastrophe im ukrainischen Tschernobyl, wo 1986 ein Atomreaktor in die Luft flog, wurde nicht durch einen dummen Fehler von dummen Leuten verursacht. Sondern von einem unfassbar dummen Fehler ausgesprochen intelligenter Leute.

Die Reaktorfahrer ignorierten die strengen Sicherheitsbestimmungen des Atomkraftwerks, weil sie schlicht davon ausgingen, der Reaktor würde schon nicht explodieren, hatten sie doch die Sicherheitsbestimmungen seit jeher ignoriert, und es war dennoch nie zu einer Kernschmelze gekommen.

Die Techniker in Tschernobyl wussten, dass die Sicherheitsvorschriften ihnen einen gewissen Handlungsspielraum ließen, der Reaktor jedoch in der Sekunde explodierte, in der die Grenzwerte überschritten würden.

Also spielten sie mit ihrem Handlungsspielraum – und verloren ihr gefährliches Spiel.

Dumme Reaktorfahrer hätten sich an die Vorschriften gehalten, wären sie doch nicht intelligent genug gewesen, um überhaupt auf die Idee zu kommen, ein wenig Spielraum zu haben und diesen auszureizen.

Wissenschaftler entwickeln komplexe Systeme wie Atomreaktoren, deren Handhabung weitaus schwieriger ist, als Techniker dies zu bewerkstelligen imstande sind. Wir sind schlau genug, Technologien zu verwerfen, für deren Handhabung wir nicht intelligent genug sind. Tschernobyl war kein Unfall. Sondern unvermeidlich.

Ups!

Das wollte ich nicht!» Würde Petrus an der Himmelspforte eine Befragung durchführen, käme er wahrscheinlich zu der Erkenntnis, dass dies in den allermeisten Fällen unser letzter irdischer Gedanke ist.

Wir alle haben Situationen erlebt, in denen es eng wurde und wir dem Tod gerade noch einmal von der Schippe gesprungen sind. Allerdings – wenn man denkt, es sei alles zu spät, ist es in den meisten Fällen auch zu spät, dies zu denken.

Dennoch sind wir in der Lage, unsere eigenen dummen Fehler durch einen ebenso dummen Zufall zu überleben. Wäre dies nicht der Fall, hätte sich die menschliche Rasse schon vor langer Zeit selbst ausgelöscht, weil die Wahrscheinlichkeit immer gegen uns spricht.

Fragen Sie einen Zocker wie den Schriftsteller Damon Runyon, der einmal sagte: «Die Chancen im Leben stehen immer sechs zu fünf gegen uns.»

Oder wie der für sein absurdes Werk bekannte österreichische Schriftsteller Franz Kafka meinte: «In einem Kampf zwischen der Welt und uns würde ich auf die Welt setzen.»

ဆ ဆ ဆ

Um den *Fourth of July* – den amerikanischen Unabhängigkeitstag – im Jahr 2001 zu feiern, steckte ein Mann in Kansas City

Feuerwerkskörper in den Backofen und jagte seine Küche in die Luft.

Er überlebte die Explosion, eigentlich ja ein Grund zum Feiern, aber leider waren ihm zu diesem Zeitpunkt bereits die Feuerwerkskörper ausgegangen, um das freudige Ereignis zu feiern.

☙ ☙ ☙

Eine Frau aus Florida hatte eines Abends Glück im Unglück. Erst stürzte sie in ihrem Haus und brach sich ein Bein. Während sie im Krankenhaus behandelt wurde, kam ein betrunkener Lastwagenfahrer von der Straße ab und krachte in ihr Haus, genauer gesagt, in ihr Schlafzimmer. Sein LKW begrub ihr Bett unter sich, in dem sie geschlafen hätte, wenn sie nicht ins Krankenhaus gegangen wäre, weil sie gestürzt war und sich ein Bein gebrochen hatte.

☙ ☙ ☙

Die seltsame Geschichte Beschränkter zeigt, dass Menschen nicht nur ihre eigene Dummheit überleben können, sondern sogar imstande sind, von ihr zu profitieren.

In den 1970er Jahren wollte sich eine Frau aus San Francisco das Leben nehmen, ihr Selbstmordversuch scheiterte jedoch. Nachdem sie zur Beobachtung in ein Krankenhaus eingeliefert worden war, stieg sie dort aus dem Bett und sprang aus dem Fenster.

Doch auch diesen Selbstmordversuch überlebte sie. Anschließend verklagte sie das Krankenhaus und bekam Schadenersatz zugesprochen, weil man sie nicht in einem Krankenzimmer untergebracht hatte, wo es ihr unmöglich gewesen wäre, aus dem Fenster zu springen.

☙ ☙ ☙

Grundregel für Bahnreisende, Abteilung «Beschränkt»: Der zweite Fehler ist tödlich. Das Gleiche gilt für Heavy-Metal-Musik. Nimmt man beides zusammen, ist der Ärger vorprogrammiert.

Eines schönen Tages im Jahr 2006 schlenderte ein junger Mann in den unendlichen Weiten Kanadas die Bahngleise entlang und ließ sich von seinem Kopfhörer mit Heavy-Metal-Musik beschallen. Ob er den Zug hörte, der sich mit lautem Getöse von hinten näherte? Natürlich nicht!

Er wurde von dem Zug erfasst, überlebte den Unfall jedoch erstaunlicherweise, wenn auch mit ein paar lädierten Rippen und einer perforierten Lunge. Dennoch kam er mit diesen Verletzungen immer noch weit besser davon als die meisten Leute, die von einem Zug erfasst werden.

Hat der junge Mann seine Lektion gelernt? «Vielleicht haben es die Heavy-Metal-Götter da oben gut mit mir gemeint», sagte er, «und wollten nicht, dass ein wahrer Metal-Fan ihretwegen stirbt.»

∾ ∾ ∾

Rube Waddell, einer der größten Pitcher in der Geschichte des Baseballs, war auch einer der größten Trinker innerhalb dieser Sportart. Bei einem Zechgelage im Mannschaftsquartier nach einem Auswärtsspiel verkündete Waddell vollmundig, er könne fliegen. Als seine Mannschaftskameraden ihn daraufhin niederbrüllen wollten, riss Waddell kurzerhand ein Hotelfenster auf und sprang hinaus.

Er überlebte den Sturz. Als er am nächsten Tag wieder nüchtern war, schrie Waddell seinen Zimmergenossen Ossie Schreckengost an, warum er ihn nicht zurückgehalten habe, eine derart dämliche Show abzuziehen. «Jetzt mach aber mal 'nen Punkt», konterte Schreckengost. «Alter, ich habe 100 Mäuse gewettet, dass du springst.»

Der Schwergewichtsboxer Gene Tunney sorgte für mächtig Wirbel, als er 1927 Jack Dempsey besiegte und nach einer umstrittenen Entscheidung Weltmeister wurde. Als Dempsey in der siebten Runde Tunney auf die Bretter schickte, rettete der Ringrichter Tunney vor einer K.-o.-Niederlage, indem er ihn besonders langsam anzählte.

Drei Boxfans, die diese ominöse siebte Runde am Radio mitverfolgten, erlitten einen tödlichen Herzinfarkt.

Ein anderer Fan von Tunney hatte ähnliches Glück wie sein Idol im Ring. Der Mann verfolgte die Zusammenfassungen der einzelnen Runden auf einer Anzeigentafel in Los Angeles, wobei er seinen Boxer frenetisch anfeuerte. Er war so von dem Kampf gebannt, dass er völlig vergaß, den Eispickel beiseitezulegen, den er dabei hatte, und geriet schließlich derart in Ekstase, dass er die wildesten Tänze vollführte und jegliche Kontrolle verlor. Nachdem sich der Fan mit seinem eigenen Eispickel schwere Stichverletzungen zugefügt hatte, wurde er eiligst in ein Krankenhaus gebracht. Er überlebte.

❧ ❧ ❧

Im Jahr 2005 wollte ein Dieb in New York Benzin stehlen, wozu er sich eines Schlauchs bemächtigte, um den Sprit aus dem Tank eines Wagens zu saugen. Es herrschte stockfinstere Nacht, und so konnte er nicht sehen, wie viel Benzin er bereits abgezapft hatte. Um sich zu vergewissern, zündete er ein Streichholz an.

Er wurde mit Verbrennungen in ein Krankenhaus eingeliefert und anschließend verhaftet, um den Rest seines Lebens diese Geschichte immer wieder zum Besten zu geben. Wäre er schlau gewesen, hätte er geschwiegen.

❧ ❧ ❧

Im Jahr 2003 wollte ein in Spanien stationierter Flugzeugmechaniker der US-Marine den Kraftstoffstand eines Düsenjets prüfen. Allerdings hatte er seine Taschenlampe nicht dabei. Kein Problem. Er lieh sich einfach das Einwegfeuerzeug eines Kollegen. Er überlebte erstaunlicherweise und wurde in amerikanischen Marinekreisen zur Legende.

Im Jahr 1962 wurde ein Mann aus Rhodesien 2443-mal von Bienen gestochen – und überlebte.

Im Jahr 1973 waren die Denver Broncos meilenweit davon entfernt, den Superbowl zu gewinnen, wie dies zwei Jahrzehnte später der Fall sein sollte. Nach einer vernichtenden Niederlage schrieb ein Denver-Fan folgenden Abschiedsbrief: «Ich bin Fan der Broncos seit ihrem Bestehen, und ich kann mir dieses Gefummel nicht länger antun.»

Anschließend schoss sich der Mann in den Kopf. Die Spielweise der Broncos muss wohl ansteckende Wirkung gehabt haben, verfummelte der Fan doch den Schuss und überlebte.

Im Alter von fünf Jahren kletterte der Baseballspieler Mike Schmidt auf einen Baum und fasste an eine Starkstromleitung. Der Stromschlag ließ den Jungen bewusstlos werden und führte zum Herzstillstand. Aber als er auf dem Boden aufschlug, wurde sein Herz durch den Aufprall reanimiert.

Jahre später, als er längst ein Star der Philadelphia Phillies war, meinte Schmidt: «Im Rückblick frage ich mich, warum dieser dumme kleine Junge damals nicht gestorben ist. Vielleicht ist das der Grund, warum ich immer so hart an mir gearbeitet habe, weil ich nicht denken möchte, ich hätte diese Chance vertan.»

Im Jahr 1906 versuchte ein Mann namens Alfredo Bindi, Selbstmord zu begehen, indem er seine Hosenträger aß. Der Versuch schlug fehl.

೨ ೨ ೨

Im Jahr 2000 wurde ein Italiener bei dem Versuch, sich in einem Fluss zu ertränken, in das Kanalisationssystem der Stadt Mailand gespült. Er trieb sechs Stunden lang in der «stinkenden, dreckigen Brühe», bevor ihn Retter durch einen Schacht aus dem Wasser zogen.

೨ ೨ ೨

Vor über fünfzehn Jahren waren in einer Szene des College-Football-Films *Challenge – Die Herausforderung* Teenager bei einer Mutprobe zu sehen. Sie legten sich nachts auf den Mittelstreifen einer starkbefahrenen Straße, um sich den Adrenalinrausch zu verschaffen, der sich einstellt, wenn man dem Tod ins Auge blickt.

Dies führte dazu, dass Kinder im wirklichen Leben die Filmszene nachahmten und genau die gleiche dämliche Show abzogen. Manche von ihnen standen wieder auf, andere nicht. Daraufhin wurde die Szene aus dem Film herausgeschnitten.

೨ ೨ ೨

Im Jahr 2006 tauchte ein Mann mit einem gebrochenen Arm und einem lädierten Bein in einem Krankenhaus in Indiana auf. Er war von einem Auto überfahren worden, an dessen Steuer ein Freund von ihm saß. Dennoch war es weder ein Unfall noch die Schuld seines Freundes.

Der Typ – ein Adrenalinjunkie – glaubte, es könnte ihm zu einer Filmrolle verhelfen, wenn er sich von seinem Freund mit 40 km/h über den Haufen fahren ließ. Ob seine Geschichte wohl bald verfilmt wird?

Einer Frau aus Indiana missfiel das Benehmen ihrer Stieftochter beim Autofahren. Zur Strafe löste die Mutter den Sicherheitsgurt des Mädchens, sagte den anderen Kindern im Wagen, sie sollten sich festhalten, und trat aufs Gaspedal, um anschließend voll in die Eisen zu steigen, sodass das Mädchen im Wagen herumgeschleudert wurde und sich mehrfach den Kopf anstieß.

Die Kleine war vier Jahre alt, überlebte jedoch.

❧ ❧ ❧

Ganz in der Tradition derer, die mit den unvergänglichen Worten «Das Ding ist nicht geladen» auf den Lippen starben, steht die Geschichte eines kalifornischen Lehrers, dessen Schreibtisch eine 40-Millimeter-Artilleriegranate als Briefbeschwerer zierte. Er hatte das gute Stück vor Jahren gefunden und war davon überzeugt, es handle sich nicht um eine scharfe Granate.

Aus diesem Grund nahm er die Granate, um einen Käfer totzuschlagen, der über seinen Schreibtisch krabbelte. Er überlebte zwar die Explosion, wurde aber durch Granatsplitter schwer verletzt.

WER DAS SCHICKSAL HERAUSFORDERT

Wenn es den Anschein hat, dass jemand gerade noch einmal mit dem Schrecken davonkommt, kann es sein, dass ihn das Glück verlässt und sich das Blatt zu seinen Ungunsten wendet. Die enge Kiste wird zu eng, aus Glück wird Pech. Hier ein paar Schüsse, die nach hinten losgingen.

❧ ❧ ❧

Im Jahr 2006 unternahm ein Engländer einen ungewöhnlichen Selbstmordversuch, wollte er sich doch in seinem Auto erhängen. Er band einen Strick an einem Telegraphenmast fest, legte das andere Ende um seinen Hals und trat aufs Gaspedal.

Der Strick tötete ihn nicht, da er riss. Allerdings verlor der Mann die Kontrolle über seinen Wagen und prallte gegen einen Baum. Tot.

Eine Frau aus Milwaukee hatte eines Abends entschieden zu viel getrunken. Sie war sauer auf ihren Freund, der im Bett lag und schlief, und so zündete sie Streichhölzer an und schnippte sie auf sein Bett. Die Streichhölzer setzten das Bettlaken in Brand.

Zur gleichen Zeit befanden sich fünf weitere Personen im Haus, die allesamt schliefen. Das Feuer griff um sich, und schließlich stand das ganze Haus in Flammen. Der Freund der Frau und die fünf anderen Personen kamen mit dem Leben davon. Die betrunkene Frau, die das Feuer legte – und als einzige zu dem Zeitpunkt wach war –, starb an einer Rauchvergiftung.

KAPITEL 7

Der Intelligenztest für Dumme:
Wie gut kennen Sie Ihre Regierung?

❖ ❖ ❖

Amerikaner – behaupten jedenfalls andere Amerikaner – wissen mehr über Popstars als über ihre eigene Regierung. Was den Politikern zugutekommt, hängt deren Verbleib im Amt doch maßgeblich von unserer Unwissenheit ab.

Ihre Meinung über Leute, denen politische Verantwortung übertragen worden ist, könnte sich ändern, wenn Sie sich folgendem Test unterziehen:

1. Im Jahr 1945 wurden im Kongress zwei bekannte Größen aus dem Showgeschäft beschuldigt, aus Amerikas Jugend jugendliche Straftäter zu machen. Wer war gemeint?
a)   Frank Sinatra und der Lone Ranger
b)   Dean Martin und Jerry Lewis
c)   Groucho Marx und Mae West
d)   Lucille Ball und Desi Arnaz

2. Welche einzigartige Methode dachte sich die Bundesregierung aus, um Steuergelder zu verschwenden?
a)   Das Landwirtschaftsministerium gab 46 000 Dollar aus, um herauszufinden, wie lange Amerikaner brauchen, um Frühstück zu machen.
b)   Die Bundesautobahnbehörde gab 222 000 Dollar aus, um «die Einstellung von PKW-Fahrern gegenüber großen LKW» zu ermitteln.

c) Die National Science Foundation gab 84 000 Dollar aus, um zu eruieren, warum Menschen sich verlieben.

d) Die Luftwaffe machte ein Schnäppchen und gab 3000 Dollar für einen sechsmonatigen Feldversuch aus, um zu ermitteln, wie Soldaten in Uniform zum Gebrauch von Regenschirmen stehen.

e) Alle vorgenannten Punkte.

3. Warum untersagten Vertreter der Stadt Houston einem Geschenkartikelladen, weiterhin essbare Unterwäsche zu verkaufen?

a) Das Geschäft hatte keine Gaststättenkonzession.

b) Die Produzenten des Films *Basic Instinct* klagten wegen Verletzung des Urheberrechts.

c) Fundamentalisten definierten Unterwäsche ausschließlich als Material zwischen einer Frau und ihrem Kleid.

d) Die Unterwäsche verursachte bei Vertretern der Stadt schwere Verdauungsstörungen.

4. Richtig oder falsch?

Die Bundesregierung versteht unter Klientelpolitik keine Verschwendung von Steuergeldern, weshalb Wahlgeschenke wie etwa ein Zuschuss von 300 000 Dollar zur Verbesserung des öffentlichen Nahverkehrs nach Disneyland oder eine Subvention von 70 000 Dollar für die Hall of Fame der Papierindustrie von Wisconsin nicht unter diese Rubrik fallen.

5. Als Daryl Gates, Polizeichef von Los Angeles, im Jahr 1990 vor dem Justizausschuss des Senats als Zeuge angehört wurde, machte er der Regierung einen Vorschlag, wie mit Marihuana- oder Kokainkonsumenten zu verfahren sei. Wie lautete dieser?

a) Man sollte sie ins Gefängnis werfen.

b) Man sollte sie in eine Entziehungsanstalt stecken.

c) Man sollte sie zu Alkoholikern umschulen.

d) Man sollte sie aus der Gesellschaft entfernen und erschie-
    ßen.

**6. Welche Referenz führte Chic Hecht bei Senatsanhörungen
im Jahr 1989 ins Feld, um zum US-Botschafter auf den Baha-
mas ernannt zu werden?**

a) «Ich besitze bereits mehrere weiße Shorts.»

b) «Ich liebe Golf, und dort gibt es eine Menge schöner Golf-
    plätze.»

c) «Ich spreche Bahamesisch.»

d) «Ich kann mich sonnen, ohne mir einen Sonnenbrand zu-
    zuziehen.»

**7. Welche Anweisung erging seitens der Polizeibehörde von
Seattle an alle ihre Beamten, nachdem sich eine Reihe von
Arbeitsunfällen ereignet hatte?**

a) Sie sollten darauf achten, sich beim Laden ihrer Waffen
    nicht ins Bein zu schießen.

b) Sie sollten darauf achten, das Martinshorn so einzuset-
    zen, dass sie keinen Hörverlust erleiden.

c) Sie sollten darauf achten, sich vorschriftsmäßig auf einen
    Stuhl zu setzen.

d) Sie sollten darauf achten, sich beim Schließen von Zel-
    lentüren nicht die Finger einzuklemmen.

**8. Während der Energiekrise im Jahr 1975 wollte der Chef der
Bundesenergiebehörde führende Persönlichkeiten aus Wirtschaft und Gesellschaft für das Energiesparprogramm des
Präsidenten gewinnen. Wie versuchte er, dies zu bewerkstelligen?**

a) Er verschickte einen Brief an führende Persönlichkeiten
    im ganzen Land, in dem er um deren Unterstützung bat.

b) Er rief diese Persönlichkeiten an, um für das Programm des Präsidenten zu werben.

c) Er gab 25 000 Dollar an Steuergeldern für mehr als 70 000 Liter Flugbenzin aus, um kreuz und quer durchs Land zu fliegen und vor Wirtschaftsorganisationen und gesellschaftlichen Gruppen zu sprechen und diese von der Notwendigkeit zu überzeugen, zur allgemeinen Kostendämpfung den Spritverbrauch einzudämmen.

d) Er kapitulierte und arbeitete fortan für die saudi-arabische Regierung.

9. Im Jahr 1971 brachte ein Kongressabgeordneter aus Rhode Island einen Gesetzentwurf für eine neue Steuer ein. Wie wollten die Staatsdiener dem Fiskus zu Mehreinnahmen verhelfen?

a) Mit der Erhebung einer Gebühr von 1 Dollar für die Benutzung öffentlicher Toiletten.

b) Mit der Erhebung einer Gebühr von 2 Dollar für jeden Geschlechtsakt.

c) Mit der Erhebung einer Gebühr von 20 Dollar für Lamentieren in der Öffentlichkeit.

d) Mit der Erhebung einer Gebühr von 50 Dollar für die telefonische Belästigung von Regierungsbeamten.

10. Auf einer aus Steuermitteln finanzierten Europareise im Jahr 1962 besuchte der Kongressabgeordnete Adam Clayton Powell auch Nachtclubs und Striptease-Bars. Wie rechtfertigte er diesen Ausgabenposten in seiner Kostenaufstellung?

a) Er habe sich um die bilateralen Beziehungen mit Frankreich verdient gemacht.

b) Er habe die Chancen amerikanischer Frauen auf dem französischen Arbeitsmarkt ausgelotet.

c) Er sei antiamerikanischen Umtrieben von Stripperinnen auf der Spur gewesen.

d) Er habe Studien auf dem Gebiet der l'*amour* durchgeführt, um aus Amerika ein romantischeres Land zu machen.

11. Warum wollen Gefängnisinsassen ausbrechen? Dieser Frage gingen Mitglieder der aus öffentlichen Geldern finanzierten Law Enforcement Assistance Administration nach. Wie gingen sie dabei vor?

a) Sie befragten jeden, der schon einmal im Gefängnis war.

b) Sie befragten jeden, der zwar noch nie im Gefängnis war, sich jedoch Gedanken gemacht hatte, wie es wohl sein müsse, eine Gefängnisstrafe abzusitzen.

c) Sie gaben 27 000 Dollar für eine Studie über Gefängnisinsassen aus.

d) Sie verbrachten eine Nacht im Gefängnis, um sich selbst ein Bild zu machen.

12. Mit welchem Vorschlag wartete Warren Austin zur Beilegung des Nahostkonflikts zwischen Israelis und Arabern auf, als er 1948 die Vereinigten Staaten bei den Vereinten Nationen vertrat?

a) Alle Israelis sollten nach New Jersey umgesiedelt werden.

b) Israel und Irak sollten ihre Territorien tauschen.

c) Beide Länder sollten sich eine Auszeit nehmen.

d) Juden und Araber sollten ihren Konflikt «wie gute Christen» beilegen.

13. Die aus Bundesmitteln finanzierte Nationale Stiftung für Geisteswissenschaften gab 2500 Dollar für eine Studie aus, um zu ermitteln, warum Menschen sich unverschämt verhalten, wenn sie:

a) versuchen, von staatlichen Stellen Zuschüsse zu bekommen.

b) Tennis spielen.

c) von Fremden beleidigt werden.

d) von Leuten beleidigt werden, die über die Bewilligung von Zuschüssen staatlicher Stellen entscheiden.

14. Füllen Sie die Leerstelle aus. Präsident Ronald Reagan sagte: «Jetzt werden wir _____ in Angriff nehmen, und ich bin davon überzeugt, mit Erfolg.»

a) das Star-Wars-Programm zur Raketenabwehr

b) die Bekämpfung des Staatsdefizits

c) die Bekämpfung der Arbeitslosigkeit

d) die Tolerierung von Mittelmäßigkeit bei Angestellten des öffentlichen Dienstes

15. Füllen Sie die Leerstelle aus. Douglas Wilder, der Gouverneur von Virginia, sagte: «Der erste schwarze Präsident wird _____.»

a) ein Politiker sein, der schwarz ist.

b) ein schwarzer Quarterback sein, der den Superbowl gewonnen hat.

c) ein Filmstar wie Denzel Washington sein, nur Republikaner.

d) ein Sänger wie Sammy Davis Jr. sein, der aber keine Hot Pants trägt.

16. Als Präsident George W. Bush im Jahr 2003 eine landesweit im Fernsehen übertragene Pressekonferenz gab, erzielte folgende zur gleichen Zeit ausgestrahlte Sendung eine höhere Einschaltquote:

a) *America's Funniest Home Videos*

b) *Antiques Roadshow*

c) *Bill Clinton Hosts His MTV Favorites*

d) *The High School Game of the Week*

ZUSATZFRAGEN:

Die Leute, die die Regierungsgeschäfte der Vereinigten Staaten führen, sind nicht die einzigen hirnrissigen Staatsdiener. Hier zwei Zusatzfragen zu den dubiosen Machenschaften anderer Regierungen.

17. Welche zusätzliche Strafe wurde von chinesischen Regierungsvertretern angeordnet, wenn ein Strafgefangener von einem Erschießungskommando hingerichtet wurde?

a) Sie ließen die engsten Verwandten des Häftlings ins Gefängnis stecken.

b) Sie stellten der Familie des Todeskandidaten die vom Erschießungskommando einzusetzenden Kugeln in Rechnung.

c) Sie rekrutierten die Mitglieder des Erschießungskommandos aus anderen Häftlingen, die auf ihre Exekution warteten.

d) Sie verkauften die begehrten Plätze im Erschießungskommando an die Meistbietenden.

18. Warum wurde der amerikanische Dichter E. E. Cummings in ein französisches Gefängnis gesteckt?

a) Weil er ein Gedicht geschrieben hatte mit dem Titel *Ich mache mich über die Franzosen lustig, aber sie werden es nicht wagen, mich ins Gefängnis zu werfen.*

b) In den 1960er Jahren steckten die Franzosen *alle* amerikanischen Dichter ins Gefängnis, um Paris den Franzosen zurückzugeben.

c) Sie waren der Ansicht, es sei eine Beleidigung der französischen Kultur, dass er in seinen Gedichten auf Großbuchstaben verzichtete.

d) Die französischen Behörden mutmaßten, dass seine exzentrische Lyrik einen Spionage-Code enthielt.

OBSKURE ZUSATZFRAGEN:

19. Mit welchem Filmstar wollten die Produzenten der Familienserie *Drei Mädchen und drei Jungen* ursprünglich die Rolle des Mike Brady besetzen?

20. Warum heißen so viele Typen Barry, die 1974 geboren wurden?

ANTWORTEN:

1. a) Frank Sinatra und der Lone Ranger.

2. e) Alle vorgenannten Punkte. Jeder, der hier falsch lag, dürfte Zeit seines Lebens zum Narren gehalten werden.

3. a) Das Geschäft hatte keine Gaststättenkonzession.

4. Richtig. Die amerikanische Regierung hält dies wohl für die angemessene Art und Weise, Geld auszugeben, und steckt es lieber in die Infrastruktur von Disneyland, als damit Löcher in den Wüstensand des Nahen Ostens zu sprengen.

5. d) Man sollte sie aus der Gesellschaft entfernen und erschießen. Wir können also ziemlich sicher sein, dass er gegen Entkriminalisierung war.

6. b) «Ich liebe Golf, und dort gibt es eine Menge schöner Golfplätze.»

7. c) Sie sollten darauf achten, sich vorschriftsmäßig auf einen Stuhl zu setzen. «Manche Leute wissen, wie man sich richtig auf einen Stuhl setzt», erklärte ein Sicherheitsbeauftragter der Behörde, «während andere instruiert werden müssen.»

8. c) Er verheizte mehr als 70 000 Liter Flugbenzin, um kreuz und quer durchs Land zu jetten und die Leute davon zu überzeugen, ihren Spritverbrauch einzudämmen.

9. b) Mit der Erhebung einer Gebühr von 2 Dollar für jeden Geschlechtsakt. Nachdem die politischen Vertreter

Rhode Islands ihre eigenen Verbindlichkeiten errechnet hatten, die sich aus ihren sexuellen Aktivitäten potenziell ergäben, stimmten sie gegen den Gesetzentwurf.

10. b) Er habe die Chancen amerikanischer Frauen auf dem französischen Arbeitsmarkt – genauer gesagt: in Striptease-Bars – ausgelotet. Powell stellte dem Steuerzahler auch die Reinigung seiner Wäsche in Rechnung, die er in London waschen und per Diplomatenkurier nach Italien fliegen ließ.

11. c) Sie gaben 27 000 Dollar für eine Studie aus, um zu ermitteln, warum Häftlinge den Drang verspüren auszubrechen.

12. d) Juden und Araber sollten ihren Konflikt «wie gute Christen» beilegen.

13. b) Tennis spielen.

14. c) Präsident Ronald Reagan sagte: «Jetzt werden wir die Bekämpfung der Arbeitslosigkeit in Angriff nehmen, und ich bin davon überzeugt, mit Erfolg.»

15. a) Douglas Wilder, der Gouverneur von Virginia, sagte: «Der erste schwarze Präsident wird ein Politiker sein, der schwarz ist.»

16. a) *America's Funniest Home Videos.* Möglicherweise konnten die Fernsehzuschauer gar keinen Unterschied zwischen den beiden Sendungen feststellen.

17. b) Die Familie des Todeskandidaten wurde gezwungen, die vom Erschießungskommando einzusetzenden Kugeln zu bezahlen.

18. d) Die französischen Behörden mutmaßten, dass E. E. Cummings exzentrische Lyrik einen Spionage-Code enthielt. Der Dichter nutzte die Zeit in einem französischen Gefängnis und schrieb ein Buch, *Der ungeheure Raum.*

19. Gene Hackman war ursprünglich für die Rolle des Mike

Brady in *Drei Mädchen und drei Jungen* vorgesehen. Hackman hatte jedoch Besseres zu tun, was sowohl seiner Karriere als auch der Fernsehserie äußerst zuträglich war: Er lehnte das Angebot ab.

20.   Sie wurden nach dem Soulsänger Barry White benannt, der anmerkte: «Viele Babys wurden Barry genannt. Wenn es denn 1974 tatsächlich einen Barry-Boom gab, dann war ich verantwortlich dafür.»

PUNKTEBEWERTUNG:

Für jede richtige Antwort gibt es 10 Punkte.

AUSWERTUNG:

0 Punkte: Sie denken so, wie es sich Politiker nur wünschen können.

Weniger als 30 Punkte: Sie eignen sich als Mitglied von Densa, einem Zusammenschluss von Leuten, die intelligent genug sind, sich nicht um den internationalen Hochbegabtenverein Mensa zu scheren.

Mehr als 50 Punkte: Sie sind intelligent genug, um für die CIA zu arbeiten.

Mehr als 100 Punkte: Sie sind intelligent genug, um von der CIA ausgespäht zu werden.

Mehr als 150 Punkte: Vorsicht ist geboten! Hier kommt der Vizepräsident – in Jagdgrün.

KAPITEL 8

Die Neinsager: Geniale Ideen erkennt man daran, dass sie verworfen werden

◉ ◉ ◉

Als ich mich mit dem Phänomen der Dummheit in der Welt der Wirtschaft zu beschäftigen begann, war ich verblüfft, wie oft geniale Ideen genau von den Leuten verworfen werden, deren Aufgabe eigentlich darin besteht, sie als solche zu erkennen.

Im Jahr 1951 erfand eine gestresste Mutter namens Marion Donovan die Einwegwindel. Das erste Exemplar – sozusagen den Prototypen – fertigte sie aus einem Plastik-Duschvorhang.

Aber sämtliche Babyartikel-Hersteller, die sie von ihrer Erfindung überzeugen wollte, gaben ihr einen Korb. Mit Einwegwindeln sei kein Geld zu verdienen, glaubten die Firmen. Was für ein Dummchen, diese Frau.

So blieb Marion Donovan nichts anderes übrig, als sich selbständig zu machen – der Startschuss für einen ganzen Industriezweig.

Sowohl Atari als auch Hewlett-Packard ließen die Erfinder des ersten Apple-Computers abblitzen.

Western Union wollte nichts von einem neuen Gerät namens Telefon wissen.

In den 1960er Jahren erteilte IBM den ersten Kopiergeräten eine Abfuhr. Begründung: Mit Bürokopierern ist kein Geld zu machen.

◉ ◉ ◉

In den 1970er Jahren verwarf der Automobilhersteller Ford die Produktion der ersten Minivans. Sein Standpunkt: Mit Minivans ist kein Blumentopf zu gewinnen. Anschließend feuerte das Unternehmen den Ingenieur, auf dessen Mist diese Idee gewachsen war.

Er wechselte die Seiten und heuerte bei Chrysler an, ein wesentlich kleineres Unternehmen, das eine Marktnische abdeckte, die keiner der anderen Automobilhersteller als solche wahrnahm.

◉ ◉ ◉

Audie Murphy wurde der Eintritt in die Marineinfanterie verweigert, weil er mit einer Körpergröße von 1,65 Meter zu klein war. Er ging zum Heer und avancierte zu einem der größten amerikanischen Kriegshelden des Zweiten Weltkriegs, dem allerhöchste militärische Auszeichnungen zuteilwurden.

◉ ◉ ◉

Ein Konzertveranstalter erwies sich im Jahr 1963 als wahrer Experte, als er eine kleine englische Band, die Rolling Stones, groß herausbringen wollte.

Er erklärte den Musikern, nur eine Kleinigkeit verhindere den großen Wurf. «Jungs», sagte er mit Blick auf Mick Jagger, «dieser Sänger muss die Band verlassen.»

◉ ◉ ◉

Die Schallplattenfirma Decca Records versiebte die Chance, eine andere englische Band unter Vertrag zu nehmen, als sie erklärte: «Uns gefällt ihre Musik nicht, außerdem hat Gitarrenmusik keine Zukunft.» Man schrieb das Jahr 1962, als Gitarrenmusik scheinbar keine Zukunft hatte.

Um wen es sich bei der Band handelte? Die Beatles.

⊚ ⊚ ⊚

Werfen wir einen Blick auf all die Genialität, die der Welt verlorenging, weil sie schlicht nicht erkannt wurde. Fast wäre uns eines der größten Genies überhaupt verlorengegangen, Theodore Geisel höchstpersönlich, dessen erstes Buch von 23 New Yorker Verlagen abgelehnt wurde, bevor es ein Verleger wagte, ein derart radikales Buch zu drucken.

Klingelt es bei Ihnen, wenn Sie den Namen Geisel hören? Das Buch, *And to Think That I Saw It on Mulberry Street*, wurde millionenfach verkauft – wie alle anderen Bücher auch, die aus der Feder von Dr. Seuss stammten, dem Schriftsteller, den niemand publizieren wollte.

⊚ ⊚ ⊚

Vincent van Gogh, einer der größten Künstler der Geschichte, war zu Lebzeiten ein Versager. Die Kritiker hatten nur Hohn und Spott für ihn übrig. Kunstsammler ignorierten ihn. Van Gogh verkaufte in seinem ganzen Leben nur ein einziges Bild.

Heute bringen seine Bilder Sammlern Millionen ein, wenn sie untereinander damit handeln.

⊚ ⊚ ⊚

Im Jahr 1954 wurde Elvis Presley in der Radioshow *Grand Ole Opry* nicht nur eine Abfuhr, sondern auch der gute Rat erteilt, er solle besser wieder LKW fahren.

Ein Jahr später sang Elvis für einen Auftritt bei *Arthur Godfrey's Talent Scouts* vor, dem *American Idol* seiner Zeit. Er wurde jedoch aussortiert und abermals nach Hause geschickt, ganz im Gegensatz zu anderen Sängern, die es später nicht zum King of Rock'n'Roll bringen sollten.

◉ ◉ ◉

The Jimi Hendrix Experience spielte einst als Vorgruppe für die Monkees. Hendrix und seine Band wurden vom Publikum ausgebuht, ihre weiteren Auftritte auf der Konzerttournee gestrichen.

◉ ◉ ◉

Dubliner, eine Kurzgeschichtensammlung eines der größten Schriftsteller der Welt, James Joyce, wurde von 22 Verlagen abgelehnt, bevor das Buch schließlich gedruckt wurde.

Die gesamte erste Auflage wurde von einem Bücherhasser aufgekauft, der alle Exemplare verbrannte.

◉ ◉ ◉

Der Schriftsteller Jack Kerouac, Poet der Beat-Generation, brauchte nur drei Wochen, um den weitläufigen Roman *Unterwegs* zu schreiben, der schließlich zur Bibel einer rastlosen Generation wurde. Dagegen brauchte er sechs Jahre, um jemanden zu finden, der gewillt war, das Buch zu veröffentlichen.

◉ ◉ ◉

Als Herman Melville im Jahr 1850 mit seiner Familie auf eine Farm zog, glaubte der Schriftsteller, er würde als Bauer und Autor ein gutes Auskommen haben. In beiden Fällen lag Melville falsch.

Seine Walfang-Saga *Moby Dick* wurde von Kritikern und Lesern gleichermaßen abgelehnt, seine Farm ging pleite. Melville resignierte, zog nach New York und wurde Zollbeamter, bevor er in Einsamkeit starb.

Erst 30 Jahre nach Melvilles Tod wurde *Moby Dick* als Meisterstück amerikanischer Literatur anerkannt.

Auch ein dummer Zufall kann Grund für eine Abfuhr sein – allerdings der ärgerlichen Art. Der englische Historiker Thomas Carlyle mühte sich ein Jahr lang ab, um den ersten Band seines epischen Werkes *Die Geschichte der Französischen Revolution* zu schreiben. Er verfasste sein Epos zu einer Zeit, als man noch mit Feder und Tinte schrieb. Damals gab es weder Kopierer noch Kohlepapierdurchschläge. Die einzige Möglichkeit, eine Kopie anzufertigen, bestand darin, das Original handschriftlich ein weiteres Mal zu Papier zu bringen.

Als er fertig war, gab Carlyle das einzige Exemplar seines Manuskripts seinem Freund und Mentor John Stuart Mill zur Kommentierung. Mills Dienstmädchen dachte, es handle sich um Altpapier, und benutzte das Manuskript, um in der Küche anzufeuern.

Da im 19. Jahrhundert «Sicherungskopie» ein Fremdwort war, sah sich Carlyle gezwungen, das ganze Buch noch einmal zu schreiben. Er meinte, er fühle sich wie ein Mann, der «sich schier umgebracht und dabei nicht das Geringste erreicht hat».

Jane Austen brauchte 17 Jahre, um einen Verlag für *Stolz und Vorurteil* zu finden.

George Bernard Shaw, dessen Theaterstücke zu den bedeutendsten der Welt zählen, verdiente in den ersten neun Jahren als Schriftsteller insgesamt 20 Dollar.

◉ ◎ ◉

Der Schriftsteller Franz Kafka, Autor surrealer Werke, starb im Alter von 40 Jahren. Die zwei Bücher, die ihn berühmt machen sollten (*Der Prozess* und *Das Schloss*) waren vor seinem

Tod noch nicht einmal veröffentlicht worden. Kafka hätte die Absurdität dieses Dilemmas sicher gefallen.

Als der Schriftsteller William Faulkner den Literaturnobelpreis zugesprochen bekam, erhielt er eine Einladung vom Weißen Haus, um an einem Galadinner zu Ehren von Nobelpreisträgern teilzunehmen.

Faulkner tat etwas, was nur sehr wenige Schriftsteller tun oder wozu sie die Chance bekommen würden. Er gab dem Präsidenten einen Korb und lehnte die Einladung ab.

«Das ist hundert Meilen weit weg», begründete Faulkner seinen Schritt. «Ein weiter Weg, nur um essen zu gehen.»

Im Jahr 1931 erfand Charles Darrow aus Philadelphia das Gesellschaftsspiel Monopoly. Zur damaligen Zeit war er arbeitslos.

Der Spielehersteller Parker Brothers lehnte Darrows Erfindung mit dem Argument ab, das Spiel sei zu kompliziert, um jemals populär zu werden. Drei Jahre später revidierte das Unternehmen seine Entscheidung und brachte das Spiel auf den Markt – bis heute das populärste Brettspiel aller Zeiten.

Schauspiellehrer an der New Yorker John Murray Anderson Dramatic School lehnten eine junge Schauspielschülerin ab, weil sie «zu schüchtern» war, um ihren Weg als Schauspielerin zu machen. Der Name des Mädchens? Lucille Ball.

Murray, es gibt Erklärungsbedarf.

Johann Sebastian Bach war zu Lebzeiten kein erfolgreicher Komponist. Nach seinem Tod wurden manche seiner Partituren als Altpapier verwendet. Es dauerte weitere 50 Jahre, bis sein Genie schließlich Anerkennung fand.

◉ ◉ ◉

Der italienische Künstler Amedeo Modigliani hatte nur eine Ausstellung in seinem ganzen Leben. Und die wurde von der Polizei dichtgemacht, weil die Ordnungshüter seine Bilder nackter Frauen für obszön hielten.

◉ ◉ ◉

Der französische Maler Paul Gauguin tauschte den ehrbaren Beruf eines Pariser Börsenmaklers gegen das romantische Künstlerleben auf Tahiti ein. Dort malte er Bilder, die zu den bedeutendsten aller Zeiten zählen – allerdings nicht *seiner* Zeit. Gauguins Werk wurde von der Kunstwelt verschmäht, und er starb in Armut.

◉ ◉ ◉

Manche Kunstwerke sind inzwischen ein derart vertrauter Bestandteil unserer Kultur, dass ihre anfängliche Ablehnung völlig unverständlich erscheint. Als Georges Bizets Oper *Carmen* uraufgeführt wurde, verurteilten Kritiker das Werk als obszön. Das Publikum zeigte der Oper die kalte Schulter.

Der gedemütigte Komponist starb drei Monate später. Heute ist *Carmen* eine der beliebtesten Opern und wird auf allen Bühnen der Welt gesungen.

◉ ◉ ◉

In Hollywood ist ein Film erst dann Gesprächsthema, *nachdem* er ein Erfolg geworden ist – zuvor nicht. Die Filmindustrie liebt Filme, die zum Kassenschlager avanciert sind. Aber zuerst müssen Drehbuchautoren in ganz Hollywood hausieren gehen, ist doch kein Filmstudio gewillt, den Stoff zu verfilmen.

Zwei Beispiele: *Forrest Gump* wurde von den Filmstudios in Hollywood neun Jahre lang abgelehnt. *Einer flog über das Kuckucksnest* sogar 15 Jahre lang. Beide Filme gewannen einen Oscar als bester Film.

◎ ◎ ◎

Künstler führen oft ins Feld, ihr Werk sei das Entscheidende – der Song also, und nicht der Sänger. Leider haben sich auch Regierungen diese Ansicht falscher Bescheidenheit zu eigen gemacht.

Im harten Winter des Jahres 1917 war der große französische Bildhauer Auguste Rodin pleite und starb fast vor Hunger und Kälte. Er fragte bei der französischen Regierung an, ob er vorübergehend in dem Museum wohnen könne, das seine Skulpturen beherbergte.

Regierungsbeamte lehnten das Gesuch des Künstlers ab, und so erfror er in einer unbeheizten Mansarde. Dabei hatte Rodin viele dieser Skulpturen seinem geliebten Land als Geschenk vermacht.

◎ ◎ ◎

Manchmal kann eine Abfuhr auch Ansporn sein, um große Ziele zu erreichen. Als Marie Curie in jungen Jahren als Hauslehrerin bei einer begüterten Anwaltsfamilie arbeitete, verliebte sie sich in den Sohn des Hauses, aber die Eltern verweigerten ihre Zustimmung zu einer Hochzeit der beiden.

Die so Verschmähte spielte mit dem Gedanken, sich umzubringen, kam jedoch über die Enttäuschung hinweg und widmete sich der wissenschaftlichen Forschung, die sie berühmt machen sollte. «Das Leben ist es nicht wert, daran zu zerbrechen», folgerte sie.

◎ ◎ ◎

Als junger Mann fiel der britische Premier Winston Churchill gleich zwei Mal durch die Aufnahmeprüfung an der Royal Military Academy. Im dritten Anlauf schaffte er es schließlich – zum Glück für England, das unter seiner Führung die finsteren Tage des Zweiten Weltkriegs überstand.

◉ ◉ ◉

Manchmal verschmähen die Großen ihrer Zunft ihr eigenes Werk. Der Künstler Jasper Johns zerstörte mit 24 Jahren alle seine Kunstwerke, um anschließend einen Neuanfang zu starten. Vier Jahre später hatte er seine erste Ausstellung.

◉ ◉ ◉

Der Wissenschaftler Charles Babbage entwickelte Mitte des 19. Jahrhunderts eine mechanische Rechenmaschine. Da das Gerät mit den damals zur Verfügung stehenden technischen Mitteln nicht gebaut werden konnte, starb er ohne jegliche Anerkennung für sein Lebenswerk. Erst 30 Jahre nach seinem Tod wurde dem Computerpionier die gebührende Anerkennung für seine Genialität zuteil.

◉ ◉ ◉

Ein gefrusteter Schriftsteller dachte sich eine Romanvorlage aus, um die Intelligenz von Buchverlagen zu testen. Er schrieb Jerzy Kosinskis preisgekrönten Roman *Der bemalte Vogel* ab und schickte das vermeintliche Manuskript unter seinem Namen an ein Dutzend führende Verlage.

Sie alle lehnten das Manuskript mit der Begründung ab, es sei keiner Veröffentlichung wert – einschließlich des Verlagshauses, das Kosinskis Buch seinerzeit veröffentlicht hatte.

◉ ◉ ◉

Als Einsiedlerin und unbekannte Schriftstellerin brachte Emily Dickinson irgendwann den Mut auf, ihre Gedichte dem

Literaturpapst Thomas Wentworth Higginson zu zeigen. Er riet ihr, mit dem Schreiben aufzuhören, und erklärte, niemand würde ihre Gedichte veröffentlichen, da sie «sonderbar» und «merkwürdig» seien.

Nach ihrem Tod wurde Dickinson als eine der größten Lyrikerinnen aller Zeiten gefeiert. Higginsons Werk dagegen ist längst in Vergessenheit geraten, was nicht weiter verwunderlich ist.

◉ ◉ ◉

Als die Everly Brothers versuchten, im Musikgeschäft Fuß zu fassen, wurden sie über zwei Jahre lang von einem Dutzend Plattenfirmen abgewiesen. Als ihnen schließlich jemand eine Chance gab, verkauften sie Millionen Platten.

◉ ◉ ◉

Als der Dichter T. S. Eliot noch in einem Verlagshaus arbeitete, lehnte er George Orwells großen Satire-Roman *Animal Farm* ab. 22 weitere Buchverlage taten es ihm gleich. Als das Buch schließlich veröffentlicht wurde, geriet es zum Klassiker und wurde an vielen Schulen zur Pflichtlektüre.

Aber *Animal Farm* war nicht der einzige Bestseller, der beinahe überhaupt keine Auflage erzielt hätte, weil die Verlage das Buch ablehnten. Weitere Bestseller, die von Leuten im Verlagsgeschäft abgelehnt wurden, die es eigentlich hätten besser wissen müssen: *Der Wüstenplanet* (von 13 Verlagen abgelehnt), *Tante Mame* (17), *MASH* (21), *The Peter Principle* (16), *Kon-Tiki* (20).

◉ ◉ ◉

In Hollywood gibt es nur eines, was häufiger auf Ablehnung stößt als Möchtegernstars: die Namen von Stars. Wenn Sie als junger Schauspieler im Showgeschäft Fuß fassen wollen, tritt in der Regel der Manager eines Filmstudios oder ein

Agent auf den Plan, der sich beflissen fühlt, einen der grund-legendsten Bestandteile Ihrer Identität für unbrauchbar zu erklären – und der darauf besteht, Ihren Namen zu ändern.

Hier eine der merkwürdigsten Namensänderungen: Der Filmstar Gary Cooper hieß eigentlich Frank Cooper. Seiner Agentin missfiel der Klang des Vornamens Frank, weshalb sie ihn zu Ehren ihrer Heimatstadt Gary in Indiana änderte.

Cooper meinte dazu: «Gut, dass sie nicht aus Poughkeepsie kommt.»

D ie absonderlichste Namensänderung aller Zeiten geht allerdings nicht auf das Konto eines Schauspielers, son-dern des großen Bürgerkriegsgenerals Ulysses S. Grant, der in Wirklichkeit nicht Ulysses S. Grant hieß.

Er wurde als Hiram Ulysses Grant geboren, seine Initialen HUG – das englische Wort für eine herzliche Umarmung – waren ihm jedoch peinlich, stellten sie doch für ihn als mi-litärischen Haudegen eine inakzeptable Assoziation dar. Also tauschte er seine Vornamen und nannte sich fortan Ulysses Hiram Grant.

Als er sich für die Militärakademie in West Point bewarb, schrieb der Kongressabgeordnete, der das Empfehlungsschrei-ben verfasste, den Namen des Jungen falsch und machte aus ihm Ulysses Simpson Grant. Dem jungen Kadetten gefielen diese Initialen, die in den darauffolgenden Jahren auch in den Nordstaaten einen guten Klang hatten.

Nichtbeachtung ist eine miesepetrige Form der Ablehnung, die zu spät kommt, um noch Wirkung zu zeigen. Der Herausgeber der Zeitung *Chicago Tribune* verweigerte sich der Einsicht, dass es Henry Millers gewagter Roman *Wendekreis des Krebses* auf die Bestsellerliste geschafft hatte. Aus diesem Grund ließ er fortan in seiner Zeitung einfach nicht mehr die vollständige Bücherliste abdrucken, sondern nur noch Auszüge derselben, die in der Rubrik «Unter den Bestsellern» aufgeführt wurden.

◉ ◉ ◉

Eine weitere merkwürdige Form der Ablehnung kann sich ergeben, wenn Ihre Idee besser ist als andere, jedoch niemand darin mit Ihnen übereinstimmt. Der ungarische Arzt Ignaz Semmelweis schockierte Mitte des 19. Jahrhunderts die medizinische Welt, als er mit der Behauptung vorpreschte, Ärzte könnten ihre Patienten vor Infektionen schützen, indem sie sich einfach die Hände wüschen.

Diese Theorie war für das etablierte europäische Ärztewesen derart ungeheuerlich, dass Semmelweis aus seinem Posten an einem Krankenhaus gedrängt wurde.

◉ ◉ ◉

Als der Ingenieur Guglielmo Marconi seine Theorie der drahtlosen Telekommunikation entwickelte, verwarfen die wissenschaftlichen Instanzen seinerzeit Marconis Ideen und erklärten, sie liefen den Gesetzen der Physik zuwider.

◉ ◉ ◉

Ignacy Paderewski wurden zu kleine Hände bescheinigt, um Klavier zu spielen. Er ließ sich davon nicht beeindrucken und machte weiter, um einer der größten Pianisten aller Zeiten zu werden.

◉ ◉ ◉

Jemand riet Enrico Caruso, seine Ambitionen als Opernsänger zu begraben, weil seine Stimme klänge wie «Wind, der durch ein Fenster pfeift». Er jedoch pfiff weiter im Wind und wurde einer der größte Operntenor überhaupt.

Nachdem Percy Bysshe Shelleys frühe Lyrik von allen Verlagen in England abgelehnt wurde, ließ er seine Gedichte gegen Bezahlung drucken, steckte sie in Flaschen und verschickte diese im Meer als Flaschenpost.

Seine späteren Gedichte verfügten über bessere Vertriebswege, war er doch inzwischen zu einem der bekanntesten Lyriker der Romantik geworden.

Die *Peanuts*-Cartoons des Comiczeichners Charles Schulz wurden für nicht gut genug befunden, um Eingang ins Jahrbuch seiner Highschool zu finden; und später lehnten die Walt-Disney-Filmstudios seine Bewerbung für eine Stelle als Comiczeichner ab.

Aber als Schulz' Cartoons schließlich gedruckt wurden, liebten Zeitungsleser auf der ganzen Welt *Die Peanuts*. Was erkannten die Leser wohl, das den Experten entgangen war? Die wahre Größe der Comicserie.

KAPITEL 9

Unkonventionelle Wege zum Erfolg: Blinder Aktionismus oder abwarten und Tee trinken

⌐ ⌐ ⌐

Harte Arbeit, Verstand, Beharrlichkeit – dies sind die Eigenschaften, die vonnöten sind, um ganz nach oben zu kommen. Es sei denn, man wählt einen Weg der etwas ausgefalleneren Art.

Manche Leute machen alles falsch, was man nur falsch machen kann. Sie starten aberwitzige Aktionen, glänzen durch Untätigkeit oder vermasseln alles – und schaffen es dennoch bis nach ganz oben.

Im Leben erfolgreich zu sein ist mitunter damit vergleichbar, mit verbundenen Augen einen Schuss abzufeuern und – egal wo die Kugel auch einschlägt – sein Ziel zu treffen. Dies führt zur Entstehung unkonventioneller Strategien auf dem Weg zum Erfolg.

⌐ ⌐ ⌐

Wer ein Rockstar werden will, sollte wissen, dass es der Karriere förderlich ist, etwas zu vergeigen. Der Rocksänger Roy Orbison wurde berühmt, weil er auf der Bühne stets eine Sonnenbrille trug. Sie wurde zu seinem Markenzeichen, aber als er zum ersten Mal davon Gebrauch machte, war es durchaus nicht seine Absicht, cool auszusehen.

Damals setzte Orbison die Sonnenbrille nur auf, weil er seine normale Brille in einem Flugzeug vergessen hatte. «Mir war es furchtbar peinlich, die Bühne mit einer Sonnenbrille zu betreten», erinnerte er sich später, «aber ich hatte keine andere Wahl.»

Aus Verlegenheit wird Starruhm – eine Geschichte, wie sie nur der Rock'n'Roll schreiben kann.

⌐ ⌐ ⌐

Hier die Fallstudie eines Mannes, dessen Weg nach ganz oben von Misserfolgen gepflastert war: Er scheiterte zwei Mal als Geschäftsmann, scheiterte weitere zwei Mal mit dem Versuch, zum Kongressabgeordneten gewählt zu werden, und verlor zwei Senatswahlen. Ob so viel Unbill erlitt er schließlich einen Nervenzusammenbruch. Nachdem er wiederhergestellt war, kandidierte er für das Amt des Vizepräsidenten – und verlor diese Wahl ebenfalls.

Würden Sie einem Mann mit dieser Bilanz Ihre Stimme geben? Gott sei Dank taten es genügend Amerikaner und wählten Abraham Lincoln zu ihrem Präsidenten.

⌐ ⌐ ⌐

Ein Missverständnis ist manchmal der schnellste Weg, um ganz nach oben zu kommen. *Titanic*-Regisseur James Cameron schaffte den großen Durchbruch, als er als Regieassistent mit dem Nachdreh von Szenen eines obskuren zweitklassigen Films mit dem Titel *Planet des Schreckens* betraut war.

Als Regisseur einer sogenannten *Second Unit* drehte Cameron Nahaufnahmen der Attrappe eines abgetrennten, von Maden wimmelnden Arms, für deren Darstellung er Mehlwürmer benutzte.

Damit die Mehlwürmer möglichst authentisch wirkten und sich krümmten, brachte Cameron ein Stromkabel an der Armattrappe an, das ein Assistent hinter den Kulissen immer dann in die Steckdose steckte, wenn eine Szene abgedreht wurde. Die elektrische Spannung machte den Mehlwürmern Beine.

Wie es der Zufall wollte, kamen zwei Produzenten am Set vorbei, als Cameron «Action!» rief und die Mehlwürmer sich wie auf Kommando krümmten. Und als er «Cut!» rief, hielten die Würmer wieder still.

Die Produzenten waren von Camerons inszenatorischen Fähigkeiten so beeindruckt, dass sie ihn für größere Projekte verpflichteten. Sie dachten, wenn ein Regisseur in der Lage ist, Würmer nach seiner Pfeife tanzen zu lassen, versteht er es auch, mit Schauspielern umzugehen.

⌐ ⌐ ⌐

Der französische Schriftsteller Jean Cocteau hatte eine klare Vorstellung davon, dass manchen Leuten das Glück zu Hilfe kommt, wenn sie es ganz nach oben schaffen. «Wie sonst ließe sich der Erfolg von Menschen erklären, die man nicht mag?», meinte er.

⌐ ⌐ ⌐

Großbritannien und Russland haben jahrzehntelang Spione ausgewiesen, die für das jeweils andere Land tätig waren. Im Jahr 2006 wartete der russische Präsident Wladimir Putin jedoch mit einer im Rahmen internationaler Beziehungen neuartigen Strategie auf, als er beschloss, vier der Spionage beschuldigte britische Diplomaten nicht auszuweisen.

Putins Kalkül: Besser die Spione im Land behalten, die nicht intelligent genug sind, um nicht aufzufliegen, als England sie durch schlauere Agenten ersetzen zu lassen.

⌐ ⌐ ⌐

Wenn es etwas Schlimmeres gibt als Angst, um eine innere Blockade auszulösen, dann ist es Versagensangst. Hier eine ungewöhnliche Geschichte, in der Versagensangst eine beeindruckende Erfolgsstory begründete.

John Barrymore war der erste amerikanische Schauspieler, der Hamlet auf einer Londoner Bühne spielte. Bei der Premiere war er so nervös, dass er sich vor seinem Auftritt hoffnungslos betrank.

Während der Vorstellung musste sich Barrymore auf andere Schauspieler stützen, um sich auf den Beinen zu halten, und mehrere Male eiligst die Bühne verlassen, um sich zu übergeben. Um Hamlets berühmten Satz «Sein oder Nichtsein, das ist hier die Frage» zu rezitieren, torkelte er zu einem Stuhl und setzte sich, um nicht der Länge nach hinzufallen.

Am nächsten Tag schwärmten die englischen Theaterkritiker in den höchsten Tönen von Barrymore. Aus ihrer Sicht stellte sein alkoholgeschwängerter Auftritt eine meisterhafte Hamlet-Interpretation dar, vor allem der gewagte, im Sitzen vorgetragene Passus «Sein oder Nichtsein» hatte es ihnen angetan.

ГГГ

Die Schauspielerei erfordert die nicht ganz alltägliche Fähigkeit, seine eigene Identität abzulegen und in die Haut einer anderen Person zu schlüpfen. Vorübergehend zumindest. Nach Ende des Theaterstücks oder Films kann der Schauspieler wieder er selbst sein – vorausgesetzt, das gelingt ihm.

Der Filmstar Jane Fonda beschrieb dieses Gebaren einmal mit den Worten: «Schauspieler versuchen ihr Leben lang etwas zu tun, wofür man andere Leute in ein Irrenhaus steckt.»

Marlon Brando, einer der erfolgreichsten Mimen seiner Generation, konnte dem Los eines Schauspielers, permanent in einer Phantasiewelt zu leben, durchaus etwas Praktisches abgewinnen. «Der Hauptnutzen, den mir die Schauspielerei gebracht hat», meinte er, «ist das Geld, um meinen Psychoanalytiker zu bezahlen.»

Als sich der Sänger und Schriftsteller Kinky Friedman im Jahr 2008 um das Amt des Gouverneurs von Texas bewarb, präsentierte er den besten Wahlslogan aller Zeiten: «Kinky wählen! Kann es denn so schwer sein?»

⌐ ⌐ ⌐

Im 19. Jahrhundert war Russell Sage einer der reichsten Männer Amerikas. Als er jedoch sah, wie seine Frau Eichhörnchen mit Erdnüssen fütterte, schimpfte er sie aus und bestand darauf, altes Brot an sie zu verfüttern, da dies billiger sei.

Sage machte Millionen – aber gab sein Geld nie aus. Er lebte in billigen Unterkünften und trug die billigste Kleidung. Und beharrte darauf, dass seine Frau den gleichen knauserigen Lebensstil pflegte.

Nach Sages Tod verbrachte seine Witwe den Rest ihres Lebens damit, sein Geld für wohltätige Zwecke zu spenden. Sie glaubte an die Kraft der süßen Rache der Nächstenliebe.

⌐ ⌐ ⌐

Jeder macht dumme Fehler. Aus taktischer Sicht kommt man jedoch besser weg, wenn man sie möglichst schnell begeht. Erfolgreiche Menschen lassen es nicht zu, sich von ihren Fehlern ablenken zu lassen. Sie gehen ihren Weg unbeirrt weiter.

Die Firma Burpee startete ihre Unternehmenstätigkeit nicht als Versandhandel für Saatgut – der Branche, in der sie heute beheimatet ist –, sondern Firmengründer Atlee Burpee betrieb im ausgehenden 19. Jahrhundert ein kleines Versandgeschäft für Geflügel.

Klingt verrückt, Geflügel auf dem Postweg zu verkaufen, oder nicht? Burpee erweiterte seine Produktpalette um Saatgut, damit seine Kunden für die Hühner, die sie bei ihm kauften, Futter anbauen konnten. Allerdings fanden sich nur wenige Kunden, die Hühner per Post kaufen wollten.

Burpee verschwendete keine Zeit damit, sich über den Fehler zu ärgern, der ihm in seiner Unternehmensstrategie unterlaufen war. Er drehte den Spieß einfach um und machte ein Vermögen mit dem Versand von Saatgut für Blumen und Gemüse – ein Produkt, das die Leute bedenkenlos per Post zu beziehen gewillt waren.

⌐⌐⌐

Der konservative Zeitungskolumnist William Buckley kandidierte für das Amt des Bürgermeisters von New York City – allerdings nur, um neues Material für seine Zeitungskolumne zu akquirieren. Auf die Frage, was er täte, wenn er tatsächlich gewählt würde, antwortete er vernünftigerweise: «Eine Neuauszählung der Stimmen fordern.»

Hätten wir doch nur mehr Politiker von diesem Schlag!

⌐⌐⌐

Die Kompetenz eines ausgewiesenen Fachmanns in Frage zu stellen, kann großen Ärger bedeuten. Aber manchmal auch den schnellsten Weg zum Erfolg. «Wenn jemand mit den entsprechenden Referenzen sagt, etwas sei möglich, dann ist es aller Wahrscheinlichkeit nach möglich», sagte der Technologie-Querdenker Guy Kawasaki. «Sagt die gleiche Person, es sei nicht möglich, ist es wahrscheinlich immer noch möglich.»

⌐⌐⌐

Zu Beginn des Ersten Weltkriegs fragte ein britischer Offizier den französischen Marschall Ferdinand Foch nach der Mindestzahl an britischen Soldaten, die er über den Ärmelkanal schicken müsse, um den Krieg gewinnen zu helfen.

Foch antwortete, die Briten müssten ihm nur einen einzigen Soldaten schicken.

«Ich werde persönlich dafür sorgen, dass er sofort getötet wird», erklärte Foch. «Dann wird das gesamte britische Weltreich kommen, um ihn zu rächen.»

Der Schriftsteller Voltaire: «In diesem Land ist es wohl angesehen, hin und wieder einen Admiral zu töten, um die anderen anzuspornen.»

Den meisten Menschen graut es davor, in einem Aufzug stecken zu bleiben. Der Schauspielerin Holly Hunter dagegen verhalf ein derartiges Missgeschick zum ersehnten Durchbruch im Showgeschäft.

Als aufstrebende Schauspielerin steckte Hunter einmal in einem defekten Aufzug in Manhattan fest. Es stellte sich heraus, dass ihre Leidensgenossin die Dramatikerin Beth Henley war. Während die beiden Frauen auf ihre Rettung warteten, sprach Hunter vor.

Später spielte sie größere Rollen in einer ganzen Reihe von Henleys Stücken, so etwa in *Crimes of the Heart* und *The Miss Firecracker Contest*.

Hunters Karriere kam fortan nie wieder ins Stocken, wurde sie doch ein gefeierter Broadway- und Hollywoodstar.

⌐ ⌐ ⌐

*D*er Footballstar Bronco Nagurski, einer der größten Running Backs aller Zeiten, wurde in den 1920er Jahren nur versehentlich entdeckt.

In der damaligen Zeit war die Rekrutierung von Nachwuchsspielern weitaus schlechter organisiert, als dies heute der Fall ist. Die Vereine der National Football League kannten keine professionelle Nachwuchsrekrutierung oder *Draft*, es gab weder den sogenannten *NFL-Combine* – eine Veranstaltung, bei der alle zum Draft angemeldeten Spieler auf Herz und Nieren geprüft werden – noch den alljährlichen *NFL-Draft* als solchen. Im Grunde genommen war es jedem Verein selbst überlassen, wo und wie er seine Nachwuchsspieler rekrutierte. So zogen ein paar Talentspäher durchs Land und hielten Ausschau nach jungen, begabten Spielern.

Einer dieser Talentspäher verfuhr sich auf der Suche nach einer Farm, wo nach seinen Informationen ein Junge mit kräftiger Statur zu Hause war, der gut Football spielen konnte. Er hielt an, um einen Bauernjungen nach dem Weg zu fragen, der gerade damit beschäftigt war, ein Feld zu pflügen. Bei diesem jungen Burschen handelte es sich um Bronco Nagurski, der sicherlich eher an seine Feldarbeit dachte als an Football.

Um dem Talentspäher den Weg zu zeigen, hob Bronco den Pflug in die Höhe und deutete mit diesem die Straße hinunter. Der Mann sparte sich den Weg. Er nahm diesen Naturburschen, der in der Lage war, einen Pflug hochzuheben, unter Vertrag. Er sollte ein großer Spieler werden. Ziemlich schlau, dieser Talentspäher.

ᴦ ᴦ ᴦ

Vor zweihundert Jahren belehrte Benjamin Franklin die Leute, die sich darüber beklagten, die Regierung erhebe zu hohe Steuern: «Unsere Eitelkeit strapaziert uns doppelt so viel wie unsere Steuerlast, unser Stolz drei Mal so viel und unsere Dummheit vier Mal so viel.»

Intelligente Menschen würden nach Franklins Formel die Eitelkeit vor dem Stolz oder der Dummheit an die erste Stelle setzen und so ihre steuerliche Belastung drastisch senken.

ᴦ ᴦ ᴦ

Möchtegernfilmstars ziehen die verrücktesten Nummern ab, um in Hollywood Fuß zu fassen. Jede Kellnerin oder jeder Taxifahrer in L. A. kann Ihnen dies bestätigen. Während so mancher dieser Möchtegerns jedoch in blinden Aktionismus verfällt, werden andere zu Stars, ohne einen Finger zu rühren.

1. Die Schauspielerin Pamela Anderson saß bei einem Spiel der kanadischen Footballliga auf der Tribüne, als eine Kamera, die auf die Zuschauerränge schwenkte, sie einfing. Ein Produzent sah diese Aufnahme, und schon war sie im Geschäft.

2. Es liegt in der Natur ihres Berufs, dass Schauspiellehrer immer einen gutgemeinten Rat auf den Lippen haben. Wäre dies nicht der Fall – wer würde ihre Dienste in Anspruch nehmen? Hier der Ratschlag, den ein Vertreter seiner Zunft für einen jungen Schauspieler parat hatte, der sich redlich abmühte: «Zapple hier nicht rum, steh einfach nur da.»
    Welcher Schauspieler nahm sich diesen Rat zu Herzen und wurde ein Star? Gary Cooper.

3. Der Filmstar Ingrid Bergman, bekannt aus Liebesfilmen und eine der großen Schauspielerinnen ihrer Zeit, lüftete das Geheimnis ihres Erfolges: «Natürlich sein», war ihr Credo, «und ein ausdrucksloses Gesicht machen. Die Musik und die Handlung tun ihr Übriges.»

4. Einmal groß herauszukommen bedeutet nicht, automatisch oben zu bleiben – eine Erfahrung, die viele Filmstars machen mussten. Der Schauspieler Robert Mitchum begegnete diesem Dilemma auf seine Weise: «Alle zwei bis drei Jahre tauche ich eine Zeitlang ab», sagte Mitchum. «So bin ich immer das Frischfleisch im Puff.»

ⅬⅬⅬ

Viele wissenschaftliche Entdeckungen resultieren aus Missgeschicken, die näher untersucht wurden. Im Jahr 1903 ließ der französische Chemiker Edouard Benedictus in seinem Labor versehentlich einen Glaskolben zu Boden fallen. Der Kolben zerbrach, das Glas zerbarst jedoch nicht in Stücke.

Bei der Untersuchung dieses Phänomens fand Benedictus heraus, dass der Glaskolben zuvor einen flüssigen Kunststoff enthielt. Nachdem dieser verdampft war, blieb ein dünner Film auf der Innenseite des Kolbens zurück, der das zerbrochene Glas zusammenhielt.

Auf diese Art entdeckte Benedictus zufällig das Sicherheitsglas. Manchmal ist es eben ratsam, den Müll nicht zu entsorgen.

⌐ ⌐ ⌐

Percy Spencer, ein amerikanischer Ingenieur, führte im Zweiten Weltkrieg Radarversuche mit Magnetronen durch. Eines Tages schmolz ein Schokoriegel in seiner Hosentasche ohne ersichtlichen Grund. Spencer fand heraus, dass die Pampe in seiner Tasche auf die von den Magnetronen ausgehenden Mikrowellen zurückzuführen war.

«Igitt, was für ein klebriges Zeug!», meinte jemand. «Den Flecken bekommst du nie wieder raus!» Spencer war dies einerlei und erfand die Mikrowelle.

⌐ ⌐ ⌐

John McAdam, ein schottischer Straßenbauingenieur, trat bei der Entwicklung eines Straßenbelags auf der Stelle, der sicherstellen sollte, dass die holprigen Straßen Englands – man schrieb das Jahr 1901 – nicht permanent die Reifen der immer beliebter werdenden Autos zum Platzen brachten. Alle seine Versuche mit den unterschiedlichsten Materialien schlugen fehl, und so waren die Straßen weiterhin holprig und mit scharfkantigen Steinen übersät.

Eines Tages verlor ein Bautrupp ein Teerfass von der Ladefläche seines Fuhrwerks, und der Teer ergoss sich über einen kleinen Straßenabschnitt in der Grafschaft Derbyshire.

Die Bauarbeiter bedienten sich einer in jedem Betrieb altbekannten Strategie, wenn der Chef nicht in Sichtweite ist: Lieber den eigenen Fehler vertuschen als den angerichteten Schaden beheben. In unserem Fall führte diese Vorgehensweise jedoch zu einer bahnbrechenden Entdeckung.

Anstatt den ausgelaufenen Teer wegzukratzen, bedeckten die Bauarbeiter die klebrige Masse einfach mit der Schlacke eines in der Nähe gelegenen Hochofens. Die Schlacke sank langsam in den Teer ein und erhärtete, wodurch ein glatter, langlebiger Straßenbelag entstand.

Als McAdam zufällig über diesen Straßenabschnitt fuhr, bemerkte er sofort den Unterschied. Daraufhin führte er eine Reihe weiterer Experimente durch und perfektionierte schließlich das Asphaltierungsverfahren für Straßen.

ᘛ ᘛ ᘛ

Ein Siegertyp gibt niemals auf. Diese Binsenweisheit kann man landauf, landab von jedem Footballcoach hören, oftmals gefolgt von den mahnenden Worten: Wer nicht kämpft, hat schon verloren – was beileibe nicht so oft zutrifft, kann es doch durchaus zum Erfolg führen, wenn man sich genau diese Strategie zu eigen macht. Richard Nixon kann ein Lied davon singen, schließlich stieg er mehrfach aus der Politik aus, bevor (und nachdem) er US-Präsident wurde.

Die oben zitierten Footballtrainer jedenfalls beziehen sich darauf, während eines Spiels oder einer Saison nicht aufzugeben. Im Folgenden ein paar lehrbuchmäßige Beispiele verschiedener Größen, die diese Strategie bis zum Äußersten strapazierten.

1.   Hokusai war ein japanischer Maler im 18. Jahrhundert, dessen Werk die Impressionisten in Europa maßgeblich

beeinflusste. Er malte sein Leben lang und galt als Meister seines Fachs. Als Hokusai im Alter von 89 Jahren auf dem Sterbebett lag, überraschte er jedoch mit dem Geständnis: «Wären mir fünf weitere Jahre vergönnt gewesen, hätte aus mir ein wirklicher Maler werden können.»

2. Beharrlichkeit bedeutet, weiterhin am Ball zu bleiben, auch wenn die Arbeit getan zu sein scheint. «Ich denke und denke über Monate und Jahre hinweg», sagte das Wissenschaftsgenie Albert Einstein. «Neunundneunzig Mal ist meine Schlussfolgerung falsch. Aber beim hundertsten Mal liege ich richtig.»

3. Der Dramatiker George Bernard Shaw entwickelte eine dauerhafte Erfolgsformel. «Als junger Mann stellte ich fest, dass ich – was immer ich auch anpackte – in neun von zehn Fällen Fehler beging», meinte er. «Aber ich wollte kein Versager sein, und so arbeitete ich fortan das Zehnfache.»

⌐ ⌐ ⌐

Vernors Ginger Ale war die erste Limonade, die durch einen Kriegsakt entstand. Im Jahr 1862 versuchte sich der Apotheker James Vernor an der Kreation eines neuen Getränks, wozu er verschiedene Zutaten anrührte. Seine Experimente fanden zunächst ein jähes Ende, als er im amerikanischen Bürgerkrieg zum Wehrdienst einberufen wurde.

Als Vernor vier Jahre später aus dem Krieg heimkehrte, hatte das Gebräu, das er in einem Eichenfass gelagert hatte, einen köstlichen Ingwergeschmack angenommen – die Geburtsstunde von Vernors Ginger Ale. Der Rest ist Geschichte.

⌐ ⌐ ⌐

Als der Minirock in den 1960er Jahren salonfähig wurde, wurde die französische Modeschöpferin Coco Chanel gefragt, ob sie glaubte, dass junge Frauen Röcke tragen sollten, die den Blick auf ihre Knie und Oberschenkel freigeben.

«Auf die Oberschenkel – unbedingt», antwortete sie. «Aber auf die Knie? Niemals!»

⌐ ⌐ ⌐

Für den Erfolg ist das richtige Timing genauso wichtig wie für die Komödie oder Basketballspiele. «Der Held ist nicht mutiger als der Durchschnittsmensch», stellte der Philosoph Ralph Waldo Emerson fest. «Aber er ist fünf Minuten länger mutig.»

Der Verleger Elbert Hubbard sah die gleiche Zeitspanne in einem anderen Licht. «Jeder Mann ist für mindestens fünf Minuten pro Tag ein verdammter Narr», meinte er. «Die Kunst besteht darin, diese Grenze nicht zu überschreiten.»

Schnelligkeit allein kann die Lage retten. «Während Sie noch überlegen, welches von zwei Themen Sie Ihrem Kind zuerst beibringen», sagte der englische Schriftsteller Samuel Johnson, «hat ein anderes Kind schon beide gelernt.»

⌐ ⌐ ⌐

Im Jahr 1998 hatte die britische Eisenbahngesellschaft Schwierigkeiten mit der Pünktlichkeit ihrer Intercityzüge. Die Bahnmanager lösten das Problem, ohne ihr Schienennetz einer gründlichen Überprüfung zu unterziehen oder Änderungen vorzunehmen, um die Einhaltung des Fahrplans zu optimieren. Sie definierten einfach den Begriff «pünktlich» neu. Fortan waren Züge dann pünktlich, wenn sie innerhalb einer Stunde nach der fahrplanmäßigen Ankunftszeit ihr Ziel erreichten.

Diese Maßnahme schlug sich nicht nur positiv in der Pünktlichkeitsstatistik der Bahn nieder, sondern erlaubte es auch den verantwortlichen Managern, all das Geld zu sparen, das sie die Verbesserung des Kundenservice gekostet hätte.

Präsident George W. Bush griff auf eine ähnliche Strategie zurück, als er im Irakkrieg schon früh den Sieg seiner Truppen verkündete. Und er wäre möglicherweise sogar damit durchgekommen, wenn er seine Soldaten nach Hause geholt hätte, bevor die Aufständischen ihren eigenen Krieg gegen die Besatzer anzettelten.

⌐ ⌐ ⌐

Präsident William Howard Taft wartete mit einer originellen Erklärung auf, warum er seine Kinder schon früh mit teuren Geschenken verwöhnte. «Ich denke, wenn ich ihnen jetzt allen erdenklichen Luxus biete, können sie später dadurch nicht verdorben werden.»

⌐ ⌐ ⌐

Das Leben ist so irre, dass man verrückt werden könnte. Hier ein hilfreicher Fingerzeig der Zeitungskolumnistin Ann Landers, um herauszufinden, ob dies bei Ihnen der Fall ist.

«Einer von vier Menschen in diesem Land ist psychisch labil», schrieb sie. «Denken Sie einmal an Ihre drei besten Freunde – sind alle drei ausgeglichen, dann sind Sie dieser eine!»

⌐ ⌐ ⌐

Ein französischer Politiker im 18. Jahrhundert beklagte sich bei dem Diplomaten Charles Maurice de Talleyrand, Frankreichs Manipulator schlechthin, dass er das französische Volk partout nicht zu beeindrucken imstande sei, was auch immer er unternehme.

Talleyrand schlug ihm folgende Erfolgsstrategie vor: «Sie

könnten versuchen, sich kreuzigen zu lassen, und am dritten Tag wiederauferstehen.»

⌐ ⌐ ⌐

Oft ist die einfachste Strategie auch die beste. Nachdem der Autorennfahrer Bill Vukovich im Jahr 1954 zum zweiten Mal in Folge die 500 Meilen von Indianapolis – das berühmte *Indy 500* – gewonnen hatte, fragte ihn ein Reporter nach seinem Erfolgsgeheimnis.

«Es gibt kein Geheimnis», antwortete Vukovich. «Du drückst einfach das Gaspedal durch und lenkst nach links.»

Vielleicht besteht die beste Strategie aber auch einfach darin, sein Geheimnis nie jemandem preiszugeben.

⌐ ⌐ ⌐

Nach welchen Kriterien wählt man die Fluggesellschaft aus, mit der man zu fliegen gedenkt? Hier eine Vorgehensweise der etwas anderen Art, auf die die Schriftstellerin Muriel Spark schwor: «Ich traue keiner Fluggesellschaft aus Ländern, in denen die Piloten an ein Leben nach dem Tod glauben. Man ist sicherer, wenn sie nicht daran glauben.»

⌐ ⌐ ⌐

Als Regisseur macht Clint Eastwood kurzen Prozess. Viele Filmregisseure drehen eine Szene zwanzig bis dreißig Mal, um sicherzugehen, dass die Schauspieler ihre beste Leistung abrufen. Aber Eastwood vertraut auf seine Rollenbesetzung, um dieses Ziel zu erreichen. Er treibt seine Schauspieler zu Höchstleistungen, indem er jede Szene nur ein oder zwei Mal dreht.

Als er in *Die Brücken am Fluss* Regie führte, war Meryl Streep – Hauptdarstellerin neben Eastwood selbst – sichtlich schockiert, als sie den Rohschnitt sah. «Das ist der Hammer», meinte sie. «Du hast ja sogar meine Patzer drin gelassen.»

«Klar», meinte Eastwood, «schließlich sind deine Takes *mit* Patzern besser als die der meisten anderen *ohne*.»

⌐ ⌐ ⌐

Wenn Sie sich sorgen, wie Sie am besten in die Erfolgsspur finden, sollten Sie vielleicht folgenden Tipp des Schriftstellers Frank Deford beherzigen: «Ich versuche mir immer vor Augen zu halten, dass die Fähigkeit schlechthin darin besteht, das Bestmögliche aus einer Sache zu machen und dieses Bestreben so lange wie möglich nach Kräften zu verfolgen.»

⌐ ⌐ ⌐

Unternehmungen mit ungewissem Ausgang verlangen nach originellen Strategien, soll sich der Erfolg einstellen.

Frenchy Bordagaray, Pitcher der Brooklyn Dodgers, traf seinen eigenen Trainer, Casey Stengel, beim Aufwärmen vor einem Baseballspiel am Kopf, um anschließend ein überragendes Spiel abzuliefern.

Dieser Zwischenfall brachte Bordagaray auf eine ungewöhnliche Idee, wie er seine sportliche Erfolgsbilanz aufbessern könnte. «Ich denke, ich kann auch in Zukunft Siege einfahren», sagte er zu Stengel, «wenn du weiterhin meinen Glücksbringer spielst und ich dir vor jedem Spiel einen Ball vor den Kopf knallen kann.»

⌐ ⌐ ⌐

Der Erfinder Charles Goodyear lebte in Armut (wenn er nicht gerade wegen unbezahlter Schulden im Gefängnis saß). Keine seiner Erfindungen brachte den gewünschten Erfolg. Er war ein Mann, der jede Menge verheißungsvolle Ideen hatte, die sich jedoch nicht in die Tat umsetzen ließen.

Misserfolg, Schulden, Selbstzweifel, ein ständiger Drang zur Tüftelei sowie die Notwendigkeit, die Tüftelei aufzugeben und einer ehrlichen Arbeit nachzugehen – all dies waren seine ständigen, unvereinbaren Begleiter.

Schließlich versprach Goodyear seiner Frau, keine weiteren Experimente mehr in ihrer Küche durchzuführen und sich nach einer Arbeit umzusehen, um die Rechnungen bezahlen zu können. Aber er hielt nicht Wort. Er brachte es einfach nicht fertig, von seiner erfinderischen Tätigkeit abzulassen.

Als seine Frau eines Tages früher als geplant nach Hause kam und er sie die Treppe hinaufkommen hörte, wusste er, dass ihm Ärger ins Haus stand. Anstatt sich eine Arbeit zu suchen, hatte er wieder einmal Experimente durchgeführt und den Versuch unternommen, Gummi zu vulkanisieren.

Um seine Frau nicht zu verärgern, führte er seinen Versuch im Backofen durch. Da dieser noch heiß war, hatte Goodyear schließlich mit einem seiner verrückten Experimente Erfolg und entdeckte den Herstellungsprozess von hitzebeständigem Gummi. Die Resthitze im Backofen, wo Goodyear seinen Versuch heimlich durchführte, war die entscheidende, noch fehlende Komponente für das Gelingen seines Experiments.

Goodyears Glücksgriff wurde zu einer bahnbrechenden Erfindung. Später verließ ihn das Glück allerdings wieder, und er starb mittellos.

⌐ ⌐ ⌐

Charles Goodyear war nicht der einzige Wissenschaftler, der eine Entdeckung einer Frau zu verdanken hatte, mit der nicht gut Kirschen essen war. Der deutsche Erfinder Christian Schonbein entdeckte das rauchlose Schießpulver – die sogenannte Schießbaumwolle –, als ihm in der Küche, dem Reich seiner Frau, eines seiner Experimente versehentlich überlief. Da er sich vor der zu erwartenden Schelte seiner Gattin fürchtete, wischte er die ausgelaufene chemische

Substanz mit der Schürze seiner Frau auf und hängte sie anschließend vor dem Feuer zum Trocknen auf.

Die Schürze explodierte durch die Nitrierung von Zellulose, und Schonbein hatte eine neue Erfindung gemacht, die er zu Geld machen konnte.

⌐ ⌐ ⌐

Der PR-Fuzzi Harry Reichenbach lieferte einen eindrucksvollen Beweis für die durchschlagende Wirkung von Öffentlichkeitsarbeit, als er Leute engagierte, die nichts weiter zu tun hatten, als auf dem Gehweg zu stehen und in das Schaufenster einer Kunstgalerie zu starren, wo ein unbekanntes Gemälde einer nackten Frau ausgestellt war.

Die Reklame führte zur Verhaftung des Künstlers und Galeristen wegen Erregung öffentlichen Ärgernisses, und das Bild mit dem unverfänglichen Titel *Septembermorgen* wurde berühmt und millionenfach als Druck verkauft.

⌐ ⌐ ⌐

Georges Clemenceau, französischer Premierminister im frühen 20. Jahrhundert, behauptete, er sei zu jeder Tages- und Nachtzeit in der Lage, einer aufkommenden Krise zu begegnen. Um für den Fall der Fälle gewappnet zu sein, ging Clemenceau mit Hosen, Hemd, Jacke, Schuhen und Handschuhen ins Bett.

⌐ ⌐ ⌐

Leo Durocher war schon als Baseballspieler ein harter Hund, und erst recht als Manager der New York Giants. Seine Vorstellung von einer effektiven Verteidigung erklärte er folgendermaßen: «Ich würde sogar meiner Mutter ein Bein stellen, bevor sie den entscheidenden Punkt für den Gegner erzielt», meinte der unter dem Spitznamen «The Lip» bekannte Durocher. «Und anschließend würde ich sagen: ‹Tut mir leid, Mama.› Es täte mir auch wirklich leid. Aber selbst meine eigene Mutter macht nicht den entscheidenden Punkt, der meine Niederlage besiegelt.»

⌐ ⌐ ⌐

In dem Film *Reporter des Satans* gab Kirk Douglas eine schlitzohrige Vorsichtsmaßregel zum Besten, die sich eines Tages auch für Sie als nützlich erweisen könnte: «Zu meiner Zeit habe ich eine Menge gelogen. Ich habe Männer angelogen, die einen Gürtel trugen. Ich habe Männer angelogen, die Hosenträger trugen. Aber ich war nie so dumm, einen Mann anzulügen, der sowohl einen Gürtel als auch Hosenträger trug.»

⌐ ⌐ ⌐

Die meisten Menschen, die an eine Wiedergeburt glauben, waren in ihrem ersten Leben Mitglieder von Königshäusern oder wollen in ihrem nächsten Leben Stars sein. Der Schriftsteller William Faulkner allerdings hatte eine andere Vorstellung von seiner Rückkehr auf die Erde.

«Würde ich wiedergeboren», sagte Faulkner, «würde ich als Bussard zurückkommen wollen. Niemand hasst oder beneidet ihn, niemand will oder braucht ihn. Er hat keine natürlichen Feinde und kann alles essen.»

Der Künstler Henri Matisse traf indes eine andere Wahl: «Ich hätte nichts dagegen, als leuchtend roter Goldfisch wiedergeboren zu werden», sinnierte er.

⌐ ⌐ ⌐

Intelligenz muss nicht zwangsläufig zu Arroganz führen. «Wirklich helle Köpfe sind in einem übergeordneten kosmischen Sinne meist sehr bescheiden», merkte der Wissenschaftler Stephen Jay Gould an, «weil sie genau wissen, wie erschreckend schwach unsere Allgemeinbildung ist.»

D er Physiker Carl Sagan war der gleichen Meinung und merkte an: «Es kommt oft vor, dass Wissenschaftler sagen «Wissen Sie, das ist wirklich ein gutes Argument, ich lag wohl daneben» und anschließend tatsächlich ihre Meinung ändern. Sie werden es nie erleben, dass diese Leute wieder in ihre alten Ansichten verfallen. Sie meinen es wirklich ernst. Dies mag vielleicht nicht so oft vorkommen, wie es wünschenswert wäre, da Wissenschaftler auch nur Menschen sind und es mitunter schmerzlich sein kann, eigene Fehler einzugestehen. Aber es ist dennoch an der Tagesordnung. Ich kann mich nicht erinnern, dass in der Politik oder in der Kirche in letzter Zeit etwas Ähnliches zu beobachten gewesen wäre.»

ГГГ

M anche Verbrauchermärkte beschallen ihre Parkplätze mit klassischer Musik, um Jugendliche davon abzuhalten, sich auf den Parkdecks herumzutreiben. Im Jahr 2006 dachte sich die Polizei im australischen Sydney etwas noch Perfideres aus. Um die zum Ärgernis gewordenen Wochenend-Partys von Teenagern in einem städtischen Park zu unterbinden, ließ sie Songs von Barry Manilow dröhnend laut abspielen.

Wenige Durchgänge mit Schnulzen wie *Copacabana* und *Mandy* genügten, und von den Teenagern war nichts mehr zu sehen. Allerdings hatte diese Strategie auch ihre Kehrseite, gingen bei der Polizei doch Beschwerden von Anwohnern ein, die von dem Gedudel ebenfalls schier wahnsinnig wurden, aber nicht einfach davonlaufen konnten.

ГГГ

Politiker haben mit der Zeit erkannt, dass es gar nicht nötig ist, alle Leute permanent an der Nase herumzuführen, sondern es völlig ausreicht, wenn sie alle vier Jahre 51 Prozent der Wähler zum Narren halten.

Zumal ihnen die Tatsache in die Karten spielt, dass immer weniger Leute wählen gehen. «Die Hälfte aller Amerikaner liest keine Zeitung, die Hälfte geht nie wählen», stellte der Schriftsteller Gore Vidal fest. «Bleibt zu hoffen, es handelt sich um die gleiche Hälfte.»

ГГГ

Der französische Schriftsteller Voltaire betrachtete die Zahlenarithmetik von Regierungen auf seine Weise und meinte: «Die Kunst des Regierens besteht darin, zwei Drittel einer Nation zum Wohl des verbleibenden Drittels zur Kasse zu bitten.»

ГГГ

Als Walter Mondale sich anschickte, das Amt des Vizepräsidenten der Vereinigten Staaten anzutreten, bekam er vom Sprecher des Repräsentantenhauses, Tip O'Neill, diesen außergewöhnlichen Rat: «Nutzen Sie die Gunst der Stunde und genießen Sie die guten Zigarren. Viel mehr werden Sie in diesem Job nicht bekommen.»

ГГГ

Im 18. Jahrhundert ergaben Nachforschungen innerhalb der katholischen Kirche, dass sich einige Priester Geheimnisse zunutze machten, die sie im Beichtstuhl erfuhren. Die Priester verlangten von den Männern, die einen Ehebruch gebeichtet hatten, die Namen der Frauen preiszugeben, mit denen sie ein Verhältnis unterhielten. So wussten die Geistlichen, welche Frauen sie sich zu ihrem eigenen Vorteil gefügig machen konnten.

Die Kirche schob dieser Praxis, Namen zu nennen, einen Riegel vor, um den einschlägigen Priestern einen Strich durch die Rechnung zu machen.

D ie Schriftstellerin Jane Austen vertrat einen realistischen Standpunkt, was Familienangelegenheiten und den Umstand angeht, dass man letztlich keinen Einfluss auf den Werdegang von Menschen hat, die einem nahestehen. Einmal schickte sie Freunden folgende Zeilen, um das freudige Ereignis eines Familienzuwachses publik zu machen: «Ich freue mich, euch die Geburt unseres Neffen bekannt geben zu dürfen, und hoffe, dass wir zu alt sein werden, um uns zu grämen, wenn es denn jemals so weit kommen sollte, dass er gehängt wird.»

⌐ ⌐ ⌐

A ls 1977 ein Autofahrer in Tulsa, Oklahoma, von einer Polizistin angehalten wurde, versuchte er, ihr auszureden, ihm einen Strafzettel zu verpassen. Nachdem diese Strategie fehlgeschlagen war, küsste er die Polizistin leidenschaftlich. Doch auch damit kam er nicht durch. Das Knöllchen bekam er trotzdem.

Die Polizeibeamtin erstattete wegen des unerwünschten Kusses Anzeige bei den städtischen Behörden. Dieses Verfahren jedoch nahm einen für sie ebenso unerwünschten Ausgang, erklärte ihr der städtische Ankläger doch zu ihrer Verblüffung: «Geküsst zu werden gehört zu den Berufsrisiken der Polizeiarbeit.»

Gleich nach Donuts und Schießereien.

⌐ ⌐ ⌐

W enn alle Ihre schlauen Strategien scheitern, bleibt Ihnen zumindest die Möglichkeit, das Beste aus der Situation zu machen. Wie der französische Künstler Maurice Utrillo – ein notorischer Trunkenbold, der im Suff regelmäßig mit dem Gesetz in Konflikt geriet.

Utrillo war nicht imstande, mit dem Trinken aufzuhören, und konnte es nicht lassen, sich mit der Polizei anzulegen, weshalb er das Beste aus seiner Lage machte. Er konnte Pariser Gendarmen davon überzeugen, in der Ausnüchterungszelle Farbe und Pinsel für ihn bereitzuhalten, sodass er stets malen konnte, wenn er wieder einmal über Nacht eingesperrt wurde.

ᒥ ᒥ ᒥ

*H*ier ein noch extremeres Beispiel für die Fähigkeit, einen Silberstreif am düstersten Horizont zu erkennen: Während der Gräueltaten im Umfeld der Französischen Revolution wurde Antoine Lavoisier von der herrschenden Gerichtsbarkeit zum Tod durch die Guillotine verurteilt – für das Verbrechen, Wissenschaftler zu sein.

Als Lavoisier die Stufen zur Guillotine emporstieg, bemerkte er – ganz Philosoph –, dass dieser Gang «mich vor den Unannehmlichkeiten des Alters bewahrt».

ᒥ ᒥ ᒥ

KAPITEL 10

Wen wird Ihr Lama als Nächsten anspucken?
Die Krise der Macht

ⓖ ⓖ ⓖ

Der russische Zar Iwan der Schreckliche ließ einst einen Elefanten töten, weil der Dickhäuter sich nicht vor ihm verneigt hatte.

Nur wenige Leute begehen den gleichen Fehler wie dieser Elefant. Wir verneigen uns in der Regel vor jeder Art von Obrigkeit, weil wir begriffen haben, dass sich Macht durch ihren Missbrauch definiert.

Machtmissbrauch ist ein gängiges Phänomen, aber der bizarre Missbrauch von Macht kann durchaus unterhaltsam sein – vorausgesetzt, man ist weit genug weg vom Epizentrum.

AN DEN SCHALTHEBELN DER MACHT

Es ließe sich den ganzen Tag trefflich darüber streiten, wer sich denn nun die Bestnote verdient hat von all diesen grotesken Königen und Königinnen in der Geschichte, deren Weg mit Leichen gepflastert ist. Allerdings dürfte es schwer sein, Königin Ranavalona von Madagaskar zu übertreffen, deren königliche Perversität unvorstellbare Ausmaße annahm.

Träumte die Königin nachts von Leuten, die sie kannte, zitierte sie diese am nächsten Morgen in ihren Palast und ließ sie hinrichten.

ⓖ ⓖ ⓖ

Der spanische Prinz Don Carlos war mit seinen neuen Stiefeln unzufrieden, weshalb er den Schuhmacher zwang, sie aufzuessen.

🌀 🌀 🌀

König Ludwig I. von Bayern verführte Hunderte von Frauen mit dem Versprechen, ihnen wertvolle Geschenke aus seinem immensen Besitz zu vermachen. Nach Ende der Affäre stellte sich heraus, dass es sich bei den Geschenken um vom König selbst verfasste Gedichte handelte.

🌀 🌀 🌀

Katharina die Große, russische Kaiserin, ließ ihren Friseur ins Gefängnis sperren. Wegen eines missratenen Haarschnitts? Ganz im Gegenteil – wegen eines äußerst gelungenen. Die Kaiserin wollte nicht, dass der Friseur jemand anders in ihrem Reich die Haare schnitt.

🌀 🌀 🌀

Der römische Kaiser Heliogabalus – ein ausgewiesener Scherzbold – gab ein Fest und machte seine Freunde derart betrunken, dass sie bewusstlos umkippten. Anschließend ließ er sie von seinen Dienern in eine Arena schaffen.

Als die Kumpane des Kaisers aus ihrem Rausch erwachten, sahen sie sich von Löwen, Leoparden und Bären umgeben. Den Tieren waren zuvor zwar sämtliche Krallen und Zähne entfernt worden, dennoch brauchten die Opfer des kaiserlichen Scherzes eine Weile, um dies zu realisieren.

🌀 🌀 🌀

Königin Henriette von Belgien brachte ihrem Haustier – einem Lama – bei, Leute anzuspucken. Allerdings nur bürgerliche Zeitgenossen.

Nicolae Ceausescu, der kommunistische Staatspräsident Rumäniens, stellte sich gern als Mann des Volkes dar. Ein verzwicktes Unterfangen, litt er doch unter einer Phobie, sich die Bazillen anderer Leute einzufangen.

Bevor Ceausescu sich auf die Straße wagte, um sich publicityträchtig mit den einfachen Leuten ablichten zu lassen, musste seine Geheimpolizei ausgewählte Bürger desinfizieren, deren Hände er zu schütteln gedachte.

⑥ ⑥ ⑥

Selim I., Sultan von Persien, wurde von seinen Leibärzten angeraten, mit dem Trinken aufzuhören, da der Alkohol andernfalls seine Gesundheit ruinierte. Der Sultan ließ die Ärzte hängen.

Seine neuen Leibärzte machten die verblüffende medizinische Entdeckung, dass der Alkohol in Wirklichkeit gut für die Gesundheit war – vor allem für ihre eigene.

⑥ ⑥ ⑥

Ögedei Khan, der mongolische Krieger, der im 13. Jahrhundert ein riesiges Reich regierte, wurde von seinem Kanzler darauf aufmerksam gemacht, dass er in letzter Zeit zu sehr dem Wein zuspräche und seiner Gesundheit zuliebe die Anzahl von Gläsern halbieren sollte, die er täglich trank.

Genau dies tat Ögedei – nachdem er all seine alten Weingläser entsorgt und sich neue zugelegt hatte, die doppelt so groß waren.

⑥ ⑥ ⑥

Wenn jemand am Hof des russischen Zaren Iwan des Schrecklichen über Kopfschmerzen klagte, wartete der Zar mit einer nicht ganz alltäglichen Therapie auf und ließ der betroffenen Person von seinen Soldaten Nägel in den Kopf schlagen. Dies beseitigte zwar nicht die Kopfschmerzen, sehr wohl aber die Klagen.

ⓢ ⓢ ⓢ

Demokratische Führer müssen in der Regel etwas subtiler sein als Iwan der Schreckliche. Niemand wird zum Präsidenten gewählt, wenn er als George der Schreckliche in den Wahlkampf zieht.

Die Macht amerikanischer Tyrannen basiert nicht auf Nägeln im Kopf, sondern auf Einschüchterung. J. Edgar Hoover, der langjährige Alleinherrscher des FBI, leitete seinen Nachrichtendienst nach Gutsherrenart. So feuerte Hoover einen Agenten, weil ihm dessen Krawatte nicht gefiel, und einen anderen, weil dieser eine Frau arabischer Abstammung geheiratet hatte, was sein Chef als unpatriotische Liaison betrachtete. Alle Agenten Hoovers hatten strikte Anweisung, nie auf den Schatten ihres Chefs zu treten.

Chefs können die Effizienz ihrer Einschüchterungsmaßnahmen an den Fehlern erkennen, die ihre Untergebenen machen, wenn sie alles stehen und liegen lassen und ihrem Vorgesetzten übereifrig jeden Wunsch erfüllen.

Einmal las Hoover den Bericht eines seiner Agenten und stellte fest, dass der Mann beim Schreibmaschinetippen zu wenig Seitenrand gelassen hatte. Der Chef schickte den Bericht postwendend zurück, mit dem sinngemäßen Vermerk «Grenzen im Auge behalten».

Der Agent gab den Vermerk sofort an seinen Vorgesetzten weiter, der daraufhin Agenten von anderen Missionen abzog und zur Bewachung der Grenze zwischen den Vereinigten Staaten und Mexiko abkommandierte.

ⓢ ⓢ ⓢ

Im Jahr 1988 verurteilte ein Richter in Tucson, Arizona, einen Rechtsanwalt wegen Missachtung des Gerichts zu 40 Stunden Gefängnis, weil der Anwalt im Gerichtssaal grüne Turnschuhe trug.

◎ ◎ ◎

Was die Besitzer von Baseballteams und deren Egos angeht, ist George Steinbrenner von den New York Yankees eine Klasse für sich – vor allem deshalb, weil niemand sonst sich dieser Klasse zugehörig fühlen möchte.

Nachdem sich bei den Yankees eine Zeitlang verschiedene Clubmanager die Klinke in die Hand gegeben hatten, kündigte Steinbrenner zu Beginn der Saison 1982 vollmundig an, dass «Bob Lemon in diesem Jahr unser Manager sein wird. Darauf können Sie wetten. Selbst wenn wir Letzter werden. Ich schwöre Stein und Bein, dass er die ganze Saison unser Manager sein wird.»

Nach vierzehn Saisonspielen wurde Lemon von Steinbrenner gefeuert.

◎ ◎ ◎

Saparmyrat Nyýazow, Staatschef von Turkmenistan auf Lebenszeit, hatte aus all jenen Jahren unter russischer Herrschaft seine Lektion gelernt. Als er die Macht übernahm, verbot er vieles, was selbst den Kommunisten nicht im Traum zu verbieten eingefallen wäre.

So verbot er politische Oppositionsparteien, Goldzähne, lange Haare, Ballett und Opern. Er verbot übrigens auch Karaoke – so schlecht kann er also nicht gewesen sein.

◎ ◎ ◎

Wer einmal den Status unbestreitbaren Reichtums erlangt hat, muss sich fragen: Wie viel ist genug? Nur sehr wenige reiche Leute finden dies jemals heraus.

Die Schriftstellerin Christina Steed brachte es auf den Punkt: «Wenn alle Reichen dieser Welt ihr Geld unter sich aufteilten, wäre nicht genug für alle da.»

Der Milliardär J. Paul Getty: «Die Sanftmütigen sollen die Erde erben, aber nicht deren Schürfrechte für Erdöl.»

Lukullus, der reichste aller Römer, hielt derart opulente Gelage ab, dass er Berge von Festmenüs unterschiedlicher Preisklassen bereitstellen ließ, um seine Gäste nach Rang und Herkunft bewirten zu können. Einmal warf er einen Koch ins Gefängnis, weil diesem eine Soße missraten war.

Zu diesen Anlässen hüllte er sich in eines der 5000 purpurroten Gewänder, die seine Garderobe umfasste. Er konnte sich also vierzehn Jahre lang in purpurrote Gewänder kleiden, ohne eines davon zwei Mal tragen zu müssen.

Lukullus beschäftigte Sklaven, deren Aufgabe darin bestand, seinen Gästen nach einem fürstlichen Mahl mit einer Feder so lange das Zäpfchen zu reizen, bis diese sich übergaben, um Platz für den nächsten Gang zu schaffen.

◎ ◎ ◎

Der Filmstar Charlie Chaplin bestand darauf, auf jeder Party, die er besuchte, der Hauptdarsteller zu sein. Chaplin verlangte den Gastgebern die Garantie ab, der erste Prominente zu sein, der auf der Party erscheint.

◎ ◎ ◎

Englands Premierminister Winston Churchill empfand das Geräusch von Tackern als störend. So wies er seine Mitarbeiter an, sämtliche Papiere und Dokumente zu lochen und mit einem Band zusammenzuschnüren.

König Jakob I. von England war ein begeisterter Kartenspieler. An seinem Hof waren zwei Diener beschäftigt, deren Aufgabe darin bestand, dem König das Kartenspielen so einfach wie möglich zu gestalten. Einer der beiden Lakaien hielt die Karten für den Monarchen, während der andere ihm sagte, welche Karten er auszuspielen hatte.

Was genau fand der König am Kartenspielen also derart faszinierend?

🌀 🌀 🌀

Im alten Persien hatte nur der König das Recht, einen Schirm zu benutzen, um sich vor Sonne oder Regen zu schützen.

Zweitausend Jahre später waren im Königreich Siam Größe und Gestaltung des Regen- oder Sonnenschirms Ausdruck des sozialen Status. Je höher die Person in der Elite des Landes angesiedelt war, desto größer ihr Schirm und desto auffälliger dessen Design.

🌀 🌀 🌀

In den Genuss einer Sondervorstellung zu kommen ist ein Zeichen dafür, zu den Mächtigen dieser Welt zu gehören. Und dann sind da noch die ganz exklusiven Einzelvorstellungen.

Kaiserin Elisabeth von Österreich unterhielt einen eigenen Zirkus am Hof, der ausschließlich für sie Vorstellungen gab.

Ludwig II., im 19. Jahrhundert König von Bayern, ließ in seinem Schloss für einen einzigen Zuschauer – ihn selbst – eine Oper aufführen.

🌀 🌀 🌀

Georg IV., König von England, beharrte darauf, dass er auf dem europäischen Festland an den Schlachten von Waterloo und Salamanca teilgenommen habe, obwohl er England während des Krieges gegen die Franzosen nie verlassen hatte und derart übergewichtig war, dass er kein Pferd reiten konnte.

🌀 🌀 🌀

Der Titel des unumstrittenen Klamottenkönigs dieser Welt geht nicht etwa an einen Hollywood-Superstar, sondern an König August III. von Polen, der während seiner Regentschaft im 18. Jahrhundert so viele Kleider besaß, dass sie zwei ganze Hallen seines Palasts füllten.

Passend zu jedem maßgeschneiderten Kleidungsstück wurden Perücke, Stock und Schwert angefertigt. Diener führten eigens Bücher, in denen all seine Kleidungsstücke aufgelistet waren, um einen angemessenen turnusmäßigen Dresscode zu garantieren.

🌀 🌀 🌀

Auch der österreichische Prinz Wenzel von Kaunitz-Rietburg – ein Zeitgenosse des 18. Jahrhunderts – ließ sich in dieser Hinsicht nicht lumpen. Er wechselte seine Kleider mindestens dreißig Mal am Tag.

🌀 🌀 🌀

König Faruk von Ägypten ließ einhundert seiner Autos rot lackieren und untersagte anschließend dem gemeinen Ägypter per Gesetz, einen roten Wagen zu besitzen.

Der König nannte auch eine riesige Uhren-, eine Kronkorken- sowie eine Zahnpastatubensammlung sein Eigen.

🌀 🌀 🌀

Dem Zeitungskolumnisten Jack Germond zufolge trug Averell Harriman – in den 1950er Jahren Gouverneur von New York und gescheiterter Präsidentschaftskandidat – «ein Hörgerät, das er jedoch nur einschaltete, wenn er selbst redete».

Hatten andere Leute etwas zu sagen, schaltete der Mann sein Hörgerät aus.

◎ ◎ ◎

Wenn der römische Kaiser Nero nicht gerade damit beschäftigt war, seine Feinde, Freunde oder Verwandten umzubringen, vergnügte er sich als Darsteller endlos langer Theaterstücke. Jeder, der im Publikum ob der langwierigen Aufführungen eindöste, wurde hingerichtet.

◎ ◎ ◎

Vlad III. Draculea, Prinz der Walachei, inspirierte den Schriftsteller Bram Stoker, Dracula, den Vampir, zu kreieren. Der echte Dracula (ein rumänisches Wort, das so viel wie «Sohn des Teufels» bedeutet) wartete mit einem einzigartigen Plan auf, um in seinem Königreich die Armut aus der Welt zu schaffen.

Er lud die armen Leute seines Reichs zu einem großen Festschmaus ein. Während die Untertanen schlemmten, nagelten seine Soldaten Türen und Fenster zu und setzten den Festsaal in Brand. Die armen Leute verbrannten, die Armut war ausgemerzt.

◎ ◎ ◎

In der Sowjetunion verhungerten während der Hungersnot im Jahr 1932 Millionen von Bauern. Allerdings nicht etwa aufgrund von Lebensmittelknappheit. Die Opfer hätten überleben können, wäre es ihnen nur erlaubt gewesen, die Nahrungsmittel zu essen, die sie anbauten.

Doch der sowjetische Diktator Josef Stalin gedachte, den Erfolg seiner Kolchosen unter Beweis zu stellen, und exportierte die russische Getreideernte in die ganze Welt. Durch den Getreideexport in andere Länder wollte er politische Argumente sammeln, ließ dabei jedoch sein eigenes Volk verhungern.

Im frühen 20. Jahrhundert machte sich unter den superreichen Familien, die den Sommer auf ihren Anwesen in Newport, Rhode Island, verbrachten, eine perfide Marotte breit. Sie veranstalteten Motto-Partys unter der Losung «Armut» und ließen Essen anliefern, das jedem Landstreicher zur Ehre gereicht hätte. Die Gäste – allesamt Millionäre – erschienen in zerschlissener Kleidung und aßen von Blechtellern.

◎ ◎ ◎

Die Millionärin und Evangelistin Mary Baker Eddy schlief in einer riesigen Wiege, wobei sie sich von mehreren Jungen in den Schlaf schaukeln ließ, die sie ausschließlich zu diesem Zweck anheuerte.

◎ ◎ ◎

Der Komiker Jerry Lewis verschenkte seine Anzüge lieber, als sie in die Reinigung zu geben. Und Socken trug er aus Prinzip nie mehr als ein Mal.

◎ ◎ ◎

Der Filmstar Bette Davis: «In meinem Beruf bist du erst dann ein Star, wenn du als Monster verschrien bist.»

◎ ◎ ◎

Im Jahr 1927 gewann der amtierende Präsident Charles King die Wahlen in Liberia mit einem Vorsprung von 234 000 Stimmen auf seinen Kontrahenten. Eine merkwürdige Summe, war sie doch 15-mal höher als die Anzahl von Leuten, die überhaupt wählen gingen.

Noch größerer Beliebtheit bei seinen Wählern als Charles King erfreute sich der irakische Diktator Saddam Hussein. Im Jahr 2002 wählten ihn 11 Millionen Iraker für weitere sieben Jahre zu ihrem Staatsoberhaupt. Gegenstimmen: null.

Selbst Freibier könnte kein ähnliches Votum erzielen.

«Dies ist ein einzigartiger Ausdruck von Demokratie, die weltweit ihresgleichen sucht», erklärte ein Wahlleiter Saddams.

⊚ ⊚ ⊚

Als der exzentrische Millionär Ted Turner das Baseballteam der Atlanta Braves kaufte, ließ er nicht, wie dies bei anderen Mannschaften üblich ist, die Nachnamen der Spieler auf der Rückseite der Trikots aufdrucken, sondern deren Spitznamen – ein Novum in der Geschichte des Baseballs.

Hatte ein Spieler keinen Spitznamen, erfand Turner kurzerhand einen für ihn. So bekam der Pitcher Andy Messersmith den Spitznamen «Channel». Warum? Weil er die Trikotnummer 17 hatte. Und Turners Fernsehsender in Atlanta «Channel 17» hieß.

⊚ ⊚ ⊚

Der Politstratege Niccolo Machiavelli hatte mächtige Seilschaften für sein Leben nach dem Tod im Sinn, als er erklärte: «Ich möchte in die Hölle kommen und nicht in den Himmel. Weil ich am erstgenannten Ort die Gesellschaft von Päpsten, Königen und Prinzen zu schätzen wissen werde, während sich am letztgenannten nur Bettler, Mönche und Apostel finden.»

⊚ ⊚ ⊚

Edith Rockefeller erbte ein gewaltiges Familienvermögen, das sie durch ihre Hochzeit mit dem äußerst wohlhabenden Harold McCormick verdoppelte. Sie behauptete, in einem früheren Leben eine ägyptische Königin gewesen zu sein – aber wer war das nicht?

Sie hielt sich einen Diener, dessen Aufgabe ausschließlich darin bestand, ihre Anweisungen an die anderen Bediensteten weiterzugeben, damit sie nicht gezwungen war, sich mit diesen abgeben zu müssen.

Edith Rockefeller hielt sich auch vier Butler, die bei Mahlzeiten für ihr persönliches Wohl sorgten, weil ein oder zwei Butler schlicht nicht in der Lage wären, dieser Aufgabe angemessen nachzukommen.

Mir geht es genauso, Ihnen etwa nicht?

◎ ◎ ◎

Der Millionär Albert Barnes besaß eine riesige Gemäldesammlung mit Bildern von Matisse, Renoir, Cézanne und Picasso. Aber er weigerte sich, die Werke andere Sammler, Kunsthistoriker oder Kunstliebhaber sehen zu lassen.

Die einzigen Besucher, denen er erlaubte, seine gewaltige Sammlung moderner Kunst anzuschauen, waren Leute, die sich nicht für Kunst interessierten. Dies war seine Art, der Welt zu zeigen, dass die Kunst ihm gehörte und nicht der Menschheit.

◎ ◎ ◎

Ludwig XI., König von Frankreich, befand sich auf einem Ausritt in einem Wald, als ihm ein Höfling die Nachricht überbrachte, dass sein neugeborener Sohn gestorben war. Daraufhin gab der König den Befehl, den Wald niederzubrennen.

◎ ◎ ◎

Im 19. Jahrhundert war England ein raues Pflaster für Verbrecher, ja selbst für Leute, die eines Verbrechens auch nur verdächtigt wurden. Es bedurfte nicht viel, um auf richterliches Geheiß am Galgen zu enden: einen Baum fällen, einen Teich verunreinigen, sich mit Zigeunern abgeben, auf einer Brücke etwas niederschreiben, sich in der Öffentlichkeit mit einem schmutzigen Gesicht zeigen.

Im 19. Jahrhundert hatten englische Richter Narrenfreiheit. Viele von ihnen verurteilten arme Kinder wegen geringfügiger Vergehen zum Tod am Galgen. So wurde im Jahr 1801 ein siebenjähriger Junge gehenkt, weil er einen Löffel gestohlen hatte.

⊚ ⊚ ⊚

Das vielleicht bizarrste Delikt, das in England zum Tod am Galgen führte, war der Versuch, sich selbst das Leben zu nehmen. Im Jahr 1860 unternahm ein Mann aus London einen Selbstmordversuch, der jedoch fehlschlug. Er wurde von einem britischen Gericht zum Tode verurteilt und gehenkt.

⊚ ⊚ ⊚

Abdul Hamid II., türkischer Großsultan im 19. Jahrhundert, war davon besessen, gegen ihn gerichtete Mordanschläge zu vereiteln. Der Sultan beauftragte insgesamt zwölf Architekten, die seinen Palast jeweils Abschnitt für Abschnitt zu konstruieren hatten, damit niemand über einen kompletten Grundriss des Gebäudes verfügte. Er postierte Tausende von Leibwächtern in dem riesigen Bauwerk und schaffte sich zudem Hunderte von dressierten Papageien an, die Alarm schlagen sollten, wenn sich jemand näherte, der Böses im Schilde führte.

Um zu verhindern, dass ein potenzieller Attentäter seine Milch vergiftete, beorderte der Sultan einen Leibwächter rund um die Uhr zu seinen Kühen. War er gezwungen, seine Festung zu verlassen, reiste er in einer gepanzerten Kutsche und war stets in Begleitung eines seiner Kinder, das als menschlicher Schutzschild auf seinem Schoß saß.

⊚ ⊚ ⊚

Jay Gould war ein gerissener Eisenbahnmagnat, der andere Raubritter wie Cornelius Vanderbilt einschüchterte. Nachdem

Vanderbilt Schadensbegrenzung betrieben und den Kampf gegen Gould aufgegeben hatte, merkte er an: «Es zahlt sich nicht aus, ein Stinktier zu treten.»

Was Gould angeht, so ignorierte dieser Beschwerden seiner Arbeiter ebenso wie Drohungen der Gewerkschaften und meinte: «Ich kann es mir leisten, die eine Hälfte der Arbeiterklasse einzustellen, um die andere umzubringen.»

🌀 🌀 🌀

Der Schriftsteller Gore Vidal: «Das Genie unserer herrschenden Klasse besteht darin, die Mehrheit der Bevölkerung davon abzuhalten, die Ungerechtigkeit eines Systems in Frage zu stellen, in dem sich die meisten Leute abrackern und gesalzene Steuern zahlen, für die sie im Gegenzug nichts erhalten.»

🌀 🌀 🌀

Oscar Ameringer, Vertreter der amerikanischen Arbeiterbewegung: «Politik ist die hohe Kunst, Wählerstimmen von den Armen und Wahlkampfspenden von den Reichen mit dem Versprechen zu bekommen, die einen vor den anderen zu beschützen.»

🌀 🌀 🌀

König Eduard VII. von England ging einem dieser merkwürdigen Hobbys nach, wie sie nur Könige haben können. Er wies seine Diener an, das Gewicht eines jeden Schlossbesuchers in einer Kladde festzuhalten.

«Die ideale Anzahl von Personen für eine Dinnerparty ist zwei», meinte der britische Ölmagnat Nubar Gulbenkian. «Ich und ein verdammt guter Oberkellner.»

Arnold Schwarzenegger machte als Bodybuilder ein Vermögen, das er als Filmstar noch beträchtlich vergrößerte. Und wer weiß schon, wie viel Geld er als Gouverneur von Kalifornien verdient? Jedenfalls verlor er nie den Durchblick.

«Geld macht nicht glücklich», sagte er. «Ich besitze heute 50 Millionen Dollar, aber ich war genauso glücklich, als ich 48 Millionen hatte.»

❀ ❀ ❀

Der Schriftsteller Bill Vaughn: «Glück kann man mit Geld nicht kaufen, aber mit Geld kann man die Gehälter von Forschungspersonal bezahlen, um dem Problem auf den Grund zu gehen.»

❀ ❀ ❀

Im Jahr 2006 gaben mehrere Senatoren eine Pressekonferenz auf dem Kapitolshügel, um die steigenden Benzinpreise zu monieren. Der Gebäudekomplex, in dem sich die Senatorenbüros befinden, liegt just auf der gegenüberliegenden Straßenseite, was die Herren jedoch nicht davon abhielt, in ihren schweren Geländewagen zu diesem Pressetermin zu erscheinen. Es kam ihnen nicht in den Sinn, selbst einen Beitrag zur Senkung des Benzinverbrauchs zu leisten und zu Fuß die Straße zu überqueren.

❀ ❀ ❀

Wer sich erst Geltung verschaffen muss, besitzt keine wirkliche Macht. Wirkliche Macht wird als gegeben vorausgesetzt. Oder wie der Politiker Adlai Stevenson einmal über einflussreiche Leute anmerkte: «Sie erinnern mich an einen reichen Mann, der des Lebens überdrüssig ist und zu seinem Chauffeur sagt: ‹Fahr über diese Klippe, James, ich will Selbstmord begehen.›»

VERGESSEN, ABER NICHT VON UNS GEGANGEN:
DAS VERRÜCKTE ENDE DER REICHEN UND SCHÖNEN

Als der türkische König Mausolos im Jahr 353 vor Christus starb, ließ ihn seine Frau einäschern. Seine Asche rührte sie in ein Glas Wein und trank ihren dahingeschiedenen Gatten.

〰 〰 〰

Bevor Napoleon ins Exil nach Elba verbannt wurde, küsste er die Kriegsflagge der kaiserlichen Leibgarde. Die Soldaten verbrannten die Flagge, mischten der Asche Wein bei und tranken sie.

〰 〰 〰

Als Peter I. im 14. Jahrhundert König von Portugal wurde, ließ er die verblichene Königin zu seiner Krönung exhumieren. Der anwesende Adel war gehalten, ihre knochige Hand zu küssen. Nach der Zeremonie wurde sie wieder in den Sarg und zurück in ihr Grab gelegt.

〰 〰 〰

Heinrich VIII. ließ Thomas Becket wegen Häresie vor Gericht stellen. Becket verzichtete allerdings darauf, zu seiner Verteidigung in den Zeugenstand zu treten, war er doch bereits seit 300 Jahren tot.

〰 〰 〰

Im Jahr 1990 gab Imelda Marcos eine Geburtstagsparty für ihren Mann, den philippinischen Diktator Ferdinand Marcos, der zu jener Zeit zwar schon tot war, der Festivität aber dennoch in einem gekühlten Sarg beiwohnte.

〰 〰 〰

Im 17. Jahrhundert stürzte der englische Revolutionär Oliver Cromwell den König. Als nach Cromwells Tod die Royalisten zurück an die Macht kamen, waren sie offenbar der Ansicht, sie hätten bislang keine Möglichkeit gehabt, das königliche Privileg der Rache angemessen auszuüben.

So exhumierten sie Cromwells Leichnam, hängten ihn an einen Galgen und enthaupteten ihn im Anschluss.

🌀 🌀 🌀

Die päpstliche Politik erreichte im Jahr 897 einen Tiefpunkt, als Papst Stephan VI. Papst Formosus vor ein ökumenisches Gericht stellen ließ – ungeachtet der Tatsache, dass Formosus bereits tot war.

Papst Stephan ließ den in eine purpurrote Robe gewandeten Leichnam seines Vorgängers in den Gerichtssaal setzen. Formosus wurde für schuldig befunden und verurteilt.

DIE GRENZEN DER MACHT: VIELE GIBT ES NICHT, ### ABER DOCH EIN PAAR – WIRKLICH

«Wie viele Leute du auch umbringst», belehrte der römische Philosoph Lucius Seneca Kaiser Nero, «dein Nachfolger wird nicht darunter sein.»

🌀 🌀 🌀

Prinz Philip von England, Herzog von Edinburgh: «Ich bekomme nie Hausmannskost zu Gesicht. Alles, was man mir auftischt, ist extravagantes Zeug.»

🌀 🌀 🌀

Gilda Radner, bekannt aus der Comedy-Show *Saturday Night Life*, klagte: «Alle klatschen, aber keiner kommt mit dir nach Hause und schaut nach, ob du einen Pickel auf dem Rücken hast.»

Der Physiker Austin O'Malley: «Gottes Geringschätzung für Reichtum zeigt sich an der Art von Leuten, die er auserwählt, Reichtum zu erlangen.»

⟲ ⟲ ⟲

«Geld ist etwas Einzigartiges», stellte der Ökonom John Kenneth Galbraith fest. «Neben der Liebe ist es für den Menschen der größte Quell der Freude. Und neben dem Tod der größte Quell der Angst.»

⟲ ⟲ ⟲

Der Schriftsteller Anatole France: «Die Zukunft bleibt selbst den Leuten verborgen, die sie machen.»

Die Sängerin Bette Midler: «Das Schwierigste am Erfolg ist das Bemühen, jemanden zu finden, der sich für dich freut.»

«Immer wenn ein Freund Erfolg hat», beklagte der Schriftsteller Gore Vidal, «stirbt ein kleiner Teil in mir.»

⟲ ⟲ ⟲

Der Aztekenherrscher Montezuma erfreute sich eines luxuriösen Lebensstils und vieler Privilegien – allerdings nicht, ohne einen Preis dafür zu zahlen. Der Kaiser wurde von den ärmsten seiner Untertanen auf einzigartige Weise geehrt, kratzten sich diese doch die Läuse vom Leib und schickten sie dem geliebten Führer als Zeichen ihrer Wertschätzung.

⟲ ⟲ ⟲

Der Schriftsteller W. R. Inge: «Ein Mann mag sich einen Thron aus Bajonetten bauen können, darauf sitzen kann er nicht.»

Die Politikerin Nancy Astor: «Der Preis des Erfolges besteht darin, von den Leuten gelangweilt zu sein, die einen einstmals gering schätzten.»

⑥ ⑥ ⑥

Gute Menschen sind deshalb gut, weil sie durch eigene Fehler zu Weisheit gelangten», sagte der Schriftsteller William Saroyan. «Doch nur sehr wenig Weisheit ist dem Erfolg geschuldet.»

⑥ ⑥ ⑥

«Bei allen Milliardären, die ich kenne, bringt Geld lediglich die primären Charakterzüge zum Vorschein», bemerkte der Finanzmagnat Warren Buffett. «Waren sie Dummköpfe, bevor sie zu Geld kamen, sind sie einfach Dummköpfe mit einer Milliarde Dollar.»

Wir können also weiterhin hoffen.

⑥ ⑥ ⑥

Der Klatsch ist die Lieblingswaffe, um die Mächtigen unter uns anzugreifen, kann sich doch jeder daran ergötzen, unabhängig von seinem sozialen Stand.

Wie die Salonlöwin Alice Roosevelt Longworth auf einer Dinnerparty zu ihrer Freundin meinte: «Ich habe nichts Schmeichelhaftes über die Leute hier zu sagen, komm und setz dich zu mir.»

⑥ ⑥ ⑥

Einige wenige reiche Leute machen die Entdeckung, dass eine ihrer größten Freuden darin besteht, ihr Geld zu verschenken.

«Wenn ein Mann Geld hat, muss er sich entscheiden», erklärte der Fotopionier und Millionär George Eastman. «Er kann es in Bündeln zusammenhalten und anderen vermachen, die es nach seinem Tod ausgeben. Oder er kann selbst in die Gänge kommen und zu Lebzeiten Spaß haben.»

Eastman entschied sich für Letzteres und verschenkte in seinem Leben insgesamt mehr als 75 Millionen Dollar.

Geldspenden sind ein sehr gutes Kriterium zur Beurteilung des geistigen Zustands einer Person», stellte der Psychiater Karl Menninger fest. «Großzügige Menschen sind in den seltensten Fällen geisteskrank.»

KAPITEL 11

Bei der Arbeit: Der mit der längsten Leitung im Büro

✳✳✳

Wenn reiche Leute jemanden einstellen könnten, um für sie zu sterben – so ein jüdisches Sprichwort –, hätten die armen ein gutes Auskommen.

Jeder Job hat seine guten und seine schlechten Seiten. Verdienen Sie Ihre Brötchen zum Beispiel als Präsident der Vereinigten Staaten, glaubt die eine Hälfte der Bevölkerung, Sie könnten keine Fehler machen, und die andere, Sie würden alles falsch machen, was man nur falsch machen kann.

Oder als Dichter. In diesem Fall würden Sie wie Robert Graves zu der Erkenntnis gelangen, «dass es in der Poesie kein Geld zu verdienen gibt, aber im Geld auch keinerlei Poesie steckt».

In diesem Kapitel machen wir einen Streifzug durch die Welt der Arbeit, um einige der dümmsten Geschichten mitzuerleben, die zwischen neun und fünf produziert wurden.

AUF ARBEITSSUCHE? IDIOTISCHE STELLENANZEIGEN

Blutegelsammler gesucht. Keine Berufserfahrung nötig. Nur zwei Beine erforderlich.

Um auf Jobs zu stoßen, die so lausig waren, dass heute alles Gold zu sein scheint, was glänzt, müssen wir in eine Zeit der Geschichte zurückgehen, als Arbeit und Ausbeutung praktisch synonyme Begriffe waren.

Im 19. Jahrhundert schworen Ärzte auf Blutegel, um Patienten gegen eine ganze Reihe von Beschwerden zu behandeln.

Zur Gewinnung von Blutegeln für medizinische Zwecke gingen französische und deutsche Arbeiter frühmorgens hinab zum Teich und krempelten die Hosen hoch. Dann wateten sie langsam durchs Wasser und ließen die Egel sich an ihren Beinen festsaugen.

Als ihre Beine mit Blutsaugern übersät waren, rissen sie sich diese von der Haut und steckten sie in einen Beutel, um anschließend aufs Neue im Teich herumzuwaten. Ein Meister seines Fachs konnte an einem guten Tag bis zu zweitausend Blutegel sammeln – sofern man überhaupt davon sprechen kann, dass Blutegelsammler einen guten Tag haben.

⁂

Karrierechance: Werden Sie weltberühmt als allgegenwärtiger Witzbold. Kein Talent erforderlich. Mike Myers sollte von einer Bewerbung absehen.

Es mag Leute geben, die glauben, Mike Myers sei so wahnsinnig lustig, dass Filme wie *Wayne's World* oder *Austin Powers – Das Schärfste, was Ihre Majestät zu bieten hat* zu Kassenschlagern werden. Seine Mutter allerdings war da anderer Ansicht.

«Michael, weißt du, was ein Witzbold ist?», erklärte sie ihrem Sohn, als Klein Mike ihr eröffnete, er wolle Komiker werden. «Du bist jedenfalls keiner.» Mikes Mutter hatte wohl nicht allzu viel Spaß mit ihrem Sprössling.

⁂

Echte Wühlmäuse gesucht. Eilt! Alter: unter zehn Jahre. Dreijährige bevorzugt.

Bevor 1842 in England ein Gesetz in Kraft trat, das Kinderarbeit untersagte, war es gang und gäbe, dass Kohlebergwerkunternehmen Kinder unter zehn Jahren für die Arbeit unter Tage einstellten. Dreijährige waren besonders begehrt, da sie durch Minengänge kriechen konnten, die für ältere Kinder zu eng waren.

S tellen zu vergeben als verrückte Entourage eines verrückten Herrn. Verrückt nach dieser Arbeit zu sein wäre
von Vorteil.

Im 18. Jahrhundert wurden für verrückt erklärte englische Aristokraten in Irrenhäuser gesteckt, die den Ansprüchen der Reichen gerecht wurden. Die gesamte Diener-
schaft hatte den schweren Gang ebenfalls anzutreten und
wurde mit ihrem Arbeitgeber eingesperrt – egal ob verrückt
oder nicht.

✺ ✺ ✺

Sie wollen sich beruflich verändern? Können Sie sich eine Zukunft als menschliche Flohfalle vorstellen?

Im alten Ägypten gehörten zum Palastinventar auch Diener, deren Aufgabe ausschließlich darin bestand, Flöhe an-
zulocken. Sie rieben sich mit Eselsmilch ein und stellten sich
als lebende Flohfallen in die Ecken des Raumes, um die kleinen Störenfriede von den Herrschaften der besseren Gesellschaft fernzuhalten.

Der Job hatte durchaus seine Vorteile – nicht zuletzt eine
Arbeitsplatzgarantie. Schließlich waren junge Bewerber Man-
gelware, die im Palast vorstellig wurden, um ihnen ihre Stelle
streitig zu machen.

✺ ✺ ✺

S portjournalist gesucht. Erfahrung im Umgang mit leisen
Tönen wäre von Vorteil.

Bobby Knight, College-Basketballtrainer, hielt nicht viel von
Sportjournalisten und betrachtete die meisten als persönliche
Feinde. «Absolute Stille», sagte er einmal, «ist das Einzige,
worüber ein Sportjournalist vernünftig berichten kann.»

Joe Paterno, Footballcoach an der Penn State University,
war mit Knight einer Meinung. «Sollte ich jemals ein Gehirn-
transplantat benötigen», meinte Paterno, «möchte ich eines

von einem Sportjournalisten, weil ich sicher sein kann, dass
es noch nie benutzt wurde.»

※ ※ ※

Ungewöhnliche Karrierechance: Ist ein Leben als Penner
was für Sie? Geringe Entlohnung, dafür allerlei Vergüns-
tigungen wie zum Beispiel, nicht arbeiten gehen zu müssen.

Alle hetzen jeden Morgen zur Arbeit, kämpfen sich durch
den dichten Berufsverkehr, ertragen Vorgesetzte, die noch
weniger Ahnung haben als die Idioten, die deren Job zuvor
bekleideten, und arbeiten hart, um dennoch immer mehr ins
Hintertreffen zu geraten – nicht mit Ihnen! Grundvoraussetzung für Ihren neuen Job: Finden Sie ein warmes Plätzchen
und etwas zu essen.

Historisch gesehen setzte sich die nichtarbeitende Klasse
aus Pennern, Königen, Priestern, Schriftstellern und Dieben
zusammen. Sie alle erkannten früh, dass kein Grund bestand,
einer lästigen Tätigkeit nachzugehen, drängten sich doch genügend andere in den Vordergrund.

Die märchenhafte Philosophie des Nichtstuns geht zulas-
ten der Erwerbstätigen, die mehr für ihr Unternehmen leisten, als sie von diesem an Entlohnung bekommen. Bekämen
sie umgekehrt mehr, als sie leisten, wären sie keine Arbeiter.
Sondern der Chef.

Heutzutage kann der gemeine Penner die Ausübung seiner Tätigkeit ganz gelassen betrachten, muss er doch nicht
befürchten, seinen Job zu verlieren. Er wird nicht durch einen
Jüngeren ersetzt werden, der bereit ist, sich für die Hälfte der
Mäuse als Penner zu verdingen. Ein Penner hat das gewisse
Etwas, über das kein Arbeiter verfügt: eine lebenslange Job-
garantie.

※ ※ ※

*A*ushilfe gesucht: Stelle im Supreme Court zu besetzen. Qualifizierte Richter möchten von einer Bewerbung Abstand nehmen. Durchschnittsjuristen willkommen!

Als Präsident Nixon Harold Carswell für den Supreme Court nominierte, führten die Demokraten ins Feld, Carswell sei als Richter nicht qualifiziert genug, um am Obersten Gerichtshof des Landes ein derartiges Amt auszuüben.

Roman Hruska, Senator von Nebraska, fand diplomatische Worte zur Verteidigung von Carswells Nominierung: «Selbst wenn er nur Mittelmaß wäre – es gibt eine Menge mittelmäßige Richter und Anwälte und Menschen überhaupt», führte Hruska aus. «Sie haben das Recht, im obersten Bundesgericht vertreten zu sein. Und außerdem auch einmal eine Chance verdient, oder nicht? Dort können doch nicht alle Brandeis, Frankfurter, Cardozo oder dergleichen heißen.»

❊❊❊

*I*st das vielleicht die richtige Stelle für Sie? Ruhiger Ort in Arizona sucht Bürgermeister. Mieser Job, Qualifikation unerheblich. Einmalige Chance für jemanden, der des Rentnerdaseins überdrüssig ist.

Sam Steiger, der als Abgeordneter den US-Bundesstaat Arizona fünf Legislaturperioden im Kongress vertrat, hatte seit 23 Jahren kein öffentliches Amt mehr inne, als er ein politisches Comeback beschloss und im Jahr 1999 für das Amt des Bürgermeisters von Prescott, einer kleinen ländlichen Gemeinde, kandidierte.

Steiger war schon von seinem Wahlsieg überrascht, aber geradezu – wie er sagte – schockiert, «dass es hier doch tatsächlich 96 Leute gibt, die so dumm waren, für meinen Gegner zu stimmen».

Wie es sich anfühlte, nach so langer Zeit auf die öffentliche Bühne zurückzukehren? «Es nervt», erklärte er.

Aushilfen gesucht, Saisonarbeit. Nur Footballspieler. Müssen bis elf zählen können.

Der Pitcher Jim Bouton bemerkte, Baseballspieler müssten intelligenter sein als Footballspieler. «Wie oft haben Sie schon erlebt, dass gegen ein Baseballteam eine Strafe verhängt wurde, weil es zu viele Spieler auf dem Feld hatte?», fragte Bouton.

ALLTÄGLICHKEITEN

Oft ist Intelligenz gefragt, um an einen Job zu kommen, jedoch nicht weiter vonnöten, um den Job – ist er erst einmal ergattert – auch zu *machen*. Wie der Dichter Robert Frost bemerkte: «Das Gehirn ist ein wundervolles Organ. Es springt sofort an, wenn Sie morgens aufstehen, und arbeitet unablässig, bis Sie im Büro angekommen sind.»

❊❊❊

Jeder Beruf bringt eine gewisse Verletzungsgefahr mit sich. Bauarbeiter sind besonders gefährdet. Untertagebau, Tiefseetauchen, Berufssoldatentum – alles Tätigkeiten mit ausgesprochen hohem Unfallrisiko.

Wie auch der Profisport: Im Baseball pfeifen den Spielern die sogenannten «Fastballs» mit über 150 km/h um die Ohren, und hinter einem überraschenden «Tackle» im Football steckt nicht selten die urwüchsige Kraft von fast drei Zentnern. Nicht zu vergessen die Gefahr, die von der allseits gefürchteten Baseballmütze ausgeht. Richie Sexson, First Baseman der Milwaukee Brewers, verrenkte sich den Hals, als er im Frühjahrstrainingslager 2003 versuchte, sich eine Baseballmütze aufzusetzen, die ihm zu klein war.

Sexson hätte wohl besser mit dem Käppi des Trainers etwas an seiner Aufsetztechnik gefeilt, bevor er sich auf ein derart gewagtes Unterfangen einließ.

Thomas Edison: «Die meisten Menschen verpassen die Chance ihres Lebens, weil sie im Blaumann daherkommt und nach Arbeit aussieht.»

⁂

Wenn Sie in South Carolina anhalten, um nach dem Weg zu fragen, könnten Sie etwa folgende Auskunft bekommen: «Sie fahren eine Meile geradeaus und biegen dann bei der toten Katze links ab.»

Im Jahr 1987 war ein Trupp der Straßenbaubehörde von South Carolina damit beschäftigt, eine Landstraße mit einem gelben Mittelstreifen zu versehen, als die Männer in der Mitte der Fahrbahn auf eine tote Katze stießen.

Die Männer hätten das Problem lösen können, indem sie die Katze über die Landesgrenze befördert hätten, wodurch das Problem in den Zuständigkeitsbereich von North Carolina gefallen wäre. Oder sie hätten bei der nationalen Naturschutzbehörde einen Antrag zur Entfernung einer toten Katze auf der Straße stellen können.

Stattdessen waren die Männer wohl der Überzeugung, ihre Stellenbeschreibung beinhalte keine Tätigkeiten wie das Entfernen toter Katzen, weshalb sich der Trupp nicht weiter aufhalten ließ und die gelbe Linie einfach über die Katze hinwegpinselte.

Der Dichter Ogden Nash: «Leute, die im Sitzen arbeiten, verdienen mehr als Leute, die im Stehen arbeiten.»

Microsoft entstand aus dem Nichts und kreierte einen neuen, gigantischen Industriezweig, den das Unternehmen bis heute in weiten Teilen dominiert. Der unglaubliche Siegeszug des Unternehmens verhalf seinem Gründer, Bill Gates, zu einem märchenhaften Reichtum – und war ihm überdies eine wertvolle Lektion über die Tücken des Erfolgs.

«Erfolg ist ein schlechter Lehrmeister», sagte Gates. «Er verführt intelligente Leute zu der Annahme, nie verlieren zu können.»

⚜ ⚜ ⚜

Als der Schriftsteller Wilson Mizner 1907 in einem schäbigen Hotel in Manhattan als Geschäftsführer arbeitete, hängte er in der Lobby die aus zwei Punkten bestehende Hausordnung aus:

1. Opium rauchen im Aufzug verboten.
2. Bringen Sie sich gefälligst selbst um.

⚜ ⚜ ⚜

Hier ein ermutigender Gedanke des Psychologen Laurence J. Peter: «Nach einer Gehaltserhöhung bleibt Ihnen am Monatsende weniger Geld als davor.»

⚜ ⚜ ⚜

Es gibt Leute, die schon früh ihr Talent für einen Beruf erkennen lassen, den sie nicht im Traum auszuüben gedenken. Erst später stellen sie fest, dass ihr Weg von Anfang an vorgegeben war.

Jason Schwartzman schaffte als junger Schauspieler den großen Durchbruch, als er sich die Hauptrolle in der schrägen Filmkomödie *Rushmore* angeln konnte. Aber Schwartzman hatte nie die Absicht, Schauspieler zu werden, obwohl er aus einer Schauspielerfamilie stammte. So ist der Filmstar Nicolas Cage sein Cousin. Talia Shire, seine Mutter, spielte in den *Rocky*-Filmen eine Hauptrolle, und Filmregisseur Francis Ford Coppola (*Der Pate*) ist sein Onkel.

Obwohl er mit Hollywood nichts im Sinn hatte, war er gezwungen, «als Teenager manchmal zu schauspielern», meinte

Schwartzman. Kostprobe gefällig? «Mmmh, Mama, das Essen ist aber lecker.» Oder: «Das T-Shirt, das du mir geschenkt hast, ist echt cool.»

❊❊❊

Der Dichter Robert Frost: «Der Grund, warum die Alltagssorgen mehr Leute auf dem Gewissen haben als die Arbeit, ist darin zu sehen, dass sich die Leute mehr Sorgen machen als arbeiten.»

❊❊❊

Jeder beklagt sich über zu viel Papierkram, kann jedoch nichts weiter dagegen tun, als seine Klagen in dreifacher Ausfertigung abzulegen.

Harold Alexander, früherer britischer Verteidigungsminister, dachte sich eine schlaue Methode aus, um den Papierberg auf seinem Schreibtisch zu reduzieren. Am Ende eines jeden Tages packte er alle Akten, Formulare und Berichte, zu deren Bearbeitung er nicht mehr gekommen war, zusammen und legte sie von seinem *Eingangs-* ins *Ausgangsfach*.

«Sie wären verblüfft, wenn Sie wüssten, wie wenig davon zurückkommt», erklärte Alexander.

❊❊❊

Haben Sie sich jemals gefragt, warum in Ihrem Büro so viel Papierkram herumliegt? Meiner Meinung nach trägt die Schuld Samuel Goldwyn, in Hollywoods goldener Ära Chef des MGM-Filmstudios.

Goldwyn war der Ansicht, in den Büros der leitenden Angestellten seines Studios stapele sich zu viel Papierkram. Also beauftragte er kurzerhand einen Mitarbeiter, alles in den Müll zu werfen. Um ihn umgehend zurückzubeordern und anzuweisen: «Aber machen Sie zuerst von allem eine Kopie.»

Der Schriftsteller Peter De Vries: «Ich liebe meinen Beruf als Schriftsteller. Was ich jedoch hasse, ist der Papierkram.»

※ ※ ※

Wenn Sie für ein großes Unternehmen tätig sind, lernen Sie als Erstes, dass Sie die meiste Zeit in irgendwelchen Meetings verbringen und sich fragen, was Sie dort zu suchen haben.

Unternehmen sollten vor allem eine Qualifikation von Bewerbern prüfen: die Fähigkeit, Meetings zu besuchen. Angestellte verbringen 70 Prozent ihrer Zeit in Meetings und versuchen herauszufinden, wie sie zu der Ehre kommen. Die restlichen 30 Prozent ihrer Zeit verschlingen die Planung für die kommenden Meetings und nicht zuletzt der Versuch, ihre – mitunter etwas eingerosteten – Rechenkünste auf Vordermann zu bringen.

«Die Dauer eines Meetings hängt davon ab, wer die längste Leitung im Raum hat», betonte der Unternehmensberater Dale Dauten. «Mit anderen Worten, alle außer einem Teilnehmer langweilen sich, alle außer einem sind geistig unterfordert.»

※ ※ ※

In Geschäftsmeetings wird viel Zeit verschwendet, wenn Mitarbeiter einer Abteilung den Kollegen einer anderen zu erklären versuchen, was sie genau machen und warum dies von immenser Wichtigkeit ist. Die zweite Abteilung hat ihre eigenen Probleme und schert sich nicht darum, was andere tun, solange dies nicht mit mehr Arbeit für sie selbst verbunden ist.

Franz Kafka, Schriftsteller mit surrealer Sichtweise, erkannte die Sinnlosigkeit von Meetings, schon fünfzig Jahre bevor sie im Geschäftsleben nicht mehr wegzudenken waren. «In seiner eigenen Abteilung kann ein Mitarbeiter aus einem einzigen Wort unzählige Zusammenhänge herleiten», stellte Kafka fest. «Wird ihm jedoch von Seiten einer anderen Abteilung etwas erklärt, nickt er vielleicht höflich, versteht jedoch kein einziges Wort.»

⚜ ⚜ ⚜

«American Football verbindet die beiden größten Übel Amerikas», stellte der Zeitungskolumnist George Will fest. «Football ist Gewalt, unterbrochen von Ausschusssitzungen.»

⚜ ⚜ ⚜

Abteilungsbesprechungen bringen noch ein weiteres Problem mit sich, wie der leitende Angestellte Franklin Jones zu berichten wusste. «Das Problem mit der Pünktlichkeit besteht darin», meinte er, «dass niemand da ist, der sie zu schätzen weiß.»

⚜ ⚜ ⚜

«Ich schreibe nie etwas auf», erklärte die Lobbyistin Dita Beard. «Handelt es sich um etwas wirklich Wichtiges, sollten Sie dies auch tunlichst unterlassen. Und ist es nicht so wichtig – warum sich den Kopf darüber zerbrechen?»

⚜ ⚜ ⚜

Haben Sie jemals davon geträumt, Musikjournalist zu sein und sich in der glamourösen Welt der Rockstars herumzutreiben? Dann nehmen Sie sich besser die Warnung des Rockmusikers Frank Zappa zu Herzen, der Musikjournalisten als Leute beschrieb, «die nicht zu schreiben in der Lage sind, während sie Leute interviewen, die nicht für Leute sprechen können, die nicht lesen können.»

⚜ ⚜ ⚜

Ein Nationalgardist, der im Irak diente, zog sich bei Kampfhandlungen eine Knöchelverletzung zu. Sein Sprunggelenk wurde ärztlich behandelt, sodass er im Jahr 2004 wieder in den Krieg ziehen konnte. Als er schließlich in die Staaten heimkehrte, bewarb er sich um eine Stelle als Briefträger. Die Post lehnte ihn jedoch mit der Begründung ab, seine Sprunggelenksverletzung mache ihn für den Job untauglich.

※ ※ ※

Die Pest im 14. Jahrhundert hatte auch eine etwas unerwartete Konsequenz: Sie war die Geburtsstunde der Arbeiterbewegung. Als Frankreich sich einem Arbeitskräftemangel gegenübersah, weil der Schwarze Tod so viele Opfer gefordert hatte, riefen die überlebenden Bauern einen Streik aus, um mehr Rechte für die Arbeiterschaft einzufordern.

Der französische Adel reagierte in einer Manier, die heutige Managementmethoden glatt in den Schatten stellen: Sie metzelten die Streikenden nieder und zerrten ihre Leichname zusammen mit anderen Pestopfern in die Flüsse.

Wie sich die Zeiten doch geändert haben! Heute zerren Gewerkschaftsgegner kaum noch Arbeiter in irgendwelche Gewässer.

※ ※ ※

Wie viel Zeit verwenden Ihre Kollegen darauf, um der Arbeit aus dem Weg zu gehen? Diejenigen Leute, die sich auf diese Kunst verstehen, befolgen vielleicht den Rat des Ökonomen John Kenneth Galbraith: «Eine der besten Methoden, unumgänglichen oder gar dringlichen Aufgaben erfolgreich aus dem Weg zu gehen, besteht darin, sich mit längst erledigten Dingen furchtbar beschäftigt zu geben.»

※ ※ ※

In jeder Firma gibt es Leute, deren Stärke darin liegt, hervorragende Arbeit zu leisten, und solche, deren Stärke darin liegt, sie gewähren zu lassen.

Von Harold Geneen, Vorstandsvorsitzender von ITT,

stammt folgender Tipp, wie diese Zeitgenossen zu entlarven sind. «Sitzt der Vorstandsvorsitzende eines Unternehmens an einem aufgeräumten Schreibtisch», sagte er, «kann es nur so sein, dass sein Vize die ganze Arbeit macht.»

※ ※ ※

John Cleese, Star der Monty Python, verdiente sich ein Zubrot, indem er in Lehrfilmen mitwirkte, wo er Geschäftsleute spielte.

«Ich fand es ausgesprochen leicht, einen Geschäftsmann darzustellen», erklärte Cleese. «Ein Langweiler zu sein, ziemlich grausam und zudem inkompetent – das alles wurde mir in die Wiege gelegt.»

※ ※ ※

Wie kommt es, dass Leute, die ein Unternehmen führen, in Krisensituationen dazu neigen, Rat bei Leuten zu suchen, die sich in der Branche weit weniger auskennen als sie selbst? Ich kann Ihnen diese Frage abschließend beantworten, sobald uns der Bericht unseres Unternehmensberaters vorliegt.

Lassen Sie es uns bis dahin mit dem Vorstandsvorsitzenden von Macy's, Ed Finkelstein, halten: «Unternehmensberater sind Leute, die Ihnen die Uhr wegnehmen, um Ihnen anschließend zu sagen, wie spät es ist.»

※ ※ ※

Der Bankier Robert Townsend: «Wenn Sie schon unbedingt einen Leitfaden Ihrer Unternehmensphilosophie herausgeben müssen, veröffentlichen Sie die Zehn Gebote.»

※ ※ ※

Kommen Bürokraten schon als solche zur Welt? Oder sind sie ein Abfallprodukt von Unternehmen wie etwa Klärschlamm?

Der Historiker C. Northcote Parkinson wartet mit seiner

Sicht der Dinge auf: «Jeder Mann, dem die Möglichkeit vorenthalten wird, wichtige Entscheidungen zu treffen, geht irgendwann dazu über, die Entscheidungen für außerordentlich wichtig zu halten, die er treffen darf. Er achtet peinlich genau darauf, dass die Ablage erledigt wird und die Bleistifte gespitzt sind, und ist grundsätzlich immer derjenige, der demonstrativ die Fenster auf- oder zumacht. Außerdem neigt er dazu, ob seiner vielseitigen Aufgaben drei verschiedenfarbige Füllfederhalter zu benutzen.»

❉ ❉ ❉

Der Philosoph Bertrand Russell: «Es gibt zwei Sorten von Arbeit. Erstens: die Position von Materie auf oder in der Nähe der Erdoberfläche im Verhältnis zu anderer Materie dieser Art zu verändern. Und zweitens: andere Leute mit eben dieser Aufgabe betrauen.»

GESCHICHTEN AUS DER CHEFETAGE

Es sind Chefs wie diese, die jeden Arbeitstag zu einem Erlebnis machen:

❉ ❉ ❉

Ein Abteilungsleiter bei dem Versuch, seine Mitarbeiter auf die Prioritäten einzuschwören: «Dieses Projekt ist von so enormer Wichtigkeit, dass wir nicht zulassen dürfen, es durch andere, wichtigere Dinge zu beeinträchtigen.»

Wie jeder weiß, der in einer Firma tätig ist, sind alle Projekte immer enorm wichtig, manche allerdings etwas enormer.

❉ ❉ ❉

Im Jahr 1911 entließ der spießige Herausgeber der Frauenzeitschrift *Ladies' Home Journal* fünfzehn weibliche Angestellte wegen anstößigen Verhaltens. Was hatten sich die Damen zuschulden kommen lassen, um die Normen des allgemeinen

Anstands in ihren Grundfesten zu erschüttern? Sie tanzten Turkey Trot, den Vorläufer des Foxtrotts.

※ ※ ※

Was ist der Unterschied zwischen Gott und einem Rechtsanwalt? Gott glaubt nicht, dass er Anwalt ist.

Was ist der Unterschied zwischen Gott und einem Arzt? Der Arzt glaubt nicht, dass Gott Arzt ist.

※ ※ ※

Der Schriftsteller H. L. Mencken: «Dass unser Universum von einer weisen, gerechten und allmächtigen Gottheit gelenkt wird, ist unmöglich vorstellbar. Dagegen ist sehr wohl vorstellbar, dass die Geschicke unseres Universums in den Händen eines ganzen Gremiums von Göttern liegen. Sollte dieses Göttergremium in der Tat existieren, verfolgt es genau die gleiche Strategie wie der Vorstand eines Unternehmens, das rote Zahlen schreibt.»

※ ※ ※

Die meisten von uns machen bei der Arbeit die gleiche Erfahrung: Ihr Chef betraut Sie mit einer Aufgabe, die keinerlei Sinn macht. Und nicht nur eine komplette Zeitverschwendung darstellt, sondern Sie darüber hinaus auch davon abhält, die wirklich wichtige Arbeit in Angriff zu nehmen. Aber Ihr Chef besteht darauf, dass Sie alles andere stehen und liegen lassen und sich ausschließlich der «Chefsache» widmen.

Der Wirtschaftsanalyst Peter Drucker drückte das Dilemma mit folgenden Worten aus: «Nichts ist nutzloser, als eine Aufgabe effizient zu erledigen, deren Erledigung man sich sparen kann.»

※ ※ ※

Unternimmt Ihr Chef den Versuch, einem Problem mit einer neuen Unternehmensstrategie zu begegnen, können Sie sicher sein, was als Nächstes auf Sie zukommt: noch mehr Probleme.

※ ※ ※

Die Führungsriege einer Computerfirma versuchte, die neuen Sicherheitsstandards mit einer kurzen innerbetrieblichen Mitteilung zu implementieren: «Von morgen an haben alle Mitarbeiter nur noch mit ihrem persönlichen Sicherheitsausweis Zugang zum Firmengebäude. Fototermin für die Passbilder ist der kommende Mittwoch, die Aushändigung der Ausweise erfolgt dann in zwei Wochen.»

Vielleicht war dies die Art des Chefs, allen zwei Wochen frei zu geben.

※ ※ ※

Der smarte Artdirector einer Werbeagentur pflegte seiner Klientel Folgendes zu sagen: «Sie können es schnell haben. Sie können es fehlerlos haben. Oder Sie können es billig haben. Wählen Sie zwei Optionen aus!»

※ ※ ※

Manche Führungskräfte glauben, nie eine Wahl treffen zu müssen – wie der Produktionsleiter eines Industriebetriebes, der seinen Arbeitern sagte: «Seine Arbeit korrekt zu machen ist keine Entschuldigung dafür, den Zeitplan nicht einzuhalten.»

※ ※ ※

Der Wirtschaftsanalyst Peter Drucker: «Der Großteil dessen, was wir als ‹Management› bezeichnen, ist nichts anderes, als es Mitarbeitern zu erschweren, ihre Arbeit zu machen.»

Manche Chefs legen derart überhöhte Leistungsstandards fest, dass niemand imstande ist, sie zu erfüllen. Aber in den allerwenigsten Fällen dürfte die Messlatte so hoch gelegen haben wie im Fall der französischen Königin Isabeau, die unter einem größeren Schlankheitswahn litt als jedes Schulmädchen heute.

Die Königin erließ ein Dekret, wonach Frauen, wollten sie sich für eine Stelle an ihrem Hof empfehlen, einen Taillenumfang von höchstens 33 Zentimetern aufweisen durften. Viele Bewerberinnen scheiterten an dieser Marke, andere hungerten sich bei dem Versuch zu Tode, Isabeaus Zofe zu werden.

※ ※ ※

Hier ein weiterer Grund, warum es so vielen Amerikanern einerlei ist, zur Wahlurne zu gehen: Einer Umfrage zufolge wünschen sich 40 Prozent aller Eltern, dass ihre Kinder aufwachsen, um einmal Präsident der Vereinigten Staaten zu werden. Aber nur 10 Prozent aller Erwachsenen wollen etwas von diesem Job wissen.

Sollte die Präsidentschaft nicht ein so attraktives Amt sein, dass es nur die Besten anstreben? Ist es nicht endlich an der Zeit, die bessere von zwei guten Lösungen anstatt immer nur das kleinere von zwei Übeln auswählen zu können? Zumal sich das kleinere Übel in letzter Zeit nicht unbedingt als das Gelbe vom Ei erwiesen hat. Und abgesehen davon – wo finden sich überhaupt all diese üblen Kandidaten?

Oder wie der Zeitungskolumnist Kin Hubbard es ausdrückte: «Wir alle würden liebend gern dem besten Mann unsere Stimme geben, aber der steht nie zur Wahl.»

※ ※ ※

Es kann nicht sein, dass alle Chefs schlecht sind, oder? Alexander der Große zum Beispiel muss ein großartiger Chef gewesen sein. Er führte sein Heer durch eine Wüste, als die Wasservorräte zur Neige gingen und viele verdursteten. Ein Soldat bot Alexander seinen letzten Schluck Wasser an. Der General nahm das Angebot an und schüttete das Wasser in den Wüstensand.

«Wenn meine Männer nichts zu trinken haben», sagte er, «trinke ich auch nichts.»

Aus diesem Grund wurde er Alexander der Große und nicht etwa Alexander der Mittelmäßige genannt. Hatten Sie jemals einen solchen Chef? Ich jedenfalls nicht.

Die Chefs, für die ich bis dato gearbeitet habe, wären gleich auf der sicheren Seite der Wüste geblieben und hätten ihre Leute ins Verderben geschickt.

«Hey Leute, gebt Bescheid, wenn ihr auf der anderen Seite angekommen seid!», würden die meisten meiner Chefs sagen. «Am besten, ihr lasst eure Feldflaschen hier bei mir. Die sind nur unnötiger Ballast.»

❉ ❉ ❉

KAPITEL 12

Männer gegen Frauen: Irgendjemand musste ja auf sie hereinfallen – seien Sie froh, dass Sie es nicht waren!

෨ ෨

Ist Ihr Freund ein Stinkstiefel, Ihre Freundin ein Miststück? Sie hätten es noch schlechter treffen können – hier sind sie!

Sehen Sie sich die Verrücktheiten dieser Gewinner und Verlierer im Krieg der Geschlechter an und bedenken Sie: Wenn Liebe heißt, niemals um Verzeihung bitten zu müssen – ein Idiot zu sein bedeutet genau dasselbe!

DIE STINKSTIEFEL

Der Regisseur John Huston heiratete in Mexiko ein Society-Girl namens Doris Lilly. Als sie ihn beim Fremdgehen erwischte, sagte Huston, von Ehebruch könne gar keine Rede sein, da sie nie verheiratet gewesen wären. Der Regisseur hatte einen der Schauspieler aus seinem Film *Der Schatz der Sierra Madre* dazu überredet, bei einer inszenierten Hochzeitszeremonie den Pfarrer zu spielen.

Zingua, im 17. Jahrhundert Königin von Angola, hielt sich männliche Konkubinen. Wenn sie von einem ihrer Liebessklaven besonders begeistert war, ließ sie ihn zum Krüppel machen, damit er nicht davonlaufen konnte. Zingua war überzeugt, diese «Vorsichtsmaßnahme» mache die Männer zu besseren Liebhabern.

Manche Flitterwochen sind wirklich romantisch – andere sorgen dafür, dass es eine sehr kurze Ehe wird.

1. Theateragent Charles Joffe nahm seine Braut in der Hochzeitsnacht zu einem Auftritt des Komikers Woody Allen mit, der sein Klient war. Joffes Braut wurde noch in ihrem Hochzeitskleid in den Nachtclub gezerrt.

2. Künstler Marcel Duchamp ließ seine Braut in den Flitterwochen links liegen und spielte lieber Schach mit einem Freund. Seine Frau revanchierte sich, indem sie die Schachfiguren auf dem Brett festklebte. Und Duchamp revanchierte sich seinerseits, indem er sich drei Wochen später scheiden ließ.

3. Der Zeitungskolumnist Franklin P. Adams verließ in seiner Hochzeitsnacht das Brautgemach, um mit den Stammgästen des Algonquin-Hotels Poker zu spielen. Seine Begründung lautete, er sei dazu verpflichtet, da die Jungs zusammengelegt und ein teures Hochzeitsgeschenk gekauft hätten.

4. Der Komödiendarsteller Poodles Hanneford weigerte sich, seine Braut über die Schwelle zu tragen. «Ich bin Schauspieler», erklärte Hanneford, «kein Gepäckträger.»

❧ ❧

In vielen Liebesgeschichten kommen Stinkstiefel vor – andere Männer riechen nur einfach schlecht.

Clark Gable wollte in dem Film *San Francisco* nicht mit Jeanette MacDonald drehen. Die Bosse des Studios, bei dem er unter Vertrag stand, zwangen ihn jedoch dazu. Um sich zu rächen, aß Gable vor dem ersten Filmkuss reichlich Knoblauch. Dieser kleine Racheakt wäre in Ordnung gewesen, wenn Gables Kusspartner einer der Studiobosse gewesen wäre – aber warum musste es die arme Jeanette ausbaden?

❧ ❧

«Ich finde, Frauen gehören nicht in ein Orchester», sagte der Geiger Zubin Mehta. «Sie werden zu Männern. Männer behandeln sie wie ihresgleichen. Ich finde das schrecklich.»

Ähnlich frauenfeindlich ging es im späten 19. Jahrhundert in Memphis, Tennessee, zu. Als die ersten Autos nach Memphis kamen, verordnete die Stadt per Gesetz, dass Frauen nur ans Steuer durften, wenn ein Mann mit einer roten Flagge vor dem Wagen herlief, um die Passanten vor der drohenden Gefahr zu warnen.

DIE ROMANTIKER

«Frauen haben einen Vorteil gegenüber Männern, der unfair ist», sagte Schauspieler Yul Brynner. «Wenn sie mit Schlauheit nicht bekommen, was sie wollen, schaffen sie es mit Dummheit.»

Schriftstellerin Gloria Steinem: «Ich habe großen Respekt vor Frauen, die das Spiel nach den Regeln gewinnen, die der Feind gemacht hat.»

Fußballlegende Paul Hornung erklärte auf die Frage, warum er vormittags heiraten würde: «Wenn es nicht gut läuft, will ich nicht den ganzen Tag vergeuden.»

Die Komikerin Carol Leifer: «Am Anfang sagt man: Ich will einen Mann, der wirklich klug ist, wirklich nett, wirklich gut aussehend, mit einer wirklich tollen Karriere. Sechs Monate später klingt das so: O Gott, irgendein Säugetier mit einem Job!»

Der Dramatiker Thornton Wilder: «Eines Tages wird sie einem Mann eine gute Ehefrau sein – vorausgesetzt, er steigt von der Leinwand herunter und macht ihr einen Antrag.»

Der Komiker W. C. Fields war derart misstrauisch, dass er Detektive anheuerte, die seine Freundinnen verfolgen mussten, um herauszufinden, ob diese ihn betrogen. Eine von ihnen tat es: Sie heiratete den Detektiv, der auf sie angesetzt war.

«Der große Unterschied zwischen Sex für Geld und Sex ohne Geld», stellte Schriftsteller Brendan Francis fest, «besteht darin, dass Sex für Geld meist weit weniger kostspielig ist.»

Andy Warhol war nicht nur ein erfolgreicher Pop-Art-Künstler, er betrieb auch eine Kunst- und Filmfirma, die als «The Factory» bekannt wurde und in der viele von Manhattans Künstlern arbeiteten und feierten. Aus seinen Erfahrungen in Sachen Liebe und Romantik in der Factory zog Warhol folgenden Schluss: «Die eigenen Angestellten sind am besten für ein Rendezvous geeignet. Man muss sie nicht erst irgendwo aufgabeln und kann sie von der Steuer absetzen.»

Die Schriftstellerin Robin Morgan: «Steig nie zu fremden Männern ins Auto – und denk daran, dass alle Männer verdammt fremdartig sind.»

Wenn Sie auf der Suche nach Liebe sind, sollten Sie erwägen, nach Österreich zu ziehen, insbesondere wenn Sie Japaner sind.

Dies legt zumindest eine Untersuchung nahe, deren Ergebnisse im Fachmagazin *Archives of Sexual Behaviour* veröffentlicht wurden. Die Studie zeigte, dass Österreich in Sachen Liebe und Romantik die weltweit zufriedenste Nation ist, während die Japaner am unzufriedensten waren. Den Zufriedenheitsgrad von Menschen, die solche Untersuchungen durchführen, untersuchte die Studie allerdings nicht.

Filmstar John Barrymore: «Liebe ist das wunderbare Intervall zwischen dem Kennenlernen eines schönen Mädchens und der Entdeckung, dass sie wie ein Schellfisch aussieht.»

Die Zeitungskolumnistin Phyllis Battelle sinnierte: «Ein gebrochenes Herz ist das, was das Leben so wundervoll macht, wenn man den Kerl fünf Jahre später im Aufzug trifft und er fett ist und Zigarre raucht und sagt: ‹Lange nicht gesehen.› Hätte er dir damals nicht das Herz gebrochen, würdest du jetzt nicht dieses phantastische Gefühl der Erleichterung verspüren.»

Wie merkt man, dass man es mit einem Herzensbrecher zu tun hat? Der Kolumnist Kin Hubbard weiß Rat: «Ein Mann, der mit dem Heiraten warten will, bis er genug Geld hat, ist nicht wirklich verliebt.»

Der Schauspieler Maurice Chevalier, der in zahlreichen Hollywoodfilmen den romantischen Franzosen verkörperte, sagte über die Liebe außerhalb des Studios: «Manch ein Mann hat sich bei so schummriger Beleuchtung verliebt – noch nicht einmal einen Anzug hätte er bei derartigen Lichtverhältnissen ausgesucht.»

«Seinen besten Freund sucht man sich nicht danach aus, ob er eine hübsche Nase hat», mahnte die Schriftstellerin Fran Lebowitz. «Aber wenn man heiratet, tut man genau das.»

LIEBEN – NICHT SEHR GUT, ABER VIEL ZU HEFTIG
Manche Menschen lassen sich zu leicht hinreißen – und müssen sich dann oft abtransportieren lassen.

Als 1926 der Stummfilmstar Rudolph Valentino in jungen Jahren starb, waren Frauen rund um die Welt untröstlich. Eine New Yorkerin erschoss sich, weil sie ohne Valentino nicht leben konnte. Eine englische Schauspielerin vergiftete sich, und zwei Japanerinnen sprangen vor lauter Verzweiflung in einen Vulkan. Keine dieser Frauen hatte Valentino jemals persönlich kennengelernt, sie alle waren seinem Bild auf der Leinwand verfallen.

Die Engländerin Theresa Vaughn gestand 1922 im Gerichtssaal, dass sie 61 Männer geheiratet hatte. Man sollte meinen, nach 35 oder 40 Ehemännern hätte sie die Nase voll haben müssen, aber vielleicht glaubte sie, mit jedem weiteren Versuch stiegen die Chancen, endlich den ganz großen Wurf zu landen.

In Brasilien pilgerte ein Mann aus Dankbarkeit für die Genesung seiner Verlobten von einer lebensbedrohlichen Krankheit durch das halbe Land – zu Fuß und mit einem großen Kreuz auf dem Rücken. Während er auf seinem spirituellen Marsch war, heiratete seine Verlobte einen anderen.

Schauspieler Jack Webb, der in der amerikanischen TV-Serie *Polizeibericht* einen Polizisten spielte, ließ seine Hochzeitstorte mit Polizei-Dienstmarken aus Zuckerguss dekorieren.

Die italienische Prinzessin Christine Belgiojoso ließ im 19. Jahrhundert ihren verstorbenen Liebhaber einbalsamieren und bewahrte die Mumie in ihrem Küchenschrank auf.

Der russische Zar Peter der Große bewahrte den Kopf seiner Lieblingsmätresse in einem Gefäß neben seinem Bett auf. Der Zar war aber nicht nur nostalgisch, sondern auch sehr eifersüchtig: Als er einen Mann verdächtigte, der Liebhaber seiner Frau zu sein, ließ er ihn enthaupten und zwang seine Frau, den Kopf ebenfalls in einem Gefäß neben ihr Bett zu stellen.

Der indische Potentat Gaikwar von Baroda war dermaßen romantisch veranlagt, dass er zwei Millionen Dollar für Hochzeiten ausgab. Aber weder für seine eigenen, noch die seiner Kinder: Er richtete mit dem Geld opulente Hochzeitsfeiern für seine Haustiere aus.

Der russische Zar Iwan der Schreckliche verkündete, er werde seine Braut aus einer Gruppe von 1000 Jungfrauen aus ganz Russland erwählen. Die Ankündigung erwies sich als unverhoffter Glücksfall für die jungen Männer des Landes: Innerhalb kurzer Zeit opferten zahlreiche junge Frauen ihre Jungfräulichkeit dem Nächstbesten, um der drohenden Inspektion im Kreml zu entgehen.

GESCHICHTEN AUS DEM EHELEBEN

Bei einem Footballspiel der Ohio State University saß die Ehefrau von Trainer Woody Hayes auf der Tribüne, als ein aufgebrachter Fan ihr zurief: «Ihr Mann ist ein Trottel!» Anne Hayes zuckte nur mit den Schultern und erwiderte: «Welcher Ehemann ist das nicht?»

«Ein Mann kann ein Dummkopf sein, ohne es zu wissen – außer wenn er verheiratet ist», konstatierte der Schriftsteller H. L. Mencken.

Jessica Tandy und Hume Cronyn sprengten in doppelter Hinsicht die Statistik: Beide Schauspieler konnten auf eine lange und erfolgreiche Karriere im Theater- und Filmgeschäft zurückblicken, und sie waren 52 Jahre lang miteinander verheiratet. Tandy erklärte einen der Gründe für ihr Durchhaltevermögen: «Wenn er nicht rechtzeitig zum Abendessen kommt, weiß ich, dass er entweder eine Affäre hat oder irgendwo tot auf der Straße liegt. Ich hoffe immer, dass es Letzteres ist.»

Japanische Ehefrauen machten ein Produkt namens «Infidelity Detection Cream» zum Verkaufsschlager: Sie sprühten das unsichtbare «Untreue-Erkennungs-Gel» auf die Kleidung ihrer Ehemänner, bevor diese zur Arbeit gingen. Wenn die Männer sich während des Tages auszogen, verfärbte das Gel ihre Kleidung. Das bemerkenswerteste Resultat ihrer Aktion: Die Männer begannen, ihre Wäsche selbst zu waschen.

Im Jahr 1990 entdeckte ein Mann in Clayton County, Ohio, die Leiche seiner Frau. Sie hatte Selbstmord begangen, und natürlich wollte er zuerst sofort die Polizei rufen. Dann jedoch beschloss er, diese üble Situation nicht noch weiter zu verschlimmern. Er setzte sich vor den Fernseher, schaute sich den Rest des Superbowls an und tätigte erst dann den Anruf.

Der Reformator Martin Luther versuchte im 16. Jahrhundert, die Menschen von der Knechtschaft der Kirche zu befreien. Als sich der brillante Denker aber der Mühsal der Frauen zuwandte, verkündete er die folgende, gar nicht freiheitliche Ansicht: «Lasst sie Kinder gebären, bis sie daran sterben. Dafür sind sie da.»

Carry Nation war eine fanatische Verfechterin der Prohibition. Sie stand immer an vorderster Front im Kreuzzug gegen den Alkohol und ging mit einer Axt bewaffnet durch die Kneipen und zertrümmerte das Inventar. Ihrem Ehemann gegenüber zeigte sie ähnliches Durchsetzungsvermögen: Nations Gatte war Prediger – aber wohl kein sehr guter. Seine Frau saß in der vordersten Kirchenbank und korrigierte ihn, während er predigte. Eines Sonntags stand sie sogar mitten in der Predigt auf und führte die Gemeinde mit dem Ausspruch aus der Kirche hinaus, ihr Mann habe für heute «definitiv genug geredet». Reverend David Nation sah sich gezwungen, in einer leeren Kirche weiterzupredigen, da niemand es wagte, sich seiner Frau zu widersetzen.

Im Jahr 1989 bezeichnete ein Mann seine Frau als «fettes Rindvieh». Beleidigt und fassungslos stolperte die Frau, fiel zu Boden und begrub ihren Ehemann unter sich. Bevor sie es schaffte, von ihm herunterzukommen, hatte sie ihn zu Tode gequetscht. Die Frau wog 250 Kilo.

Eine Deutsche ließ sich scheiden, weil ihr Gatte im Bett immer Sellerie aß. Die Kaugeräusche hatten sie allabendlich am Einschlafen gehindert.

Mit folgender Einschätzung der Männer warnte die Schriftstellerin Pearl S. Buck ihre Töchter vor den Realitäten des Ehelebens: «Die bemitleidenswerteste Kreatur unter dem Himmel ist die Ehefrau, die feststellen muss, dass der Mut ihres Mannes nur Angeberei ist, seine Kraft nur Fassade und seine Macht nur eine Waffe in den Händen eines Narren.»

Im 18. Jahrhundert unterhielt sich der britische Dramatiker Samuel Foote mit einem Freund über die überraschend harmonische Ehe einer Schauspielerin, die für ihren Ehemann zahlreiche Liebhaber aufgegeben hatte. Der Freund erzählte, sie habe ihrem Verlobten die Affären vor der Hochzeit gebeichtet, um ihm die Chance zu geben, die Hochzeit abzublasen. «Was für ein Mut», sagte er bewundernd, «was für eine Aufrichtigkeit!» – «Ja», stimmte Foote zu, «und was für ein gutes Gedächtnis!»

Ein Sprechreim des Autors E. E. White von der Zeitschrift *New Yorker*: «Die einander Liebling nennen, oft viel Streit und Zwietracht kennen. Doch die sich einfach Hallo sagen, in Frieden leben bei Nacht und an Tagen.»

«Alle Frauen sollten gut mit Kindern umgehen können», befand der Schriftsteller Franklin P. Jones, «schließlich werden die meisten von ihnen irgendwann einen Ehemann haben.»

Der französische Schauspieler Jean-Pierre Aumont beschrieb seine Ehe mit Filmstar Maria Montez folgendermaßen: «Es war, wie auf dem Kraterrand eines Vulkans zu leben – nur dass sie viel besser aussah als ein normaler Vulkan.»

Jane Wyman und Ronald Reagan waren verheiratet, als beide in Hollywood arbeiteten. Sie ließen sich scheiden, bevor er in die Politik ging. «Nicht viele Frauen können von sich sagen, sie hätten ihren Exmann gewählt», sagte Wyman später, «und noch viel weniger würden den Wunsch danach verspüren.»

Schriftsteller Oscar Wilde: «Bigamie ist, wenn man eine Frau zu viel hat. Monogamie ist dasselbe.»

Der griechische Philosoph Sokrates: «Man sollte unbedingt heiraten. Wenn man eine gute Frau bekommt, wird man glücklich. Bekommt man eine schlechte, wird man Philosoph.»

Der Philosoph Guy Debord: «Junge Leute auf der ganzen Welt hatten die Möglichkeit, zwischen der Liebe und einem Müllschlucker zu wählen. Alle entschieden sie sich für den Müllschlucker.»

∾ ∾

«Manche Frauen haben das Problem, dass sie einen Aufstand machen wegen nichts», meinte Popstar Cher. «Und anschließend heiraten sie ihn.»

∾ ∾

Als seine Tage als umschwärmtes Leinwand-Idol schon lange vorbei waren, sagte Tony Curtis: «Ich würde nicht im Traum daran denken, eine Frau zu heiraten, die alt genug wäre, meine Frau zu sein.»

∾ ∾

Im Jahr 1969 heiratete in Mexico City ein älteres Paar. Das Besondere an ihrem Fall: Verlobt hatten sie sich bereits im Jahre 1902.

∾ ∾

Die oftmals verheiratet gewesene Prominente Zsa Zsa Gabor benannte einen unbestreitbaren Vorteil des Singlelebens: «Wenn ich allein lebe, kann ich quer über das ganze Bett ausgestreckt schlafen, ohne dass es Ärger gibt.»

UND NOCH ETWAS ...

Die Schriftstellerin Germaine Greer kämpfte für die Befreiung der Frau vom Diktat der Schönheitsindustrie. Mit folgender Bemerkung stellte sie die kosmetischen Bemühungen der Frauen in Frage: «Ist es zu viel verlangt, einer Frau die täglichen Strapazen für überirdische Schönheit zu ersparen, wenn sie mit all dieser Schönheit doch nur in den Armen eines unterirdisch hässlichen Mannes landet?»

Der Pädagoge Laurence J. Peters: «Die meisten Hierarchien wurden von Männern geschaffen. Da in der Regel Männer die Führungspositionen besetzen, bringen sie die Frauen um ihre rechtmäßige Chance, ein vergleichbares Level von Inkompetenz zu erlangen.»

Im englischen Manchester versuchte sich ein japanisches Restaurant als Trendsetter, indem es Sushi auf den nackten Körpern zweier Frauen servierte, die als lebendige Tische dienten. «Exquisites Essen und weibliche Schönheit sind zwei essenzielle Bestandteile der japanischen Kultur», erklärte der Besitzer des Restaurants. Aber bitte nur mit angewärmten Essstäbchen!

Susan B. Anthony war eine der Galionsfiguren der radikalfeministischen Sufragetten-Bewegung im späten 19. Jahrhundert. Sie formulierte die folgende Klage: «Es steht außer Frage, dass die Frauen dieses Landes im Jahr 1876 weit mehr Anlass zur Unzufriedenheit, Rebellion und Revolution haben als die Männer von 1776.»

Die Filmemacherin Marguerite Duras pflegte den Männern gegenüber eine typisch französische Ambivalenz. «Man muss den Männern schon sehr zugetan sein, um sie zu lieben», sagte sie, «denn an und für sich sind sie schlicht unerträglich.»

Der Schriftsteller Charles Dickens belegte seine Frau mit einem reizenden Spitznamen: liebstes, teures Schweinchen. Sie ließ sich später von ihm scheiden.

Als Heinrich Heine, deutscher Dichter des 19. Jahrhunderts, starb, hinterließ er seinen gesamten Besitz seiner Frau – unter der Bedingung, dass sie wieder heiraten würde. «Denn dann», so Heine, «wird es zumindest einen Mann geben, der meinen Tod bedauert.»

Der Autor W. Somerset Maugham fand eine Erklärung dafür, warum es Männern so schwerfällt, den Erwartungen der Frauen gerecht zu werden: «Amerikanische Frauen», so sagte er, «erwarten von ihren Ehemännern einen Grad der Perfektion, den englische Frauen nur von ihrem Butler einfordern.»

Anne Beatts schrieb Texte für *Saturday Night Live* und war eine der wenigen Frauen, die für die Fernseh-Comedy-Show arbeiteten. Sie machte die Erfahrung, dass ihre männlichen Kollegen den weiblichen Humor oft nicht verstanden.

Für einen Sketch schrieb sie die folgende Zeile: «Sag Oma Loopner, nur noch eine Gewürznelke, dann ist die Pomander fertig.»

Dann probierte sie die Zeile an ihren männlichen Kollegen aus. Keiner von ihnen wusste, was eine Pomander ist – und noch nicht einmal, was Gewürznelken sind.

«Schließlich fragten wir Lorne Michaels, den Produzenten», erinnerte sich Anne Beatts, «und er sagte: ‹Das ist doch ein Gewürz, oder?› Nun ja, deshalb war er wohl der Produzent.»

«Man sieht unzählige kluge Männer mit dummen Frauen», bemerkte die feministische Schriftstellerin Erica Jong, «aber so gut wie nie eine kluge Frau mit einem dummen Mann.»

Scheidungen tun weh», meinte TV-Komiker Pat Paulson. «Sie können sich diesen Ärger aber ganz leicht ersparen: Finden Sie eine Frau, die Sie hassen, und kaufen Sie ihr ein Haus.»

«Ich denke oft darüber nach, ob Männer und Frauen wirklich zueinander passen», sagte Filmstar Audrey Hepburn. «Vielleicht sollten sie nur in derselben Gegend wohnen und einander ab und zu besuchen.»

Im Jahr 1727 gab eine Frau im englischen Manchester die erste «Frau-sucht-Mann»-Anzeige in einer Zeitung auf. Sie fand keinen passenden Mann – stattdessen wurde sie ins Irrenhaus gesteckt.

Der irische Schriftsteller George Bernard Shaw: «Wenn zwei Menschen sich im Bann der hitzigsten, wahnsinnigsten, trügerischsten und flüchtigsten aller Passionen befinden, sollen sie schwören, dass sie in diesem überdrehten, anormalen und aufreibenden Zustand bleiben werden, bis dass der Tod sie scheidet.»

ER HAT GESAGT, SIE HAT GESAGT

Regisseur Frank Capra: «Hinter jedem erfolgreichen Mann steht eine verwunderte Frau.»

Die Politikerin Nancy Astor: «Ich habe unter meinem Stand geheiratet. Alle Frauen tun dies.»

Der Dichter Samuel Rogers: «Es ist nicht von großer Bedeutung, wen man heiratet, weil man in jedem Fall am nächsten Morgen bemerkt, dass es jemand anders war.»

Die britische Premierministerin Margaret Thatcher: «Wenn eine Rede gehalten werden muss, frag einen Mann; wenn etwas getan werden muss, eine Frau.»

Filmstar W. C. Fields: «Frauen sind wie Elefanten: Ich sehe sie mir gerne an, aber ich will keinen besitzen.»

Filmstar Marlene Dietrich: «Woran merkt man, dass die Liebe dahin ist? Du sagst, du kämst um sieben und kommst um neun, und er hat nicht die Polizei angerufen – dann ist es aus und vorbei.»

Der Schriftsteller Mark Twain: «Es ist leichter, sich aus einer Sache herauszuhalten, als aus ihr wieder herauszukommen.»

Die Schriftstellerin Rebecca West: «Der Hauptunterschied zwischen Männern und Frauen: Männer sind Irre, Frauen sind Idioten.»

KAPITEL 13

Wie man die Einfältigen überlistet:
Lass die Katze laufen – wir geben auf!

◎ ◎ ◎

Als Neuling Jim Wynn im Jahr 1963 zum ersten Mal in einem Baseballspiel auflief, bat ihn Frank Thomas, der die erste Base für die Mets bewachte, kurz zur Seite zu gehen, damit er die Base vom Staub befreien könnte.

Da er neu war, erfüllte Wynn den Wunsch des erfahrenen Spielers und trat zur Seite. Thomas, der den Ball in seinem Handschuh versteckt hatte, führte jedoch anderes im Schilde und erzielte ein *Tag Out* gegen den verblüfften Wynn.

Andere dumm aussehen zu lassen – das ist das seltsame Ziel von Menschen, die im Leben den größten Spaß daran haben, andere zu überlisten. Betrachten wir ein paar Fälle, in denen sie ungestraft davongekommen sind.

◎ ◎ ◎

Als die junge Viola ein Fenster kaputt machte, schimpfte ihr Vater, der berühmte britische Schauspieler Beerbohm Tree: «Das ist reine Boshaftigkeit.»

«Nein, Vater», konterte das junge Mädchen, «das ist Vererbung.»

◎ ◎ ◎

Immer wenn wir glauben, dass es Regeln gibt, was man darf und was nicht, schafft es irgendein gerissener Hund, die Regeln völlig zu ignorieren.

Bevor Ibrahim Pasha im 18. Jahrhundert ein berühmter

General wurde, war er ein junger und aufgeweckter Prinz am ägyptischen Hof. Eines Tages beobachtete er, wie sein Vater seine Generäle auf die Probe stellte, um herauszufinden, wer der klügste und am geeignetsten war, das Kaiserreich zu schützen.

Der König legte einen Apfel in die Mitte eines riesigen Teppichs und forderte die Generäle auf, den Apfel aufzuheben, ohne den Teppich zu betreten.

Als keiner der Generäle das Rätsel lösen konnte, bat der junge Ibrahim darum, es versuchen zu dürfen. Er ging auf eine Seite des Raums, rollte den Teppich zur Mitte hin auf und hob den Apfel auf.

◎ ◎ ◎

Viktoria, Königin von England, erhielt einen Brief von ihrem Enkel, in dem er sie um Geld bat. Die Königin schrieb zurück und riet ihm, hart zu arbeiten und das Geld selbst zu verdienen.

Der Junge befolgte den Rat seiner Großmutter und verkaufte den Brief an einen Autogrammsammler.

◎ ◎ ◎

Der berühmte Footballcoach Paul «Bear» Bryant gab Einblicke in seine schlaue Trainingsstrategie, nachdem er das College-Team der University of Alabama zum nationalen Zugpferd des amerikanischen Footballs gemacht hatte: «Du brauchst keine raffinierten Spielzüge», meinte der Coach. «Hol dir lieber ein paar raffinierte Spieler.»

◎ ◎ ◎

Als Jackie Gleason noch ein junger, unbekannter Komiker war, trat er in einem Badeort in einem Nachtlokal auf und hatte noch nicht einmal genug Geld, um seine Unterkunft zu bezahlen.

Am nächsten Morgen warf Gleason seinen Koffer aus einem Fenster hinters Haus und schlenderte, um keinen Verdacht zu erwecken, in Badehose und mit Handtuch an der Inhaberin der Pension vorbei durch die Lobby.

Einige Jahre später – und wesentlich erfolgreicher – kam Gleason wieder in jenem Badeort vorbei und beschloss, seine alte Rechnung von damals zu begleichen. Als er die Pension betrat, erkannte ihn die Inhaberin sofort wieder und schrie: «Mein Gott, ich dachte, Sie wären ertrunken.»

Im Jahr 1573 wurde der italienische Maler Paolo Veronese vor die Inquisition gezerrt und wegen Respektlosigkeit angeklagt, was damals ein Kapitalverbrechen war und heute entweder als Sünde gilt oder als Eröffnungswitz eines Bühnenkomikers herhalten muss.

Dass Veronese dem Flammentod auf dem Scheiterhaufen ins Auge sah, lag an seinem Gemälde *Das letzte Abendmahl*, stellte er in dem Bild doch verschiedene Gestalten dar, die in der Kirche verpönt waren: Clowns, Betrunkene und Protestanten.

Der Künstler verteidigte sich vor den Inquisitoren in schockierend moderner Weise: «Ich male Bilder, wie ich sie sehe», erklärte er.

Erstaunlicherweise wurde Veronese für diese Einlassungen nicht getötet und geviertelt, obwohl die Inquisition Tausende anderer Menschen für bedeutend weniger schwere Verfehlungen tötete. Stattdessen befahlen ihm die Kirchenoberen, die anrüchigen Teile des Gemäldes zu entfernen.

Veronese jedoch trickste die Behörden aus und erzählte Zeit seines Lebens davon. Er änderte einfach den Titel des Bildes und nannte es fortan *Das Gastmahl im Hause des Levi*. So konnte die Kirche nichts mehr dagegen haben, dass Betrunkene und Protestanten auf einem Bild zusammen mit Juden zu sehen sind, war dies doch aus Sicht des Klerus für Ausgestoßene wie sie genau die richtige Gesellschaft.

◎ ◎ ◎

Der Erfinder Thomas Edison brachte vor seinem Sommerhaus ein Drehkreuz an, das den Weg zur Haustür blockierte. Besucher, die zum Haus gelangen wollten, mussten durch das Drehkreuz gehen, dessen Widerstand beträchtlich war, sodass es einiges an Kraft bedurfte, um es zu drehen.

An Edisons Haustür angelangt, fragten die Besucher stets nach dem Zweck eines derart schweren Drehkreuzes. Edison antwortete vergnügt, jedes Mal, wenn man es drehte, würden dreißig Liter Wasser in den Vorratstank auf dem Dach seines Hauses gepumpt.

◎ ◎ ◎

Als der Dichter Robert Frost im Jahr 1926 am College Kurse im Schreiben gab, machte er seinen Studenten vor der abschließenden Prüfung nur eine einzige Vorgabe: «Macht irgendetwas, von dem ihr glaubt, dass es mir gefallen wird.»

Ein Student schrieb nur seinen Namen auf ein leeres Blatt Papier und gab es ab. Als einziger im Kurs wurde er mit der Bestnote belohnt.

Ein anderer schlauer Student wartete in einem Philosophie-Examen mit der richtigen Antwort auf, als der Professor einen Steinbrocken auf sein Pult legte und die Studenten aufforderte, eine metaphysische Abhandlung zu schreiben, die den Nachweis erbringt, dass der Steinbrocken nicht existierte.

Der Student, der die Prüfung mit Bravour bestand, schrieb nur einen einzigen Satz: «Welcher Steinbrocken?»

◎ ◎ ◎

Ein Verleger war mit einem Manuskript unzufrieden, das von dem englischen Dichter Alfred Austin eingereicht wurde. So bat er den Dichter, einige Änderungen vorzunehmen, bevor das Buch in Druck ging.

«Ich wage es nicht, etwas zu ändern», antwortete Austin, «denn all diese Eingaben stammen von oben.»

◎ ◎ ◎

Andere Schriftsteller legten eine ähnliche Vorgehensweise an den Tag, wenn sie gebeten wurden, Änderungen in ihrem Werk vorzunehmen.

Einmal bat ein Theaterregisseur Eugene O'Neill, sein langatmiges Bühnenstück *Ah, Wilderness!* um 15 Minuten zu kürzen. O'Neill kam der Bitte nach – kürzte jedoch nicht sein Stück, sondern strich kurzerhand eine Pause.

Als ein Theaterregisseur den Dramatiker Oscar Wilde ersuchte, einige Stellen seines Texts zu ändern, lehnte Wilde dies mit der Begründung ab: «Wer bin ich, um an einem Meisterwerk herumzupfuschen?»

◎ ◎ ◎

Als der englische Dichter Alexander Pope mit der Übersetzung der *Ilias* fertig war, las er das lange Werk seinem Mentor, Charles Montagu, seines Zeichens Earl of Halifax, vor. Montagu war mit einigen Passagen nicht einverstanden und drängte Pope, sie umzuschreiben.

Der Dichter fand einen besseren Ausweg aus dem Dilemma zwischen den Belangen der Dichtung und den Ansprüchen der Aristokratie. Einige Monate später kehrte er zu Lord Halifax zurück, bedankte sich für dessen Vorschläge und las ihm die geänderten Sätze vor.

Der Lord erklärte sich sofort mit allen Änderungen einverstanden. Was Montagu allerdings nicht wusste – Pope hatte den Text überhaupt nicht verändert.

Als Filmschauspieler Charles Coburn im ausgehenden 19. Jahrhundert ein kleiner Junge war, ermahnte ihn sein Vater, nie in ein Varietétheater zu gehen, würde er dort doch Sachen zu sehen bekommen, die er nicht sehen sollte.

Der junge Charles konnte der Versuchung nicht widerstehen, und so schlich er sich ein paar Tage später heimlich in ein derartiges Etablissement. «Mein Vater hatte recht», erinnerte er sich später. «Ich habe tatsächlich etwas gesehen, was ich nicht sehen sollte – meinen Vater.»

◎ ◎ ◎

Im Jahr 1912 spielte eine College-All-Star-Auswahl ein Footballmatch gegen eine Mannschaft des Gallaudet College, einer Hochschule für taube Studenten.

Die All-Stars nahmen an, dass keiner ihrer Gegenspieler sie hören könne. Anstatt wie üblich ihre Köpfe zur Taktikbesprechung zusammenzustecken, riefen sie sich ihre Anweisungen einfach auf dem Platz zu.

Die All-Stars hatten nicht bedacht, dass die Spieler des Gallaudet College allesamt Experten im Lippenlesen waren. Da sie auf diese Weise jeden Spielzug der All-Stars im Voraus kannten, konnten die tauben Studenten das Spiel mit 20:0 gewinnen.

◎ ◎ ◎

Als im 18. Jahrhundert die reiche Frau eines englischen Einbalsamierers namens Martin van Butchell starb, stand dieser vor einem ungewöhnlichen Problem. Um ihren nörglerischen Mann zu ärgern, hatte Frau van Butchell in ihrem Testament festgelegt, ihr ganzes Vermögen einem Verwandten zu hinterlassen, «sobald ich tot und begraben bin».

Ihr Plan wurde jedoch durchkreuzt, balsamierte ihr Mann doch ihren Körper ein, zog sie fein an und stellte sie im Wohnzimmer aus, sodass die in ihrem Testament niedergelegten Bedingungen zu seinen Lebzeiten nicht erfüllt wurden.

◎ ◎ ◎

John Gates war Ende des 18. Jahrhunderts als berüchtigter Erdölspekulant bekannt. Seine zwanghafte Wettsucht bescherte ihm den treffenden Spitznamen Millionenwetten-Gates. Einmal wettete er gegen John Drake – ein Spross der berühmten Familie, die der Drake University ihren Namen gab – um 11 000 Dollar, dass das in seinem Kaffee eingetunkte Brot mehr Fliegen anzöge als Drakes Stück Brot.

Gates gewann die Wette, was keine Überraschung war, da es sich um alles andere als eine faire Wette handelte. Ehe Gates die Wette vorschlug, hatte er sechs große Löffel Zucker in seinen Kaffee gemischt.

◎ ◎ ◎

Einmal bat ein Besucher im Weißen Haus Präsident Calvin Coolidge um eine Zigarre, um sie einem Bekannten zu schenken, der Zigarrenetiketten von berühmten Leuten sammelte.

Coolidge nahm eine Zigarre aus der Kiste auf seinem Schreibtisch, entfernte das Etikett und gab es dem Besucher. Die Zigarre behielt der Präsident für sich.

◎ ◎ ◎

Vizepräsident John Nance Garner reagierte ähnlich, als er gegen einen Bekannten eine Wette um zehn Dollar verlor. Der Bekannte bat Garner, den Schein zu unterschreiben, um ihn als Autogramm für seinen Enkel rahmen zu lassen. Garner nahm ihm sofort den Schein aus der Hand und stellte ihm stattdessen einen Scheck aus.

Wenn Filmstar Gary Cooper einkaufen ging, zahlte er auch den kleinsten Einkauf mit Scheck. Viele Ladenbesitzer haben diese Schecks nie eingelöst, sondern das Autogramm als Souvenir behalten.

◎ ◎ ◎

D er berühmte Maler Marcel Duchamp bediente sich des gleichen Kniffs. Er bot seinem Zahnarzt die Zeichnung eines Schecks als Bezahlung an, auf dem die Bank als «Zähne-Leih- und Treuhandgesellschaft» aufgeführt war.

Der Zahnarzt freute sich über dieses ungewöhnliche Zahlungsmittel und nahm es dankend an. Er verkaufte die Zeichnung für wesentlich mehr Geld, als die Zahnbehandlung kostete.

◎ ◎ ◎

A ls Jesse James und seine Bande nach einem Bankraub auf der Flucht vor dem Gesetz waren, übernachteten sie in einem heruntergekommenen Bauernhaus. Die dort lebende Witwe teilte mit ihnen das bisschen Essen, das sie hatte. Sie erzählte James, dass am folgenden Tag ein Bankmensch käme, um 1400 Dollar von ihr zu kassieren, andernfalls würde sie den Bauernhof verlieren.

Jesse James gab der Witwe das Geld. Am nächsten Tag warteten er und seine Männer, bis der Banker die Schulden eingetrieben hatte, um ihn anschließend auszurauben und als Legende davonzureiten. Die Witwe behielt ihren Hof.

◎ ◎ ◎

Als Mark Twain sich zu einem Besuch bei der Schriftstellerkollegin Harriet Beecher Stowe aufmachte, schimpfte seine Frau mit ihm, weil er für den Anlass keine Krawatte umgebunden hatte.

Twain legte daraufhin eine Krawatte in eine Schachtel, ließ

diese zu Beechers Haus um die Ecke bringen und bat seine Kollegin, die Krawatte für eine halbe Stunde – sprich: für die Dauer seines Besuchs – aufzubewahren und sie ihm dann zurückzugeben.

◎ ◎ ◎

Sind Sie schon einmal in Ihr Lieblingsrestaurant gegangen und mussten feststellen, dass Ihr Stammplatz besetzt war? Obwohl Ihnen natürlich der Tisch nicht wirklich gehört, haben Sie doch das Gefühl, dass die Leute, die dort sitzen, es hätte wissen müssen. Sollte dies nochmal vorkommen, können Sie das Problem wie James Gorden Bennett lösen.

Bennett war Besitzer einer Zeitung und exzentrischer Millionär. Er hatte die Pariser Ausgabe der *New York Herald* gegründet. Als er in Monte Carlo Ferien machte, aß er jeden Abend im gleichen Restaurant am gleichen Tisch. Eines Abends stellte er fest, dass andere Leute an seinem Tisch saßen.

Bennett kaufte das Restaurant kurzerhand, ließ die Übeltäter noch während des Essens entfernen, setzte sich an seinen Tisch und bestellte sein Abendessen. Nach dem Essen gab er dem ehemaligen Besitzer ein großzügiges Trinkgeld – sein Restaurant.

◎ ◎ ◎

Der berühmte englische Anwalt F. E. Smith entlarvte einen Trickbetrüger, der eine Busgesellschaft wegen einer Armverletzung verklagte, die er sich bei einem Unfall angeblich zugezogen hatte.

Der Kläger führte mit schmerzverzerrtem Gesicht vor, dass er seinen verletzten Arm nach dem Unfall nur noch bis auf Schulterhöhe heben konnte. Smith fragte ihn, wie hoch er denn seinen Arm vor dem Unfall heben konnte. Der Mann zeigte es ihm und hob den gleichen Arm bis über den Kopf – und Smith hatte seinen Fall gewonnen.

Manche Menschen haben Erfolg, indem sie ihre Unzulänglichkeiten zu ihrem Vorteil einsetzen, so zum Beispiel der Zeitungskarikaturist Berkeley Breathed, der die beliebte Comicserie *Bloom County* erfand.

«Ich kenne meine Grenzen», sagte er. «Für mich hätte es nie zum Schriftsteller gereicht oder zum bildenden Künstler. So habe ich meine Berufung schließlich in der Welt der Cartoons gefunden. Ich habe eine Menge Teilbegabungen.»

Der antike persische König Cambyses II. belagerte im 6. Jahrhundert v. Chr. die ägyptische Stadt Memphis. Seine Armee war jedoch nicht stark genug, um die Stadt einzunehmen, bis er merkte, dass die ägyptischen Verteidiger Katzen als heilig verehrten.

Cambyses befahl seinen Soldaten, alle herumstreunenden Katzen in den umliegenden Dörfern einzufangen und sie über die Stadtmauer zu werfen. Entsetzt ob derartiger Ketzerei und außerstande, etwas dagegen zu unternehmen, beendeten die Ägypter das Sakrileg in der einzig möglichen Weise: Sie ergaben sich.

In Florida stellte die Polizei folgendes Schild an einer Schnellstraße auf, die bekanntermaßen von Drogenkurieren frequentiert wurde: «Achtung, Drogenkontrolle!». Anschließend versteckten sich die Gesetzeshüter hinter dem Schild. Jedes Mal, wenn ein Auto vor dem Schild plötzlich umdrehte, hielten sie es an und durchsuchten es nach Drogen.

Ein anonymer Kritiker schickte einst einen Brief an den Prediger Henry Ward Beecher. Der Brief enthielt nur ein einziges Wort: «Narr».

Kein Prediger hatte je eine bessere Steilvorlage bekommen, und Beecher machte das Beste daraus. «Ich kenne viele Fälle von Briefschreibern, die vergessen haben, ihren Brief mit ihrem Namen zu unterschreiben», erklärte er seiner Kirchengemeinde am darauffolgenden Sonntag. «Dies ist aber der einzige Fall, der mir bekannt ist, in dem der Briefschreiber seinen Namen geschrieben und den Text vergessen hat.»

Bei einer religiösen Protestkundgebung im Jahr 1988 gegen den Film *Die letzte Versuchung Christi* fuhren Hunderte von Demonstranten auf dem Gelände der für die Produktion verantwortlich zeichnenden Universal Filmstudios vor, um Streikposten aufzustellen. Die Filmgesellschaft ihrerseits belegte die Demonstranten mit Parkgebühren in Höhe von 4500 Dollar.

Im Jahr 1858 kandidierte Abraham Lincoln gegen Stephan Douglas für das Amt des Senators von Illinois. Während einer Debatte unterstellte Douglas seinem Gegenspieler, er sei ein Lügner mit zwei Gesichtern.

Lincoln konterte mit seinem üblichen Humor. «Wenn ich zwei Gesichter hätte, würde ich dann wirklich dieses tragen?»

Sir Walter Raleigh geriet bei einem festlichen Abendessen mit seinem Sohn in Streit. Der aufgebrachte Vater schlug seinen Sohn, der junge Raleigh jedoch hielt es für respektlos, den Vater zurückzuschlagen.

Stattdessen drehte er sich um und schlug seinen Tischnachbarn zur anderen Seite mit den Worten: «Weitergeben! Früher oder später erreicht es meinen Vater.»

Die Idee, eine wie auch immer geartete Beleidigung so

lange weiterzugeben, bis sie ihren Adressaten erreicht, wurde zu einer regelrechten Marotte der britischen Oberklas-
se und zur Metapher schlechthin für das elisabethanische
Zeitalter, in dem «Gib den Schlag weiter» ein geflügeltes
Wort war.

Einem Teil der Einwohner von San Bernardino County in
Kalifornien flatterte von einer Firma namens Stockdum
Scelestus ein Gratisangebot für Bergschuhe ins Haus. Die
Leute wussten jedoch nicht, dass das Angebot in Wirklich-
keit vom Büro des Sheriffs kam und nur an Leute verschickt
wurde, die wegen eines Verbrechens gesucht wurden.

Keiner der Kriminellen erkannte, dass der Name der Her-
stellerfirma, Stockdum Scelestus, eine Mischung aus Deutsch
und Latein war und sinngemäß «Extrem dummer Krimineller»
bedeutete. Und so müssen sich die Straftäter wohl auch
gefühlt haben, als sie keine Gratisstiefel, sondern Kost und
Logis gratis bekamen und eingesperrt wurden.

Passen Sie auf, wenn Sie in Verhandlungen mit der nordkoreanischen Regierung eintreten. Amerikanische Regierungsvertreter, die längere Verhandlungen führten, berichteten von
nordkoreanischen Gesandten, die nachts in den Konferenz-
raum schlichen, um die Stuhlbeine der Amerikaner jeweils
um ein paar Zentimeter zu kürzen. Warum? Damit sich die
amerikanische Delegation mit zunehmender Verhandlungs-
dauer immer kleiner vorkäme.

Bei einer Wahlkampagne in der Tschechischen Republik
im Jahr 2002 boten die Christdemokraten den Wählern
umsonst Schnaps an. Die kommunistische Partei konterte

und engagierte barbusige Damen, um ihre Wahlpropaganda an den Mann zu bringen.

«Verkehrst du mit Menschen guten Geschmacks, so wird auch auf dich etwas Kultur abfärben», stellte Stanley Walker, Herausgeber der *New York Herald Tribune*, fest. «Hängst du mit musikalischen Leuten herum, kannst du mit etwas Glück eines Tages Brahms von Beethoven unterscheiden. Aber in der Gesellschaft der Reichen und Schönen wirst am Ende immer nur du die Zeche bezahlen.»

Reiche Leute sind erfinderisch, wenn es darum geht, mit einer Hand zu geben und mit der anderen wieder zu nehmen. Der Millionär John D. Rockefeller zahlte jedem seiner Mitarbeiter ein Weihnachtsgeld von fünf Dollar. Dann zog er fünf Dollar von ihrem Gehalt ab, weil sie am ersten Weihnachtsfeiertag nicht gearbeitet hatten.

Die meisten Kinder halten ihre Väter gelegentlich für Idioten. Und die meisten Väter vernichten die Beweise, um sich nicht zu blamieren. In Hollywood läuft dies ganz anders.

«Ein schlechtes Bühnenstück landet im Papierkorb und ist vergessen», meint Filmemacher Billy Wilder. «Aber im Filmgeschäft können wir unsere Sünden nicht so einfach vernichten. Immer wenn du denkst, ein schlechter Film sei längst vergessen, sieht ihn deine Tochter im Fernsehen und sagt: ‹Mein Vater ist doch ein Idiot!›»

Als Filmemacher John Ford bei Dreharbeiten zu einem Film im Zeitplan um einen Tag hinterherhinkte, beklagte sich Studioboss Sam Goldwyn über die dadurch entstehenden Kosten.

Goldwyn hielt Ford an, schneller zu arbeiten und fünf Drehbuchseiten pro Tag abzudrehen. Daraufhin riss Ford fünf Seiten aus seinem Manuskript und gab diese dem Studioboss mit den Worten: «So, jetzt sind wir wieder im Zeitplan.»

◎ ◎ ◎

Als Lyndon Johnson – der Senator von Texas war, bevor er Präsident der USA wurde – den unordentlichen Schreibtisch eines seiner Mitarbeiter sah, schnauzte er den Mann an: «Ich hoffe, in Ihrem Kopf geht es geordneter zu als auf Ihrem Schreibtisch.»

Der Mitarbeiter wollte auf seinen Chef einen guten Eindruck machen, und so räumte er alles vom Schreibtisch. Als Johnson das nächste Mal vorbeikam, bemerkte er: «Ich hoffe, Ihr Kopf ist nicht so leer wie Ihr Schreibtisch.»

◎ ◎ ◎

Kid McCoy wurde im Jahr 1896 Weltmeister im Weltergewicht. Schon früh in seiner Karriere stellte er eindrucksvoll unter Beweis, was es bedeutet, mit Haken und Ösen zu kämpfen, als er gegen einen Boxer antrat, der völlig taub war. McCoy rechnete damit, dass sein Gegner die Glocke am Ende der Runde nicht hören könnte. Plötzlich trat er einen Schritt zurück, um dem Gegner zu signalisieren, die Glocke sei ertönt und die Runde somit zu Ende. Dies war aber nicht der Fall.

Als der Gegner seine Arme senkte und sich umdrehte, um in seine Ecke zu gehen, stürzte sich McCoy auf ihn und schlug ihn k. o.

James Hill wurde zum Eisenbahnmagnat und Multimillionär. Angefangen allerdings hatte er als Hafenarbeiter in Kanada, wo er für seinen extremen Geiz bekannt war.

Eines Abends aß er mit zwei Dutzend seiner Kollegen in einem Restaurant. Nach dem Essen teilten sich die Männer die Rechnung und das Trinkgeld. Hill fragte die anderen, ob sie der Bedienung den gleichen Betrag gäben wie er. Sie waren einverstanden, wussten sie doch, dass er nie viel Trinkgeld gab.

Hill jedoch gab der Kellnerin zwanzig Dollar. Seine Kollegen fühlten sich verpflichtet, es ihm gleichzutun. Eine Woche später heirateten Hill und die Kellnerin. Er hatte einen raffinierten Weg gefunden, seiner Frau viel Geld als Hochzeitsgeschenk zu bieten.

Die Familien Cabot und Lowell waren prominente Vertreter der Bostoner Gesellschaft des frühen 19. Jahrhunderts. Aber die Dichterin Amy Lowell hasste den ganzen Clan der Cabots. Als sie an Bord des Ozeandampfers *Devonian* ging, las sie auf der Passagierliste, dass auch sechzehn Mitglieder der Familie Cabot an der Kreuzfahrt teilnahmen. Sie ordnete sofort an, ihr Gepäck wieder auszuladen, und weigerte sich, an der Kreuzfahrt teilzunehmen.

«Da sind sechzehn Cabots an Bord der *Devonian* für diese Kreuzfahrt», erklärte Lowell. «Der liebe Gott wird sich so eine gute Gelegenheit nicht entgehen lassen.»

Man muss nicht unbedingt jemanden überlisten, wenn man mit dem zufrieden ist, was man hat. Der Naturforscher John Muir erklärte einmal, er sei reicher als der Millionär E. H. Harriman, weil «ich all das Geld habe, das ich will, und er nicht».

KAPITEL 14

Diese arroganten Idioten!
Nichts kann *so* lustig sein

❉ ❉ ❉

«Für seinen Hund ist jedes Herrchen Napoleon», bemerkte der Schriftsteller Aldous Huxley. «Daher auch die fortwährende Beliebtheit von Hunden.»

Ein Hund schert sich nicht darum, wie groß das Ego seines Herrchens ist – so wenig wie wir selbst. Ohne diese arroganten Idioten wäre die Welt ein ruhigerer, aber weit weniger lustiger Ort.

Betrachten wir ein großes Ego nicht als unbedingte Notwendigkeit: mehr, mehr, mehr. Arroganz ist einfach nur ein schneller Weg, um einen weiteren Freiwilligen für das Unterhaltungskomitee zu rekrutieren.

❉ ❉ ❉

Als der Jazzsänger George Melly die Rolling-Stones-Legende Mick Jagger traf, meinte er zu ihm: «Ich hätte nicht erwartet, dass du so viele Runzeln hast.»

Jagger lachte über die Bemerkung und konterte: «Das sind keine Runzeln, das sind Lachfalten.» – «Ach wirklich? Nein, nichts kann *so* lustig sein!»

❉ ❉ ❉

Eine Frau hofierte den Künstler James Whistler mit der Bemerkung, dass eine Wanderung durch die Natur sie an seine Gemälde erinnere.

«Genau», pflichtete Whistler bei und fügte – in aller Bescheidenheit für ein selbsternanntes Genie – hinzu: «Tja, die Natur macht sich langsam!»

❈ ❈ ❈

Jesus konnte übers Wasser gehen, aber der Baseballgröße Ted Williams zufolge ließ sein Ballwurf zu wünschen übrig. Als der Schläger der Red Sox, Ted Williams, einmal einen Lauf hatte, schwärmte er: «Noch nicht einmal Jesus kann mich aufhalten.»

Das Ego von Ted Williams, der den Spitznamen »Splendid Splinter« hatte, wurde nur von dem der Schriftstellerin Gertrude Stein übertroffen, die einst einen Freund fragte: «Wen gibt es deiner Meinung nach außer Shakespeare und mir?»

❈ ❈ ❈

Was ist die gefährlichste Sportart auf diesem Planeten? Sagt jemand Schach?

Im alten China wollte Kaiser Wen-Ti Schachspielen lernen. So ließ er zwei Schachexperten in seinen Palast kommen und befahl ihnen, für ihn zu spielen. Als sie ihm eröffneten, das Ziel des Spiels bestünde darin, den König zu schlagen, nahm er dies persönlich und ließ die beiden köpfen.

❈ ❈ ❈

Bei der Scheidung des Milliardärs Kirk Kerkorian verlangte seine Frau Lisa 320 000 Dollar monatlichen Unterhalt für die dreijährige Tochter. Sie legte dem Gericht dar, das Mädchen benötige im Monat 144 000 Dollar für Reisen, 14 000 Dollar für Verabredungen, 10 000 Dollar für Essen, 1000 Dollar für Spielzeug, Videos und Bücher sowie 436 Dollar für den Hasen.

Nun ja, welche Tochter verreist nicht für 144 000 Dollar im Monat?

❈ ❈ ❈

Als Richard Nixon in das Weiße Haus einzog, wurde das Sicherheitspersonal angewiesen, den Präsidenten oder seine Familie niemals direkt anzusehen.

❀ ❀ ❀

Betrachtet man die Arroganz der politischen Führer dieser Welt, mag man sich vorkommen wie die Komödiantin Lily Tomlin, die meinte: «Egal wie zynisch man wird, es ist unmöglich, dranzubleiben.»

❀ ❀ ❀

Pop-Ikone Donna Summer enthüllte ein Geheimnis des Planes zur Schöpfung der Menschheit: «Gott musste erst die Discomusik erfinden, damit ich geboren werden und erfolgreich sein konnte.»

❀ ❀ ❀

Die Schriftstellerin Maya Angelou: «Ich finde es interessant, dass die bedauernswertesten Kreaturen, die ärmsten Existenzen Gottes Wille zugeschrieben werden. Aber je wohlhabender Menschen werden und je mehr ihr Lebensstandard steigt, desto weniger wird Gott damit in Verbindung gebracht.»

❀ ❀ ❀

General Douglas MacArthur, Kriegsheld des Zweiten Weltkriegs, ließ hinter seinem Schreibtisch einen fünf Meter hohen Spiegel anbringen, damit er Besuchern größer erschien, die in sein Büro kamen. Ebenso befahl MacArthur Fotografen, ihn aus der Froschperspektive zu fotografieren, damit er auf den Fotos größer wirkte.

Dieser Mann brachte die Wende im Pazifikkrieg und war einer der mächtigsten Generäle aller Zeiten. Doch dies war ihm irgendwie eine Nummer zu klein.

Viele bedeutende Militärführer in der Geschichte waren klein, so auch zwei Welteroberer, denen man ihre Feldzüge nicht unbedingt zugetraut hätte: Dschingis Khan und Napoleon. Beide kamen aus dem Nichts und schufen riesige Imperien. Trieb sie das Gefühl an, anderen arroganten Männern unterlegen zu sein? Mag sein. Jedenfalls waren sie militärische Genies – und ihrer Zeit weit voraus.

❋ ❋ ❋

Außenminister John Foster Dulles gab zu, in seiner politischen Karriere einen Fehler begangen zu haben. «Ich dachte, eine falsche Entscheidung getroffen zu haben», erklärte er, «aber es stellte sich heraus, dass ich richtiglag.»

Worin lag also der Fehler? Dulles gestand: «Ich habe den Fehler begangen, zu denken, ich hätte einen begangen.»

Dies ist die angemessene Art eines politischen Führers, mit Selbstgefälligkeit umzugehen – wenn er recht hat. Große Staatsmänner wie Churchill, Roosevelt und Dulles waren souverän und integer, als sie die Welt durch verheerende Zeiten führten.

Seitdem sind unsere Staatsoberen zu mittelmäßigen Politikern verkommen, die in wichtige Machtpositionen gelangen und glauben, kraft ihres Amtes hätten sie immer recht.

❋ ❋ ❋

Arroganz in der Geschäftswelt machte den Anwalt Joe Jamail Jr. zu einem reichen Mann. Er erreichte verschiedene millionenschwere Abfindungen für seine Mandanten.

«In Amerika laufen viele aufgeblasene, arrogante, ichbezogene, mittelmäßige Leute herum, deren Entscheidungen und Fehlentscheidungen mich reich gemacht haben.»

❋ ❋ ❋

Weil ich es so sage!» Dieses letzte aller elterlichen Argumente beendet jegliche Diskussion, wenn Ihnen nichts Besseres einfällt, und Ihre Kinder wissen, was sie zu tun haben.

«Weil ich es so sage!», funktioniert beim Militär und in der Schule ebenso wie bei Vorgesetzten. Das Ganze ist allerdings mit einem kleinen Fehler behaftet, wie Professor Lionel Abel erläuterte: «Ich habe festgestellt, dass die Menschen, die zu Fehleinschätzungen neigen, wesentlich stärker darauf bestehen, dass wir tun, was sie für das Beste halten.»

Das erklärt die politische Arbeit im Kongress.

⌘ ⌘ ⌘

Popstars sind Menschen wie du und ich, außer dass sie reich und berühmt sind. Vielleicht sind deren Geld, Immobilienbesitz und exklusiven Restaurantbesuche unerreichbar für Sie, aber ab sofort liegt etwas weit Wichtigeres für Sie in Reichweite: die Bräune der Stars. Eine englische Firma passt Ihren Hautton an den Ihres Idols an. Spitzenreiter in der Hautton-Beliebtheitsskala sind derzeit – zumindest für die nächsten fünfzehn Minuten – die zarten Töne von Paris Hilton und Jennifer Lopez.

Werden sie Urheberrechte geltend machen und wegen Identitätsklau oder Körperverletzung vor Gericht ziehen?

Der Filmstar Joan Crawford: «Das Wichtigste im Leben einer Frau – außer ihrem Talent natürlich – ist ihr Friseur!»

Eitelkeit gibt es überall in Amerika, spiegelt sich dies doch in der Kleidung der Modebewussten, den Autos, die sie fahren, und den Verhaltensweisen wider, die sie zur Schau tragen.

Aber nur in Hollywood kann sich dieser Wesenszug auch in Papiermüll äußern.

❋ ❋ ❋

Der Produzent des Films *Die Unbestechlichen* war besessen von der Idee, einen absolut authentischen Set für den Film über die beiden Reporter der *Washington Post* zu schaffen, die Nixons Watergate-Skandal aufdeckten. So ließ er Original-Papiermüll von der echten Zeitung nach Hollywood einfliegen, um in dem Film den Part des Redaktionsmülls authentisch zu besetzen.

❋ ❋ ❋

Der berüchtigte Rote Baron, ein deutscher Kriegsheld des Ersten Weltkriegs, war ein Pilot mit außerordentlichen Fähigkeiten, der nach achtzig erfolgreich bestandenen Luftkämpfen nicht gerade ein unterentwickeltes Ego hatte. «Wenn ich einen Engländer abgeschossen habe, befriedigt dies meinen Jagdtrieb für eine Viertelstunde», prahlte er. Kein Wort darüber, für wie lange der Trieb befriedigt war, nachdem er einen Franzosen oder Amerikaner abgeschossen hatte.

❋ ❋ ❋

Der Staatsmann Henry Kissinger über die Vorteile des Ruhms: «Wenn ich jemanden auf einer Party langweile, denkt er, es liegt an ihm.»

❋ ❋ ❋

Als Henry Miller noch ein junger Schriftsteller war, wollte keiner seine aus der Reihe fallenden Bücher veröffentlichen. Seine Werke *Wendekreis des Krebses* und *Wendekreis des Steinbocks* wurden schließlich in Frankreich veröffentlicht, blieben in seinem Heimatland USA jedoch verboten. Die Zensoren und Gerichte wiesen die Bücher wegen ihrer obszönen Darstellung von Millers sexuellen Erfahrungen zurück.

Nachdem die Zensoren ihren Widerstand aufgegeben hatten und Millers Bücher zu Bestsellern wurden, sah sich der Künstler und Schriftsteller neuen Problemen gegenüber.

«Einem echten Künstler geht es nicht um Ruhm», erkannte er. «Alles, was er will, ist, ausreichend Platz sowie die Freiheit zu haben, das zu tun, was ihm gefällt. Und alles andere – Geld, Ruhm, Erfolg – ist wie fehlende Anerkennung, Armut oder Hunger.»

❈ ❈ ❈

Der Dramatiker Arthur Miller erkannte einen weiteren Egotrip auf dem Weg zum Erfolg: «Erfolg statt Selbstbestimmung wird zu einem Lebensstil», meinte er. «Wir taxieren jeden – jeden Tag, jede Stunde, jede Minute.»

❈ ❈ ❈

Selbst wenn Sie selbstkritisch genug sind, sich nicht so wichtig zu nehmen, heißt das nicht, dass Ihr Ego Ihnen nicht den Rang abläuft. Wie der Philosoph Friedrich Nietzsche betonte: «Wer sich selbst verachtet, ist noch lange kein Selbstverachter.»

❈ ❈ ❈

Egal wie eingebildet Sie sind – es ist eine Herausforderung, die Spitze zu erreichen. Sie mögen 5000 Paar Schuhe besitzen, die Frau irgendeines Diktators um die Ecke hat 6000 Paar. «Nichts besänftigt unsere Eitelkeit mehr als die Zurschaustellung der Eitelkeit anderer», merkte der Theaterkritiker Louis Kronenberger an. «Dann nämlich bilden wir uns etwas auf unsere Bescheidenheit ein.»

❈ ❈ ❈

Wir dürfen auf unser Äußeres stolz sein, aber wir erkennen deutlich, dass andere zu eitel sind. Oder wie es der Schriftsteller Gore Vidal formulierte: «Ein Narziss ist jemand, der besser aussieht als man selbst.»

❆ ❆ ❆

Als ein politischer Gegner eine falsche Bescheidenheit an den Tag legte, wies ihn Premierministerin Golda Meir mit den Worten zurecht: «Tun Sie nicht so bescheiden, so toll sind Sie überhaupt nicht.»

❆ ❆ ❆

Wenn Sie selbst nicht wissen, worüber Sie gerade reden, hilft Ihnen Ihr Ego auf die Sprünge: einfach lauter sprechen.

Nehmen wir Marge Schott, berühmt-berüchtigte Eigentümerin des Baseballteams der Cincinnati Reds. Einmal ließ sie sich von patriotischen Gefühlen hinreißen und entriss dem Stadionsprecher das Mikrophon, um die Baseballfans über die Wichtigkeit des ersten Golfkrieges aufzuklären. Sie widmete das laufende Spiel den amerikanischen Truppen im «Mittleren Westen» und betete für «unsere Jungs im Fernen Osten».

Geographisch mag sie ihr Ziel verfehlt haben, ihre Botschaft jedoch kam an – schließlich hatte sie das Mikrophon.

Einmal unternahm Schott auch den Versuch, ihrer Mannschaft Glück zu bringen, indem sie dem Team-Manager eine Locke ihres Hundes in die Hose stopfte.

❆ ❆ ❆

Der texanische Ölmagnat James Marion West Jr. aus Houston machte sich einen Spaß daraus, eine Handvoll Silberdollars auf die Straße zu werfen. Er ergötzte sich daran, Menschen Kleingeld hinterherlaufen zu sehen.

West trat auch den Texas Rangers, einer Polizeieinheit, bei

und gab sich eine eigene Dienstmarke, die mit Diamanten geschmückt war. Meinen Sie nicht auch, dass Verdächtige sich geehrt fühlten, von einem Texas Ranger mit diamantbesetzter Dienstmarke festgenommen zu werden?

Um jederzeit gegen Kriminelle gewappnet zu sein, trug er immer eine 45er in einem goldenen Halfter und bestückte seine Autos mit Gewehren, Pistolen und Maschinengewehren.

* * *

Als der exotischen Sängerin Josephine Baker aus Amerika Paris in den 1920er Jahren zu Füßen lag, lief sie mit ihrem Haustier – einem Schwan – an der Leine über die Boulevards der französischen Hauptstadt. Sie genoss ihren Ruf als Skandalnudel und nahm ihr zweites Haustier, einen Geparden, mit in die Oper. Die Musik machte den Geparden aggressiv, er sprang in den Orchestergraben und attackierte die Musiker.

* * *

Der College-Footballtrainer Frank Leahy bemerkte einst: «Die Selbstgefälligkeit betäubt den Schmerz der Dummheit.»

* * *

In den 1920er Jahren verfiel der Zeitungsmagnat William Randolph Hearst der Schauspielerin Marion Davies. Auf sein Geheiß musste fortan in all seinen Zeitungen jeden Tag von ihr berichtet werden. Was auch geschah.

Aber so sehr er sich auch bemühte, seine Angebetete in Szene zu setzen – ein Hollywoodstar wurde sie nicht.

* * *

Regisseur Alfred Hitchcock plante jede Szene seiner Filme akribisch. Als am schwierigsten zu handhabendes Element beim Dreh eines Films erwiesen sich jedoch die Schauspieler.

Hitchcock nörgelte oft über die Mimen, die nicht genau so agierten, wie er es sich vorgestellt hatte.

Hitchcock wusste, wo er die perfekten Schauspieler finden konnte – engagieren konnte er sie nicht. «Disney hat natürlich das beste Casting», sagte er einst etwas eifersüchtig. «Wenn der einen Schauspieler nicht mag, reißt er ihn einfach in Stücke.»

⌘ ⌘ ⌘

Im 4. Jahrhundert v. Chr. brannte ein junger griechischer Idiot namens Herostratus den Tempel der Göttin Diana in Ephesus nieder.

Dabei hatte Herostratus weder die Absicht, den Kult der Göttin zu zerstören, noch, seine Feinde anzugreifen. Er zündete den Tempel nur an, damit sein Name in die Geschichte eingeht. Mit Erfolg.

⌘ ⌘ ⌘

Aus welchem Grund lehnen Schauspieler wohl eine Rolle in Filmen ab, die später für den, der die Rolle annahm, zum Kassenschlager wurden?

Die Erklärung ist einfach: Keiner in Hollywood kann sagen, ob ein Film floppt oder wie eine Bombe einschlägt.

Die meisten Stars fürchten so sehr die Konsequenzen, die es für ihre Karriere möglicherweise mit sich bringt, einmal schlecht auszusehen, dass sie an einer anspruchsvollen Rolle in einem Film erst gar nicht interessiert sind, der ein Klassiker werden könnte – allerdings auch zum Gespött der gesamten Filmindustrie.

Daher lehnen Schauspieler oftmals Filmprojekte ab, die sie später wie Tölpel aussehen lassen.

1. Frank Sinatra verzichtete auf Marlon Brandos Hauptrolle in *Die Faust im Nacken*.
2. Marlon Brando seinerseits lehnte die Hauptrolle Peter O'Tooles in *Lawrence von Arabien* ab.

3. Doris Day wollte nicht Anne Bancrofts Rolle in *Die Reife-prüfung* spielen, Robert Redford nicht Benjamin Braddock. So wurde Dustin Hoffman weltberühmt.

   Doris Day und Robert Redford als Liebespaar? Kaum vorstellbar, und wenn, würde sich kaum einer noch daran erinnern, hätte diese Konstellation doch gefloppt.

4. *Der Pate* wäre ein anderer Film geworden, wenn Robert Redford oder Dustin Hoffman Al Pacinos Rolle als Sohn des Mafiabosses übernommen hätten.

   Wie flexibel ist Hollywood eigentlich (oder wie unsicher in seinem eigenen Handeln), wenn Al Pacino, Dustin Hoffman oder Robert Redford ein und dieselbe Rolle spielen könnten?

5. Al Pacino verwarf Angebote für *Pretty Woman* und *Crimson Tide – in tiefster Gefahr*. Erstaunlicherweise sollte er auch die Rolle des Han Solo in *Star Wars* spielen. Pacino im Weltall? Was haben die Leute sich dabei gedacht?

6. Jodie Foster lehnte die Rolle von Sharon Stone in *Basic Instinct* ab. Und bekam nur die Hauptrolle in *Das Schweigen der Lämmer*, weil Michelle Pfeiffer abgesagt hatte.

7. W. C. Fields wollte in *Der Zauberer von Oz* nicht den Zauberer spielen.

❉ ❉ ❉

Im alten Hollywood hatten die Stars kaum die Möglichkeit, selbst falsche Entscheidungen zu treffen, waren sie doch durch lebenslange Verträge an die großen Filmstudios gebunden, die für sie die falschen Entscheidungen trafen.

Shirley Temple sollte die Rolle der Dorothy in *Der Zauberer von Oz* spielen. Die 20th Century Fox lieh sie jedoch nicht an MGM aus, was damals durchaus übliche Praxis war. Niemand dachte, dass *Der Zauberer von Oz* einer der bekanntesten Filme aller Zeiten werden würde, und die 20th Century Fox wollte seinen Star nicht mit einem Flop in Verbindung gebracht sehen.

Allein aus diesem Grund spielte Judy Garland die Rolle, mit der sie sich unsterblich machte.

❅ ❅ ❅

Der Militärstratege Hans Delbruck sagte: «Militärstrategie besteht darin, einen Fehler weniger als der Feind zu machen.» Diese Aufgabe gestaltet sich einfacher, wenn man intelligent genug ist, sich besonders dumme Gegner auszusuchen.

Generalleutnant Sir Charles Warren, britischer Befehlshaber im zweiten Burenkrieg, hätte die Schlacht um Spion Kop gewonnen, wenn ihm klar gewesen wäre, zu dem Zeitpunkt angreifen zu müssen, als seine Truppen dem Gegner zahlenmäßig überlegen waren – statt auf sein Gepäck zu warten.

Warrens Truppen verloren ihren strategischen Vorteil, als Warren 26 Stunden lang höchstpersönlich die britischen Soldaten bei der lebenswichtigen Mission befehligte, sein Gepäck über den Fluss zu transportieren. Während er diese Aufgabe mit Erfolg bewältigte, war die Verstärkung der Buren eingetroffen, deren Soldaten sich sogleich in den Schützengräben verschanzten. Warren blies genau im richtigen Augenblick zum Angriff, um seine Truppen zu dezimieren. Ob unter seinem Gepäck Verluste zu beklagen waren, ist nicht überliefert.

Hätte nur einer seiner Lehrer in der Offiziersschule das lebenswichtige Thema von Gepäcktransporten in Kampfsituationen angesprochen.

❅ ❅ ❅

Die *Kraterschlacht*, der Kampf um Petersburg im amerikanischen Unabhängigkeitskrieg, hätte eigentlich als einer der glanzvollsten Siege der Unionstruppen in die Geschichte eingehen müssen – und nicht als eines der dümmsten Debakel.

Schlaue Bergbauingenieure auf Seiten der Union hatten

unter den Stellungen der Konföderierten einen Geheimtun-
nel gegraben. Mit Dynamit sprengten sie die feindlichen Stellungen in die Luft, um die Grauen zu überraschen. Der Sieg
schien gewiss, bis der berüchtigte General Ambrose Burnside
seinen Truppen den Befehl gab, durch den riesigen Graben
anzugreifen, den die Explosion aufgerissen hatte. Die Konföderierten begriffen schnell, woran Burnside nicht im Traum
gedacht hatte: Die Unionssoldaten waren in ihrem eigenen
Graben gefangen. Die Konföderierten gingen zum Gegen-
angriff über und schlachteten die Blauen ab.

Als Präsident Abraham Lincoln von der Wende im Kriegs-
geschehen erfuhr, die 4000 Unionssoldaten das Leben kostete,
sagte er: «Nur Burnside konnte so einen Coup landen und sich
den Sieg noch aus der Hand nehmen lassen.»

⚜ ⚜ ⚜

Selbst große politische Führer haben Momente, in denen
der gesunde Menschenverstand sie verlässt. Als George
Washington die amerikanischen Truppen im Unabhängigkeitskrieg führte, verlangte er von den Freiwilligen und der
Miliz strenge militärische Disziplin.

Washington ließ die Soldaten auspeitschen, wenn sie La-
gerregeln verletzten, für schlimmere Vergehen wurden sie
sogar hingerichtet. Andere Offiziere versuchten ihren General
davon zu überzeugen, dass diese extreme Disziplin die Moral
einer Freiwilligenarmee untergrabe.

Schließlich hörte Washington auf seine Berater und stopp-
te die unmenschlichen Bestrafungen – was jedoch nicht für
fußlahme Soldaten galt, die gezwungen wurden, mit Kano-
nenkugeln an den Füßen über einen Holzbalken zu springen.

⚜ ⚜ ⚜

Der Eigentümer des Baseballteams der Oakland Athletics,
Charlie Finley, war einer der wenigen, der sagte, was er dach-

te, auch wenn er damit oftmals aneckte. Besonders kritisch äußerte er sich immer wieder über die Entscheidungen des Präsidenten der amerikanischen Baseballliga, Bowie Kuhn: «Ich habe Bowie Kuhn oft einen Dorftrottel genannt. Ich entschuldige mich hiermit bei allen Dorftrotteln in Amerika. Er ist ein nationaler Volltrottel.»

⌘ ⌘ ⌘

Der Filmmogul Barry Diller betrachtete den Führungsstil seines Filmmogul-Kollegen Jon Peters als ruppig. «Jon ist ein unmöglicher Mensch», meinte Diller, «aber diese Art macht ihn irgendwie auch liebenswert.»

Aber wie weit konnte Peters gehen? Als Boss eines Filmstudios kam er mit allem durch. Der Produzent Steve Roth sollte einen der weniger bekannten Filme von Arnold Schwarzenegger produzieren, *Last Action Hero*. Als Peters entschied, den Film selbst zu machen, ließ er das Studio an Roth eine Million Dollar zahlen – fürs Nichtstun wohlgemerkt. Viele von uns wären bereit, schon für 50 oder 60 Riesen nichts zu tun.

⌘ ⌘ ⌘

Der reiche Philanthrop George Delacorte Jr. spendete großzügig Geld für den New Yorker Central Park. Aber er rückte keinen Cent für den Kampf gegen die Armut heraus.

«Menschen sind arm, weil sie dumm oder faul sind», erklärte Delacorte. «Fütterst du sie durch, bleiben sie ihrem Lebensstil treu.»

⌘ ⌘ ⌘

Das Supermodel Beverly Johnson wartete mit einer einzigartigen Sichtweise im Hinblick auf finanzielle Prioritäten auf: «Jeder Mensch sollte sich Schönheitsoperationen leisten können.»

*B*asketballstar Shaquille O'Neal auf die Frage, ob er bei seinem Griechenlandaufenthalt den Parthenon besucht habe: «Ich kann mich wirklich nicht an die Namen aller Clubs erinnern, in denen wir waren.»

⌘ ⌘ ⌘

Hollywood liebt es, teure Schinken zu produzieren, wie Filmproduzent Joe Levine bestätigte: «Du kannst alle an der Nase herumführen, solange nur das Budget groß genug ist.»

Der Kolumnist Kin Hubbard schrieb: «Optimist zu sein, wenn man alles hat, zählt nicht.»

«Wäre ich bei der Schöpfung dabei gewesen», sagte König Alfonso aus Spanien im 12. Jahrhundert, «hätte ich einige wertvolle Tipps für Seine Gottheit gehabt.» Hätten wir auch. Zum Beispiel, keine spanischen Könige zu erschaffen, sie sind die Mühe einfach nicht wert.

⌘ ⌘ ⌘

*A*ls Schriftsteller, Regisseur und Filmstar war Orson Welles in den 1940er Jahren eines der größten Multitalente Hollywoods – eine Meinung, der Welles bald beipflichtete. Wie sagte noch der Drehbuchautor Herman Mankiewicz einst über Welles? «Es hätte auch Gott erwischen können.»

⌘ ⌘ ⌘

Der britische Premier Winston Churchill sagte genau das Gleiche über einen seiner politischen Gegner, Sir Stafford Cripps. Obwohl Gott in der Regel einzigartig ist, streben viele Leute diesen Posten an.

Der Physiker G. C. Lichtenberg: «Der Selbstverliebte hat zumindest den Vorteil, dass er nicht viele Rivalen zu fürchten hat.»

An dieser Stelle noch drei Ratschläge für diejenigen, die im Sinne von etwas mehr Bescheidenheit den ernsthaften Versuch unternehmen wollen, ihrem Ego die Zügel anzulegen:

1. In Chicago pflegte man in der Zeitungsbranche zu sagen: «Wenn deine Mutter sagt, sie liebt dich – finde es heraus.»

2. Die Briefkastentante Ann Landers rät: «Nehmen Sie die Liebe Ihres Hundes nicht als schlüssigen Beweis dafür, dass Sie toll sind.»

3. Die Arroganten mögen viel Staub aufwirbeln, das letzte Wort gehört jedoch dem Schriftsteller Maurice Maeterlinck, der die Dinge zurechtrückte, als er sagte: «Lebende sind Tote im Urlaub.»

❀ ❀ ❀

KAPITEL 15

Sie war gar kein Waschbär: Überraschende Dinge, die die Menschen nicht wissen

Ein Mann aus Texas, der seine Schwiegermutter umgebracht hatte, brachte ein ganz neues Argument zu seiner Verteidigung vor: Er hatte sie für einen großen Waschbären gehalten.

Natürlich hätte er niemals die Mutter seiner Frau erschossen, sagte er vor Gericht, wenn er bemerkt hätte, dass sie kein Waschbär war.

Die Geschworenen nahmen ihm diese Erklärung natürlich nicht ab.

Aber man weiß nie, was die Leute alles nicht wissen – obwohl ziemlich sicher ist, dass sie später wünschten, sie hätten es gewusst.

«Ich hatte keine Ahnung!» werden sie sagen, nachdem sie etwas unvorstellbar Dummes gemacht haben. «Wer hätte ahnen können, dass alles schiefgehen und ich wie ein Idiot dastehen würde!» Ach wirklich?!

Der Erfinder Walter Hunt konstruierte im Jahr 1894 die erste Sicherheitsnadel. Er hätte mit dem kleinen Instrument Millionen verdienen können, wenn er geahnt hätte, dass es zu einem weltweit gebräuchlichen Haushaltsgegenstand werden würde. Da er aber zu dieser Zeit 15 Dollar Schulden hatte, brauchte er Bargeld und verkaufte das Patent für 400 Dollar.

Laut einer Untersuchung bestellten amerikanische Frauen in den Siebzigern im Versandhandel wirkungslose Brustvergrößerungsprodukte im Wert von 40 Millionen Dollar.

Schon seit Jahrhunderten haben Betrüger mit Systemen zur Brustvergrößerung und -verschönerung viel Geld ergaunert. Im 19. Jahrhundert zum Beispiel kauften viele Engländerinnen spezielle Brustwarzenringe, die angeblich ihre Brüste vergrößern und in Form bringen würden.

Der letzte Schrei im lukrativen Geschäft mit großen Oberweiten: In Hongkong verkaufen findige Unternehmer geheimnisvolle Klingeltöne, die angeblich bei jedem Anruf den Busen der Angerufenen vergrößern.

Das könnte funktionieren, denken die Abnehmerinnen, so wie sie es seit Jahrhunderten über zahlreiche pfundige Ideen denken. Dabei könnten sie viel Geld sparen – zum Beispiel wenn sie das Geheimnis des Filmstars Hedy Lamarr kennen würden. Ihr Ratschlag: «Jedes Mädchen kann glamourös aussehen – sie muss nur stillstehen und ein dummes Gesicht machen.»

Oscar Levant, der geistreiche Radiomoderator und Pianist, trank 40 bis 60 Tassen Kaffee pro Tag – und beklagte sich dann endlos über seine Schlaflosigkeit.

Obwohl Levant einer der klügsten Männer seiner Zeit war (zumindest in Hollywood), sah er augenscheinlich nicht ein, dass womöglich ein Zusammenhang zwischen seinem Kaffeekonsum und seiner Schlaflosigkeit bestehen könnte.

Im Jahr 2003 suchte die Polizei in Missouri nach flüchtigen Verbrechern. Die Beamten fragten einen Mann, ob sie sich in seinem Haus umsehen dürften, da sie den Verdacht hatten, die Kriminellen könnten sich dort verstecken. Der Mann erlaubte ihnen, sein ganzes Haus zu durchsuchen – nicht aber die Garage. Er war der Meinung, dies sei ein nachvollziehbares Anliegen – und nichts, was die Polizisten misstrauisch machen könnte.

Die Beamten besorgten sich einen Durchsuchungsbefehl für die Garage und fanden ein Labor zur Herstellung von Methamphetaminen.

In Michigan ließ eine Ladendiebin im Jahr 2002 auf der Flucht ihre Handtasche mit den Kleidungsstücken fallen, die sie gerade gestohlen hatte. Sie konnte entkommen, wollte aber unbedingt ihre Tasche wiederhaben. Also rief sie die Polizei an und fragte, ob jemand die Tasche abgegeben hätte.

«Sie haben Glück», sagte der Beamte, «wir haben Ihre Tasche hier auf dem Revier. Kommen Sie doch einfach vorbei und holen Sie sie ab.» Die Ladendiebin hatte keine Ahnung, dass man verhaftet werden kann, wenn man zur Polizei geht und Gegenstände abholen will, die man am Ort eines Verbrechens zurückgelassen hat. Sie fühlte sich sicher, bis sie auf dem Revier auftauchte und verhaftet wurde. Wie unfair!

Meine Arbeit ist meiner Kontrolle entglitten, ich habe ein Monster erschaffen: ein schrecklich langes, komplexes, ziemlich bitteres und recht furchteinflößendes Märchen, das für Kinder ungeeignet ist – wenn nicht sogar für alle Menschen.»

Diese pessimistische Einschätzung traf ein Schriftsteller, kurz bevor er im Jahr 1950 das erste Buch einer Reihe veröffentlichte. Um welchen Autor handelt es sich hier wohl?

Ein Hinweis: Es war ein sanftmütiger Oxford-Professor für alte Sprachen, der sich im Grabe umdrehen würde, wenn er von den Verfilmungen seiner Bücher wüsste – ganz zu schweigen von den T-Shirts, Spielen und Action-Figuren.

Hätte er seine Bücher überhaupt veröffentlicht, wenn er geahnt hätte, dass sie sich in derartige kommerzielle Monster verwandeln würden?

Die Rede ist von John Ronald Reuel Tolkien und seiner epischen Trilogie *Der Herr der Ringe*, von der weltweit mehr als 100 Millionen Exemplare verkauft wurden.

Wenn Sie American Football für eine ruppige Sportart halten, sollten Sie eines bedenken: Vor 95 Jahren waren sogar Fußtritte, Faustschläge und andere schmerzhafte Attacken in diesem College-Sport erlaubt; und die Spieler trugen damals noch nicht einmal einen Helm!

Nicht dass Helme unbekannt gewesen wären – Soldaten hatten sie schon seit Jahrhunderten getragen. Die Spieler, die diesen Sport im College ausprobierten, betrachteten Football aber nicht als eine Form des Nahkampfs.

Allein in der College-Saison 1905 starben 18 Spieler in voller Aktion auf dem Spielfeld.

Nachdem Peru ein Fußballspiel gegen Argentinien knapp verloren hatte, zettelten die peruanischen Fans einen Tumult an, und 300 von ihnen kamen ums Leben. Anscheinend waren ihnen die folgenden drei Grundregeln des Fußballs nicht geläufig:

1. Fast alle Fußballspiele enden mit einem knappen Ergebnis.
2. Es gibt immer einen Verlierer.
3. Das nächste Spiel kommt bestimmt – man kann ihm aber nicht beiwohnen, wenn man bei Krawallen nach dem vorherigen Match sein Leben gelassen hat.

Ausschreitungen im Fußball sind aber nur ein Sturm im Wasserglas im Vergleich zu den Tumulten, die vor 1400 Jahren in Konstantinopel nach dem umstrittenen Ausgang eines Wagenrennens ausbrachen: Sie kosteten 30 000 Fans das Leben.

*E*ine Frau wollte ihrem Auto alle nötige Pflege angedeihen lassen. Sie wusste, dass ein Ölwechsel fällig war, aber nicht, dass man in der Werkstatt zu diesem Zweck die Haube öffnen und einen Blick in den Motorraum werfen würde.

Hätte ihr das bloß jemand gesagt – sie hätte sicher die Marihuana-Päckchen entfernt, die sie mit Klebeband an der Innenseite der Motorhaube befestigt hatte und die sie im Anschluss an den Ölwechsel bei einem Dealer abliefern wollte.

Der Mechaniker rief die Polizei, und die Frau wurde verhaftet, was beweist, dass in kriminellen Kreisen auch ein Ölwechsel zu einem riskanten Unterfangen werden kann.

*T*ausende von Musikern hegen den Traum, entgegen aller Wahrscheinlichkeit große Rockstars zu werden. Sie wollen herausstechen aus der Masse der Bands und Einzelkünstler, die für ein paar Nummern im Rampenlicht stehen und dann schnell wieder in Vergessenheit geraten. Also suchen sie sich einen Sänger mit einer außergewöhnlichen Stimme, pflegen einen unverwechselbaren Stil oder bieten eine außergewöhnliche Bühnenshow.

Manchmal gehen diese Bemühungen aber auch zu weit: Einige spätere Weltstars hätten sicher auf einige Mätzchen verzichtet, wenn sie von ihrem Erfolgspotenzial überzeugt gewesen wären.

1. Zunächst nannten sie sich The Pendletons, weil sie hofften, von einer gleichnamigen Bekleidungsfirma in Oregon mit Hemden ausgestattet zu werden. Das klappte aber

nicht, also änderten sie den Bandnamen in The Beach Boys und schrieben Rock-'n'-Roll-Geschichte.

2. Am Anfang seiner Karriere bestand das Repertoire von Sänger Neil Diamond nur aus drei Songs. Um wenigstens optisch eine gute Figur zu machen, trug er auf der Bühne schwarze Hosen, ein schwarzes Hemd, schwarze Stiefel und einen schwarzen Cowboyhut, und er spielte eine schwarze Gitarre. Ein Weltstar wurde er aber trotz dieser Aufmachung.

3. Vor seiner Solokarriere spielte der britische Songschreiber Donovan in der Band The McCarbs, deren Mitglieder in Kapuzenumhängen mit Augenschlitzen auftraten.

4. Das Bühnenoutfit der in den Sechzigern sehr populären Band Paul Revere and the Raiders bestand aus Uniformen aus dem amerikanischen Unabhängigkeitskrieg und Dreispitz-Hüten, wie sie von den Kolonisten im 18. Jahrhundert getragen wurden.

«Dieses Outfit war wirklich einzigartig», sagte Bandleader Mark Lindsay, «niemand – wirklich niemand – sah so idiotisch aus wie wir.»

Eltern aus ganz China reisten mit ihren Kindern nach Hongkong, als dort im Jahr 2005 der Disney-Vergnügungspark eröffnet wurde. Die Betreiber hatten nicht im Traum mit einem derartigen Ansturm gerechnet – vielleicht war ihnen nicht bewusst, dass China das bevölkerungsreichste Land der Erde ist. Nach kurzer Zeit war der Park völlig überlaufen, und der Ticketverkauf musste gestoppt werden. Das half aber nicht gegen die gefährliche Überfüllung des Parks: Eltern hoben ihre Kinder über den Zaun und stiegen selbst hinterher. Irgendwie war ihnen entgangen, dass «Kinder-über-den-Zaun-werfen» nicht zum offiziellen Disneyland-Programm gehörte und zu Verletzungen und Verhaftungen führen würde.

Während des Deutsch-Französischen Krieges stahlen Soldaten im Jahr 1871 1000 Werke des großen Malers Camille Pissarro. Hätten die Soldaten gewusst, dass die Gemälde ein Vermögen wert waren, hätten sie sicher nicht die Leinwände aus den Rahmen gerissen und auf den Boden gelegt, um trockenen Fußes ein sumpfiges Feld zu durchqueren.

Das National Institute on Alcohol Abuse, eine Institution, die gegen den Alkoholmissbrauch kämpft, gab in den 1970er Jahren eine Million Dollar aus, um herauszufinden, ob betrunkene Fische aggressiver sind als nüchterne. Sie sind es in der Tat, weshalb man niemals angeln gehen sollte, wenn die Fische vorher heftig gezecht haben.

Wenn die Amerikaner wüssten, für welch wichtige Dinge die Regierung ihre Steuergelder ausgibt, würden sie sich bestimmt nie wieder über zu hohe Abgaben beschweren.

Wer wollte beanstanden, dass die Luftwaffe im Jahr 1990 herauszufinden versuchte, ob der Lärm ihrer Jets trächtigen Stuten schaden könnte. Sie gaben lächerliche 100 000 Dollar Staatsgelder für eine Studie aus, deren Ergebnis ein «definitives Vielleicht» war.

Und niemand aus der Sanitär-Branche wollte sich 1989 darüber beschweren, dass das Pentagon Klodeckel für die Toiletten in seinen Frachtflugzeugen kaufte – zu einem Stückpreis von 2000 Dollar.

Aber dies ist noch gar nichts im Vergleich zu dem Schnäppchen, das die Marine im Jahr 1985 machte: einen ungefähr drei Meter großen Fußabtreter für läppische 792 Dollar!

Wenn Sie jetzt den Verdacht haben, dass die Affen den Zoo regieren, sind Sie einer Meinung mit dem Wirtschaftswissenschaftler Milton Friedman, konstatierte dieser doch: «Die Lösung eines Problems durch die Regierung ist normalerweise ebenso schlimm wie das Problem selbst.»

In den 1970er Jahren führte die US-Armee eine Befragung unter ihren Soldaten durch. Man wollte herausfinden, welche Gemüsesorten die Männer am liebsten aßen und welche vom Speiseplan verschwinden sollten. In der Rangliste der Soldaten tauchte Funistrada vor Limabohnen auf. Haben Sie Funistrada schon einmal probiert? Vermutlich nicht, handelt es sich doch um ein nichtexistierendes Gemüse, das man als Gag auf die Liste gesetzt hatte. Die Soldaten zogen ein Gemüse, das sie nie gegessen hatten, den Bohnen vor, was den «Bohnensympathisanten» natürlich ganz und gar nicht gefiel.

Von den Redakteuren großer Zeitungen wird erwartet, dass sie scharfe Beobachter der politischen Szene sind oder zumindest ansatzweise wissen, wovon sie reden. Aber alle Erfahrung und Kompetenz schützt sie nicht davor, manchmal schlimmen Irrtümern zu erliegen. Dies passierte der *Chicago Times,* als sie sich über eine grauenhafte Rede des Präsidenten ereiferte.

«Jeder Amerikaner muss vor Scham erröten», schrieb das Blatt, «wenn er die dümmlichen, platten und seichten Äußerungen des Mannes hört, der intelligenten Menschen aus anderen Ländern als Präsident der Vereinigten Staaten präsentiert wird.»

Die *Chicago Times* lag völlig daneben: Der Mann, den sie so gnadenlos niedermachten, würde später als der größte Präsident in der Geschichte der USA gelten und seine kleine Ansprache vielen Generationen als leuchtendes Beispiel für eine perfekte Rede dienen. Es handelte sich um Abraham Lincoln und seine Gettysburg-Ansprache.

*E*in australischer Vater spielte mit seinen Kindern Verstecken und suchte sich ein vermeintlich perfektes Versteck, das die Kleinen garantiert nicht finden würden: Er kletterte in die Waschmaschine. Nun ist es für einen Erwachsenen schon nicht leicht, sich in eine Waschmaschine zu zwängen – noch viel schwerer ist es aber, wieder herauszukommen. Der Mann schaffte es zu seiner eigenen Überraschung nicht; seine Kinder mussten die Feuerwehr rufen, die ihn dann aus seinem Gefängnis befreite.

*I*m alten Griechenland benutzten viele Frauen weißen Gesichtspuder, um ihre Attraktivität zu erhöhen. Was sie nicht wussten: Der Puder enthielt große Mengen von giftigem Blei, und seine Verwendung kostete zahlreiche schöne Damen das Leben.

Ein paar Jahrhunderte später war kein Blei mehr im Puder enthalten – aber nun wurde vielen Kosmetika für die Damen der Oberschicht Arsen beigemischt. Die Frauen hatten keine Ahnung, dass sie sich mit ihrem Make-up vergifteten, aber da im Mittelalter viele Menschen plötzlich und aus nicht bekannter Ursache starben, fielen die Frauen eines Tages tot um, ohne zu ahnen, dass sie ein Opfer ihrer Schminke waren.

Als McDonald's Russland zu erobern begann, wollten die Firmenbosse die Filialen ganz nach amerikanischem Vorbild gestalten. So verlangten sie von den russischen Angestellten, jeden Kunden mit dem typischen breiten McDonald's-Lächeln zu empfangen.

Die russische Kundschaft war empört. Aber warum? In Russland gilt das Anlächeln eines Fremden als Geste des Spottes, des Sich-lustig-Machens.

Wer hätte das gedacht? Die finster dreinblickenden amerikanischen Geschäftsleute allem Anschein nach nicht.

Und wie löste McDonald's das Problem? Es wurden eigens Leute eingestellt, deren Aufgabe darin bestand, den in der Schlange wartenden Russen per Megaphon zuzurufen: «Wenn Sie am Tresen ankommen, werden Sie angelächelt. Das bedeutet nicht, dass wir uns über Sie lustig machen!»

Und so wurde Russland zu dem freundlichen Land, wie wir es heute kennen.

Der ungarische Autor Ferenc Molnar hatte die Gewohnheit, die ganze Nacht durchzuarbeiten und am nächsten Tag bis in den Nachmittag hinein zu schlafen. Mit dieser Gewohnheit musste er einmal brechen, als er zu früher Stunde als Zeuge in einem Gerichtsverfahren geladen war. Als er sich an dem betreffenden Morgen auf den Weg machte, sah er mit Verblüffung die vielen Menschen auf den Straßen, die zur Arbeit hasteten. Als Angehöriger der Oberschicht hatte Molnar keine Ahnung, wohin all diese Menschen gingen. «Mein Gott», rief er aus, «sind all diese Leute als Zeugen in diesem dummen Prozess geladen?»

Im 19. Jahrhundert verkaufte die Pharmaindustrie vielen Müttern ein Mittel namens «Babys Freund», das unruhigen Kindern beim Einschlafen helfen sollte. Das Mittel enthielt Morphium und ließ die Babys zwar einschlafen, machte sie aber auch süchtig. Wie soll man auch «Keine Macht den Drogen» sagen, wenn man noch nicht sprechen kann?

Das exklusive Kaufhaus Neiman-Marcus, dessen Kundschaft die gutbetuchten Kreise sind, hielt es für eine gute Idee, Dankesbriefe an Männer zu schicken, die besonders wertvollen Schmuck gekauft hatten.

Die Briefe gingen an die Heimatadressen der Männer, was nur vernünftig erschien – allerdings nur unter der Voraussetzung, dass die Männer den Schmuck für ihre Ehefrauen gekauft hatten. Wenn diese die Briefe öffneten, waren sie oft sehr überrascht und fragten sich: «Welcher Schmuck?» Diese Frage stellten sie dann auch ihren Männern – und manchmal auch ihren Scheidungsanwälten.

Für ein Kind ist die Vorstellung des Alterns ein fast widernatürliches Unheil, von dem es selbst aus irgendeinem mysteriösen Grund verschont bleiben wird», sagte der Schriftsteller George Orwell. «Menschen jenseits der dreißig sind freudlose, groteske Figuren, die von völlig unwichtigen Dingen viel Aufhebens machen und weiterleben, ohne etwas zu haben, wofür es sich aus der Sicht des Kindes zu leben lohnt.»

Im Jahr 2003 zogen ein Mann und eine Frau in Pennsylvania ihrem siebenjährigen Sohn seine Pfadfinderuniform an. Dann gingen sie von Tür zu Tür, um Geld für seine Pfadfindergruppe zu sammeln. Aber die Eltern hatten ein Geheimnis: Ihr Sohn war gar kein Pfadfinder, und auch die angebliche Gruppe existierte nicht. Trotzdem schafften sie es, 667 Dollar von ihren mildtätigen Nachbarn zu ergaunern, bevor sie aufflogen. Und wie wurden sie geschnappt? Sie klopften an die Tür eines echten Pfadfinders, der sofort bemerkte, dass die Eltern das Halstuch des kleinen Jungen zu einem Knoten gebunden hatten. Echte Pfadfinder aber tragen ihr Tuch mit einer Spange oder einem Ring.

Dies wäre den Eltern natürlich bekannt gewesen, hätten sie das Pfadfinderhandbuch studiert.

Aber es war nicht nur die Absonderlichkeit ihres betrügerischen Plans, mit der sich die Eltern einen Platz in der «Ruhmeshalle der Idioten» verdienten.

Es war auch ihre totale Fehleinschätzung des Verhältnisses zwischen Risiko und Ertrag ihres Verbrechens.

Für 667 Dollar gefährdeten sie die geistige Gesundheit ihres Sohnes und ihre eigene Zukunft als Eltern außerhalb des Gefängnisses. Keine Medaille für erfolgreiches Finanzmanagement für sie.

Ein anderer Pfadfinderführer bewies, dass sich Verbrechen zwar auszahlen kann, aber nicht immer wirklich lohnend ist. Im Jahr 1982 wurde der Leiter einer Mädchengruppe überführt, 700 Dollar gestohlen zu haben, die die Mädchen mit dem Verkauf von Keksen eingenommen hatten.

In den 30er Jahren des 17. Jahrhunderts begannen holländische Landwirte, wie verrückt auf dem Tulpenmarkt zu spekulieren. Dies trieb die Preise in die Höhe, bis Tulpenzwiebeln Tausende von Dollar kosteten.

Die schwindelerregende Spekulation trieb schließlich Tausende von holländischen Geschäftsleuten in den Bankrott, als die Investoren begriffen, dass Tulpen schlicht nicht so viel Geld wert sind. Es war ihnen nicht in den Sinn gekommen, dass ungebremstes Investieren in Blumen sie ruinieren könnte.

Heutzutage machen die Menschen solche Fehler nicht mehr. Sie investieren in viel sinnvollere Dinge – zum Beispiel in Sammlerobjekte wie Baseballkarten oder Stofftiere.

In den 1920er Jahren verboten Kinobetreiber dem Publikum, während der Vorstellungen Popcorn zu essen. Sie begriffen nicht, dass sie mit dem Verkauf von Snacks viel mehr Geld machen könnten als mit den Eintrittskarten.

Der englische Wissenschaftler Isaac Newton zeigte im 17. Jahrhundert schon als kleiner Junge erste Anzeichen seiner Genialität: Er konstruierte eine Windmühle, Sonnenuhren, Papierdrachen mit Laternen für Nachtflüge und eine Wasseruhr mit einem neuartigen runden Zifferblatt.

Newtons Mutter allerdings war nicht der Meinung, dass diese außergewöhnlichen Leistungen auf eine besondere Begabung ihres Kindes hindeuteten und man seine Talente fördern müsste. Sie bestand darauf, dass er Landwirt werden sollte. Zum Glück für die Nachwelt beugte sich Newton nicht den Wünschen seiner Mutter.

Wie Filmstar Mary Astor berichtete, waren sie und ihre Kollegin Joan Crawford am schicksalhaften 7. Dezember 1941 am gleichen Filmset tätig, als jemand ins Studio stürmte und verkündete: «Die Japaner haben Pearl Harbor überfallen!»

Die meisten Menschen in Amerika – und sogar in Hollywood – wussten sofort, wovon die Rede war. Nicht so Joan Crawford. «Oje», seufzte die Diva mitleidig, «wer war das arme Mädchen?»

Vor 100 Jahren galt Grund und Boden in Südkalifornien als derart wertlos, dass ein Enzyklopädie-Verleger jedem Käufer seiner Lexika ein kleines Stück Land in Huntington Beach als Zugabe versprach.

Als in dem Ort Öl gefunden wurde, bereute der Verlag seine Großzügigkeit, dagegen wurden die Buchkäufer reich.

Wenn wir heute zurückblicken, können wir uns nur darüber wundern, welch irrwitzigen Dinge die Menschen damals glaubten – etwa dass die Erde eine Scheibe sei und das Zentrum des Universums.

Aber auch heute glauben wir an das, was uns plausibel erscheint.

Der Paläontologe Louis Agassiz fand eine Formel, um die schrittweise Veränderung unserer Glaubenssätze zu beschreiben. «Jede große wissenschaftliche Erkenntnis durchläuft drei Entwicklungsstadien», erklärte Agassiz. «Zuerst sagen die Leute, dies stehe in Konflikt mit der Bibel. Dann sagen sie, es sei doch längst nichts Neues mehr. Und zum Schluss, sie hätten schon immer daran geglaubt.»

Oder wie der Philosoph Bertrand Russell es formulierte: «Wenn es Beweise gibt, ist keine Rede von Glauben. Wir sprechen nicht von Glauben, wenn es darum geht, dass zwei plus zwei vier ergibt oder die Erde rund ist.»

Es gibt Dinge, die wir erst begreifen, wenn es zu spät ist. Wenn wir zum Beispiel in der Schule oder an der Uni über unseren Büchern brüten und für die Prüfungen büffeln. Die Schriftstellerin Anita Brookner hatte da eine bessere Idee: «Die in der Jugend verschwendete Zeit ist oft die einzige wirklich freie Zeit in unserem Leben.»

Die sogenannten Eintagsfliegen im Musikgeschäft sehen sich in anderer Weise: Sie glauben, auf dem direkten Weg zum Weltstar zu sein. Sie haben keine Ahnung, dass dieser erste Augenblick im Rampenlicht auch ihr letzter sein wird.

Wer könnte je Songs wie *Hippy Hippy Shake* von den Swinging Blue Jeans oder Norma Tanegas *Walking My Cat Named Dog* vergessen? Oder *Hot Smoke and Sassafras* von der Band Bubble Puppy, *Love Grows Where My Rosemary Goes* von Edison Lighthouse und *Gimme Dat Ding* von den Pipkins?

Aber nicht nur im Musikgeschäft gibt es Eintagsfliegen. Auch im Baseball sollte man eine «Beinahe-Ruhmeshalle» einrichten für Stars, die aus dem Nichts kamen, für kurze Zeit hell erstrahlten, aber dann genauso schnell wieder von der Bildfläche verschwanden.

Man denke nur an das sensationelle Debüt des Pitchers Floyd Giebell bei den Detroit Tigers. Kurz vor Saisonende kam es zu einem spektakulären Showdown zwischen Giebell und Bob Feller, dem Star der Mannschaft aus Cleveland. Es ging um alles oder nichts, und niemand dachte im Traum daran, dass «Frischling» Giebell den besten und erfahrensten Werfer der Cleveland Indians schlagen könnte. Aber Giebell schlug Feller mit 2:0 und holte die Meisterschaft für Detroit. Nach diesem Überraschungssieg gewann er aber nur noch zwei weitere Spiele in seiner gesamten Profikarriere.

Oder man denke an Dick Nen, den First Baseman der Dodgers, der im Jahr 1963 mit seinem Home-Run den Titel nach Los Angeles holte. Es sollte sein einziger Home-Run für die Dodgers bleiben.

In der Baseballgeschichte gibt es auch Eintagsfliegen im wahrsten Sinne des Wortes, die es nur in die Aufzeichnungen schafften, weil im Baseball geradezu zwanghaft Statistiken geführt werden.

Der Pitcher Henry Heitmann zum Beispiel war im Jahr 1918 für ein Spiel der Brooklyn Dodgers aufgestellt. Er trat gegen vier gegnerische Batter an, versagte viermal, wurde aus dem Spiel genommen, ging unter die Dusche, packte seine Sachen, verließ das Stadion, meldete sich freiwillig zur Marine und nahm nie wieder einen Baseball in die Hand.

Ein Mädchen aus New Mexico spielte mit ihrem Schulteam Basketball, ging ein paar Stunden später wegen plötzlicher Bauchschmerzen ins Krankenhaus – und bekam ein Kind. Sie hatte nicht geahnt, dass sie schwanger war.

Im Jahr 2005 wurden in einigen Fast-Food-Restaurants in Florida gravierende Hygienemängel festgestellt: In den Eiswürfelmaschinen tummelten sich mehr Bakterien als im Wasser der Toilettenspülung. Wie gelangte diese Tatsache ans Licht der Öffentlichkeit? Durch eine Siebtklässlerin, die an einem Wissenschaftsprojekt ihrer Schule teilnahm.

Im Mittelalter verbot die katholische Kirche Bühnenauftritte von Frauen, um deren Tugendhaftigkeit nicht zu gefährden. Es gab keine Schauspielerinnen und auch keine Sängerinnen – aber zahlreiche «Imitatoren». Gegen Opernaufführungen an sich hatte die Geistlichkeit nichts einzuwenden und brauchte Sänger mit hoher Stimme. Die Kirche und ihre medizinischen Berater lösten das Problem, indem sie kleine Jungen kastrierten und so deren Stimmbruch verhinderten.

Die Kastraten übernahmen dann die weiblichen Gesangs-
rollen.

Singende Frauen galten der Kirche als unmoralisch. Hätten
die Kirchenoberen erkannt, dass es nicht weniger unmoralisch ist, kleine Jungen zu kastrieren, hätten sie sicher sofort
damit aufgehört. Anscheinend war dieser Erkenntnisprozess
aber sehr schwierig, blieb doch die Kastrationspraxis bis ins
19. Jahrhundert erhalten.

Aber auch Einsicht kann die Menschen in ein Dilemma
stürzen: Was, wenn sie zu viel wissen? Die Erkenntnis,
wo die Welt hinsteuert, kann zu dem Wunsch führen, im Irrtum zu sein.

«Ich würde glücklich sterben», sagte der Historiker Lewis
Mumford, «wenn auf meinem Grabstein stünde: ‹Dieser Mann
war ein absoluter Narr. Keine der von ihm vorhergesagten
Katastrophen ist eingetreten.›»

KAPITEL 16

Ich habe gerade einen klitzekleinen Fehler gemacht: Tim «Rock» Raines und der Ford «Utopian Turtletop»

◲ ◲ ◲

Haben Sie schon einen Tippfehler gefunden? In nahezu jedem Buch gibt es ein paar. In alten Büchern in der Regel sogar ein paar mehr. Normalerweise sind sie unbedeutend. Zuweilen kann jedoch ein einziger Druckfehler den Urheber in große Verlegenheit stürzen.

Nehmen wir zum Beispiel eine Ausgabe der Bibel, die 1631 in London gedruckt wurde. Sie enthielt einen Druckfehler:

Statt «Du sollst *nicht ...*» stand dort: «Du *sollst* begehren deines Nächsten Weib.» Vielleicht hat der Buchdrucker einfach nach einem Gebot gesucht, das die Menschen auch wirklich befolgen konnten.

Im Leben gibt es so viele knappe Entscheidungen. Die besonders dummen Dinge, die wir tun, sind oft nur einen kleinen Fehltritt von den besonders cleveren entfernt. Wenn es nicht diesen einen kleinen Fehler gegeben hätte, denken wir, wären wir damit durchgekommen. Lassen Sie uns einen Blick auf die Leute werfen, die nicht damit durchgekommen sind.

◲ ◲ ◲

Im Jahr 2002 planten die britischen Royal Marines einen Übungsangriff, der eine Landung mit Amphibienfahrzeugen an einem Strand des unter britischer Verwaltung stehenden Gibraltar vorsah. Nachdem die Marineinfanteristen an der Küste gelandet waren, näherte sich ihnen ein spanischer Polizist und erklärte, sie hätten gerade mit der Invasion Spaniens begonnen. Der für die Landung vorgesehene Strand befand sich einige Kilometer weiter südlich.

Ein Sprecher des britischen Verteidigungsministeriums entschuldigte sich wie folgt für den Fehler: «Wir haben nicht versucht, Spanien zu erobern. Und es gibt auch keine Pläne, dies zu tun.»

▣ ▣ ▣

Nicht Waffen töten Menschen, sondern Backöfen! Dies fand eine Frau aus Wisconsin heraus, als sie das Schicksal herausforderte und den Backofen vorheizte.

Bevor die Frau und ihr Ehemann im Jahr 2004 in den wohlverdienten Urlaub fuhren, beschloss der Gatte, seine Waffen und Munition vor Einbrechern in Sicherheit zu bringen, und versteckte sie im Backofen.

Wirklich ein cleveres Versteck! Wie viele Einbrecher werfen schon einen Blick in den Backofen, wenn sie in aller Eile ein Haus durchsuchen, um schon wieder weg zu sein, bevor die Polizei benachrichtigt wird? Der Ehemann machte jedoch einen entscheidenden Fehler – er vergaß, seiner Frau davon zu erzählen.

Nachdem unser Ehepaar aus dem Urlaub zurückgekehrt war, schaltete die Frau den Backofen an, um ihn für die Zubereitung des Abendessens vorzuheizen. Plötzlich flogen den beiden Kugeln aus dem Backofen um die Ohren, woraufhin sie hinter dem Kühlschrank in Deckung gingen. Niemand wurde verletzt. Beruhigend zu wissen, dass wir unsere dummen Fehler überleben können, ist es doch höchst unwahrscheinlich, dass wir aufhören werden, sie zu begehen.

▣ ▣ ▣

Um die Politik von Präsident George W. Bush zu verteidigen, der die Amerikaner beschützen wollte, indem er sie ausspionierte, verkündete Justizminister Alberto Gonzales: «Präsident Washington, Präsident Lincoln, Präsident Wilson und Präsident Roosevelt haben allesamt eine elektronische Überwachung in weit größerem Ausmaß genehmigt.»

Der tapfere Verteidiger der Freiheit Amerikas machte jedoch – historisch gesehen – einen kleinen Fehler. Zu Zeiten der Präsidenten Washington und Lincoln hatte noch niemand Leitungen, die man hätte anzapfen können. Vielleicht meinte Gonzales, diese *würden* das amerikanische Volk ebenfalls ausspioniert haben, wenn sie es denn nur gekonnt hätten.

◫ ◫ ◫

Zwei Sportlehrer an einer Schule in Florida glaubten, sie hätten ein besonders schlaues Arrangement erdacht. Wenn Schüler den Sportunterricht schwänzen wollten, ließen die Lehrer sie zwar gehen, allerdings nicht, ohne ihnen für diesen kleinen Gefallen einen Dollar pro Unterrichtsstunde abzuknöpfen.

Unseren beiden Lehrern unterlief jedoch ein kleiner Fehler. Sie hatten nicht bedacht, dass Kinder reden – und wenn Kinder reden, hören andere Lehrer und Eltern bisweilen sogar mit. So flogen die beiden schließlich auf.

Und überdies machten sie einen weiteren Fehler: Sie setzten ihre berufliche Existenz für ein Arrangement aufs Spiel, das ihnen nur ein paar hundert Dollar eingebracht hatte.

◫ ◫ ◫

Im 19. Jahrhundert war es ein risikoreiches Unterfangen, die entlegenen Ecken unseres Planeten zu erforschen. Dies galt insbesondere für die Arktis, wo das Überleben davon abhing, die richtigen Vorräte und Ausrüstungsgegenstände mit sich zu führen.

Bevor der englische Entdecker John Franklin einen Trupp aus 129 unerschrockenen Abenteurern in die unermesslichen, eisigen Weiten der Arktis führte, sorgte er dafür, dass sie alles dabei hatten, was sie benötigen würden. Seine Männer schleppten sogar eine Kleiderbürste, eine Dose Poliermittel für Knöpfe, ein Backgammonbrett und diverse Bücher durch das ewige Eis.

Einen wichtigen Posten hatten sie jedoch vergessen – ihre Gewehre, mit denen sie unterwegs Wild hätten erlegen können. So starben alle den Hungertod.

◪ ◪ ◪

*E*in besonders gewitzter Dieb hackte sich 1978 in den Computer einer Bank ein und stahl auf elektronischem Wege 10 Millionen Dollar, indem er sie auf sein Bankkonto in der Schweiz transferierte.

Wie viele intelligente Diebe gab jedoch auch er der Neigung nach, mit den begangenen Großtaten anzugeben – und wurde prompt aufgrund der ausgesetzten Belohnung der Polizei ausgeliefert.

Ein kleiner Fehler kann dazu ermutigen, weitere zu begehen. Während er sich gegen Kaution wieder auf freiem Fuß befand, tätigte unser elektronischer Dieb eine weitere illegale Überweisung. Dieses Mal stahl er 50 Millionen Dollar. Der Typ war gut! Er wusste, wie er seine eigenen Bankgeschäfte zu erledigen hatte. Er machte aber einen zweiten kleinen Fehler: Er konnte sich nicht vorstellen, dass die Polizei ihn überwachte. Doch die war auf dem Posten, und so wanderte er für beide Straftaten ins Gefängnis.

◪ ◪ ◪

Eine Antidrogengruppe in New York verteilte Stifte an Schulkinder, die der Länge nach mit einem Slogan gegen Drogen bedruckt waren: «Too Cool to Do Drugs».

Die Leute machten jedoch einen einzigen kleinen Fehler. Sie druckten die Botschaft in der falschen Richtung auf die Stifte. Wenn die Kinder ihre Stifte anspitzten und diese immer kürzer wurden, änderte sich die Botschaft in folgender Weise:

Aus «Too Cool to Do Drugs» wurde erst «Cool to Do Drugs» und schließlich «Do Drugs».

◧ ◧ ◧

Der Autobauer Ford hatte im Jahr 1958 Schwierigkeiten, einen guten Namen für sein neues Modell zu finden. Die Verzweiflung der Führungskräfte war so groß, dass sie die Dichterin Marianne Moore anheuerten, um bei der Kreierung eines Modellnamens neue Wege zu beschreiten.

Sie machte einige Vorschläge wie Utopian Turtletop, Andante con moto, Pastelogram, Intelligent Bullet und Bullet Cloisonné.

Ford allerdings entschied sich für den Namen «Edsel».

Trotz Millioneninvestitionen in Forschung, Design und Namensgebung unterlief den Verantwortlichen des Autobauers ein kleiner Fehler: Sie hatten schlicht ignoriert, dass es sich beim Ford Edsel genau um die Art von Auto handelte, die kein Mensch haben wollte. Das Unternehmen verlor eine viertel Milliarde Dollar, bevor der Bau des Edsel schließlich eingestellt wurde.

Die wenigen Menschen, die dennoch einen Edsel kauften, fanden heraus, dass der kleine Fehler der Ford-Leute auch eine positive Seite hatte: Nur ein einziger Edsel wurde jemals gestohlen. Ford hatte es tatsächlich geschafft, ein Auto zu entwerfen, das selbst von Dieben verschmäht wurde.

Hätte Ford den Mut besessen, sich für den Namen Utopian Turtletop zu entscheiden, wäre vielleicht alles gut ausgegangen.

◧ ◧ ◧

Francis Seldon war ein Adliger niederen Rangs und Angehöriger der französischen Elite, die im 17. Jahrhundert am Hofe König Ludwigs XIV. in Saus und Braus lebte.

Seldon beging einen kleinen Fauxpas und verbrachte die anschließenden siebzig Jahre im Gefängnis. Sein Verbrechen? Er machte einen kleinen Scherz über die Kahlköpfigkeit des Königs. Können Sie sich vorstellen, wie viele Jahre der für seine Beleidigungen von Politikern und Prominenten bekannte Komiker Don Rickles in französischen Gefängnissen geschmachtet hätte?

◻ ◻ ◻

Der belgische Musiker Joseph Merlin entwarf im Jahr 1760 die ersten Rollschuhe. Um die englische Aristokratie mit seiner Erfindung zu beeindrucken, entschied er sich, die Rollschuhe bei einem Galaabend in London zu tragen. Er hatte einen großen Auftritt vor Augen, bei dem er in den Ballsaal rollen und dabei seine Violine spielen würde.

Der rollende Musiker wurde jedoch Opfer einer kleinen Fehlkalkulation. Er kannte nur eine einzige Methode, auf Rollschuhen zu bremsen – indem er sich an einer Wand oder einer Säule festhielt, um anhalten zu können.

Am Abend des Balls hatte Merlin jedoch unglücklicherweise keine Hand frei, da er beide für sein Geigenspiel benötigte, während er in die Menschenmenge rollte. Da er keine Hand frei hatte, um sich abzubremsen, krachte er in einen Spiegel und wäre beinahe seinen dabei erlittenen Verletzungen erlegen.

◻ ◻ ◻

Tim Raines von den Montreal Expos war ein Baseballspieler mit hervorragender Schlagstatistik. Als er im Jahr 1991 einen Vertrag bei den Chicago White Sox unterschrieb, entschloss er sich, seinen Namen in «Rock Raines» zu ändern. Cooler Name, aber eine schlechte Strategie!

Sein Trefferdurchschnitt fiel wie ein Stein in den Keller, woraufhin sich Rock wieder Tim nannte und sein Trefferdurchschnitt wieder das alte Niveau erreichte.

◙ ◙ ◙

Die in den USA mit dem Verbraucherschutz betraute Consumer Products Commission ließ 80 000 Buttons für eine Kampagne herstellen, bei der für sicheres Spielzeug geworben werden sollte. Die Buttons mussten vernichtet werden, weil sie mit bleihaltiger Farbe beschichtet waren.

◙ ◙ ◙

Im Jahr 413 v.Chr. belagerte die Armee Athens die Stadt Syrakus. Als die Nachricht eintraf, dass spartanische Truppen zur Rettung der Stadt herbeieilten, flohen die Soldaten Athens auf ihre Schiffe.

Sie wären auch entkommen, wäre ihnen nicht ein kleiner militärstrategischer Irrtum unterlaufen. Als sie Segel setzen wollten, kam es zu einer Mondfinsternis. Die Athener gingen wieder von Bord, weil sie die Mondfinsternis als schlechtes Omen für eine Seereise betrachteten. Sie hatten das Omen fast richtig beurteilt. Die Verstärkung der spartanischen Truppen traf noch vor Ende der Mondfinsternis ein und blockierte den Hafen. In der folgenden Schlacht verloren die nun zahlenmäßig unterlegenen Athener 47 000 Mann.

Die 7000 Überlebenden fristeten den Rest ihres erbärmlichen Lebens als Sklaven in Steinbrüchen und fragten sich wohl zeitlebens, wie viel schlimmer es wohl hätte sein können, während einer Mondfinsternis auf und davon zu segeln.

◙ ◙ ◙

Als Künstler war der Brite Benjamin Haydon im 19. Jahrhundert ein völliger Versager. Kritiker lachten über seine Gemälde, Kunstsammler ignorierten ihn. Sein Versagen als Künstler deprimierte ihn derart, dass er sich das Leben nahm.

Von nun an ging es jedoch steil bergauf. Haydons Tagebuch wurde posthum veröffentlicht und geriet zu einem echten Verkaufsschlager, der Kritiker und Leserschaft gleichermaßen begeisterte.

Haydons Fehler war: Er war kein Maler, er war Schriftsteller – nur hat er dies etwas zu spät herausgefunden.

◙ ◙ ◙

Während des eisigen Winters des Jahres 1979 betrieb die in Grand Rapids im US-Bundesstaat Michigan ansässige Dachdeckerfirma Allied Roofing Company ein lukratives Nebengeschäft, befreite sie doch die Dächer von Geschäftshäusern von den Schneemassen, damit sie nicht unter deren Gewicht zusammenbrachen.

Die Bosse von Allied Roofing machten den ganzen Winter über nur einen winzigen Fehler: Ein einziges Geschäftshaus in der Stadt befreiten sie nicht vom Schnee – ihr eigenes. Es brach unter den Schneemassen zusammen, die sich den Winter über aufgetürmt hatten.

◙ ◙ ◙

Ramon Barrero war ein mexikanischer Musiker mit einer cleveren Masche, die das Publikum mochte. Er spielte winzige Mundharmonikas und fand heraus: Je kleiner die Mundharmonika, desto größer der Applaus. Mit der Zeit wurden die Instrumente so klein, dass man sie kaum noch sehen konnte, wenn er darauf spielte.

Und dies war Barreros winzig kleiner Fehler, trieb er doch das Spielchen zu weit. Eines Abends im Jahr 1994 entglitt eine winzige Mundharmonika seinen Fingern, als er gerade einatmete. Er erstickte noch auf der Bühne.

Im Jahr 1937 trat Hochwürden Harold Davidson in den Hungerstreik, nachdem die Church of England ihn wegen Umgangs mit Prostituierten seines Priesteramtes enthoben hatte. Daraufhin wurde er wegen versuchten Selbstmords – seinerzeit eine Straftat in England – verhaftet.

Zu Prozessbeginn ließ er sich, in einen Käfig eingesperrt, in den Gerichtssaal transportieren. Seine juristische Strategie hatte jedoch einen kleinen Fehler. Mit ihm im Käfig befand sich ein Löwe. Mit diesem Gag hoffte er, das Mitgefühl und die Sympathie des Publikums zu gewinnen. Bevor Davidson in den Zeugenstand treten konnte, um seine Unschuld zu beweisen, tötete ihn der Löwe.

◻ ◻ ◻

Als Schaf- und Rinderzüchter mit einer riesigen Ranch aus staatlich zugeteiltem Land im kalifornischen Sacramento Valley war John Sutter ein gemachter Mann. Sutter unterlief jedoch ein kleiner Fehler, der zunächst überhaupt nicht wie ein Fehler aussah. Er beauftragte einen Zimmermann, eine Wassermühle für seine Ranch zu bauen. Der Zimmermann sah im Bachlauf etwas Glänzendes – einige glitzernde Goldflöckchen, die alles ruinieren sollten, was Sutter sich mühsam aufgebaut hatte, war dies doch die Geburtsstunde des Goldrauschs von 1849.

Hunderte von Goldsuchern, die von schnellem Reichtum träumten, trampelten auf seinem Land herum und ruinierten die Viehzucht. Er konnte sie nicht hinauswerfen, da es vor Ort keine Gesetzeshüter gab, die ihn dabei unterstützten, und seine eigenen Leute samt und sonders gekündigt hatten, um sich ebenfalls der Goldsuche zu widmen. Niemand wollte mehr für einen kärglichen Lohn arbeiten, konnte er doch durch Goldwaschen reich werden.

Sutter zog vor Gericht und wandte sich an den Kongress, um die unerwünschten Goldsucher wieder loszuwerden.

Obwohl er einen eindeutigen Rechtsanspruch auf das Land hatte und die Goldsucher nicht, verlor Sutter alles – seine Rechte, seinen Besitztitel und schließlich seine Ranch. Privateigentum, so stellte sich heraus, gehört einem nur so lange, bis es einem nicht mehr gehört.

◘ ◘ ◘

Als der Mörder Sirhan Sirhan seine vorzeitige Haftentlassung auf Bewährung beantragte, machte er gegenüber der Bewährungskommission geltend, es sei unfair, ihn noch länger im Gefängnis zu behalten. «Wenn Robert Kennedy noch lebte», sagte Sirhan, «würde er nicht billigen, dass ausgerechnet ich so behandelt werde.»

Dabei vergaß Sirhan eine Kleinigkeit: Er saß seine Gefängnisstrafe ab, weil er Robert Kennedy ermordet hatte. Bewährung abgelehnt.

◘ ◘ ◘

Als die Polizisten den Mann am Morgen fanden, erklärte er ihnen, er habe nur seinen Hund ausführen wollen und sei dabei unglücklich gestürzt. Das kann schließlich jedem passieren.

Eine Kleinigkeit allerdings konnte er nicht so recht erklären: Warum führte er seinen Hund auf dem Dach der Apotheke aus?

Als der Apotheker in Santa Cruz, Kalifornien, morgens seine Geschäftsräume aufschloss, sah er ein Paar Beine von der Decke hängen. Der Einbrecher war bei seinem versuchten Bruch durch die Entlüftungsöffnung in der Decke stecken geblieben.

Die Polizei kaufte ihm die Geschichte mit dem Gassigehen nicht ab und nahm ihn fest. Ein weiteres Beispiel für die Belästigung «unbescholtener» Bürger durch die Polizei.

◘ ◘ ◘

Im 19. Jahrhundert reiste ein deutscher Forscher durch Afrika, als er einen kleinen Fehler machte: Er aß Eier zum Frühstück. Einige Stammeskrieger, die ihn beim Frühstücken beobachteten, waren schockiert. Die Mitglieder dieses Stammes glaubten, dass es sich bei einem Ei um eine Art Büchse der Pandora handele, in der mysteriöse Kräfte eingeschlossen seien, die man nicht freisetzen dürfe, indem man das Ei zum Frühstück verspeist. So töteten die Krieger unseren armen Forschungsreisenden.

Er hätte sich besser für spirituell weniger belastete Haferflocken entscheiden sollen.

◪ ◪ ◪

Im Jahr 2002 wurde Janet Napolitano mit knapper Mehrheit zur Gouverneurin von Arizona gewählt. Ein Jahr nach ihrem Wahlsieg wurde ein neues Telefonbuch für Arizona veröffentlicht, in dem der ihr bei den Wahlen unterlegene Matt Salmon als neuer Gouverneur von Arizona aufgeführt war.

Salmon mag zwar nach Verkündung der Wahlergebnisse seine Niederlage eingestanden haben, die Telefongesellschaft gibt jedoch nicht so leicht auf.

◪ ◪ ◪

Zu Beginn des 20. Jahrhunderts sammelten englische Gentlemen der Oberschicht schlüpfrige Fotos von Haremsdamen aus dem Osmanischen Reich. Die Frauen wurden in anzüglichen Posen gezeigt und lugten immer verführerisch hinter ihrem Schleier hervor.

Viel wussten die englischen Herren nicht über die türkische Kultur und die von ihnen gesammelten Fotos, wäre ihnen sonst doch bekannt gewesen, dass es Frauen in der Türkei zu jener Zeit verboten war, für Fotos zu posieren. Auf vielen dieser erotischen Sammelbildchen waren in Wirklichkeit türkische Männer zu sehen, die als Frauen posierten.

Wenige Tage vor der Präsidentschaftswahl des Jahres 1936 ergab eine landesweite Umfrage, dass der Kandidat der Republikaner, Alf Landon, den Demokraten Franklin D. Roosevelt vernichtend schlagen und ins Weiße Haus einziehen würde.

Die Wähler waren ungehobelt genug, die Umfrageergebnisse Lügen zu strafen. Mit 523 zu 8 Wahlmännerstimmen landete Roosevelt einen Erdrutschsieg.

Wie konnten die Umfrageergebnisse derart danebenliegen? Die Experten hatten einen kleinen Fehler gemacht: Sie führten die Umfrage per Telefon durch. Damals im Jahr 1936 besaßen zwar die mehrheitlich gut situierten Republikaner ein Telefon, die ärmere Stammwählerschaft der Demokraten dagegen nicht.

◻ ◻ ◻

Wenn wir schon über hochqualifizierte Fachkräfte reden – Ärzte, Krankenschwestern und Apotheker machen jedes Jahr bei der Verschreibung und Verabreichung von Medikamenten derart viele Fehler, dass 1,5 Millionen Amerikaner nach der medikamentösen Behandlung kränker sind als davor.

Nach einer Studie des Institute of Medicine aus dem Jahr 2006 gehört es zu den vermeidbaren Fehlern, dass Ärzte ihre Rezepte so unleserlich schreiben, dass Apotheker den Patienten die falschen Medikamente geben. Oder dass Krankenschwestern den Patienten Präparate verabreichen, die für andere Krankenhausinsassen bestimmt waren. Oder Apotheker Fehler bei der Dosierung machen oder einen Wirkstoff mit einem anderen ähnlichen Namens verwechseln.

Aus der Studie geht allerdings nicht hervor, wie viele Patienten jährlich durch diese weit verbreiteten, vermeidbaren Fehler sterben. Natürlich ist einer schon einer zu viel, wenn es einen selbst trifft.

Der berühmte englische Dramatiker George Bernard Shaw liebte Krocket, ein risikoarmes Spiel ohne Körperkontakt, das er auch im fortgeschrittenen Alter von 94 Jahren noch spielen konnte. Shaws einziger schlechter Spielzug dabei? Er konnte seinen Ehrgeiz nicht zügeln.

Bei einer Partie Krocket mit Freunden im Jahr 1950 verpatzte er einen Schlag. Shaw verlor die Beherrschung und trat wütend nach dem Ball Er rutschte aus, brach sich die Hüfte und starb an den später auftretenden Komplikationen.

Im Jahr 2002 weilte George W. Bush zu einem Staatsbesuch in Japan. In einer offiziellen Rede sagte er: «Seit anderthalb Jahrhunderten bilden Amerika und Japan nun schon eine große und dauerhafte Allianz.»

Dies war eine wahrlich freundliche Geste des Präsidenten, eine Kleinigkeit hatte Bush jedoch vergessen: den Zweiten Weltkrieg!

Der hinterhältige Angriff der Japaner auf Pearl Harbor trübt das Bild der großen japanisch-amerikanischen Allianz doch ein wenig, oder? Von den vielen Gefallenen auf beiden Seiten und den zwei Atombomben, welche die Amerikaner auf Japan abwarfen, ganz zu schweigen. Aber sonst …

Tätowierte Athleten verwandeln ihre Körper in Kunstwerke, muskulöse Graffiti. Ein Footballspieler der University of Southern California ließ sich zu Ehren seiner Mutter deren Namen auf die Brust tätowieren. Dabei unterlief dem Tätowierer ein kleiner Fehler, hatte unser Freund doch den Namen seiner Mutter falsch buchstabiert.

Im Jahr 1628 baute die schwedische Marine das größte und mächtigste Kriegsschiff der Welt, das mit 64 Kanonen auf zwei Decks bestückt war. Den Schiffbauern unterlief dabei nur ein kleiner Konstruktionsfehler. Das Schiff war durch die vielen Kanonen so überladen, dass es auf seiner Jungfernfahrt noch im Hafen von Stockholm sank.

◻ ◻ ◻

Als der amerikanische Kongress im Jahr 1912 darüber debattierte, das Territorium von Arizona als Bundesstaat in die Union aufzunehmen, argumentierte Carl Hayden, der später einer der ersten Senatoren des Staates Arizona werden sollte, folgendermaßen: «Alles, was Arizona braucht, sind ein paar gute Männer und Wasser.»

Senator Boies Penrose aus Pennsylvania fand einen kleinen Fehler in Haydens Argumentation und konterte: «Carl, das Gleiche könnten Sie auch über die Hölle sagen.»

◻ ◻ ◻

KAPITEL 17

**Abteilung Tarnen und Täuschen:
Stell dir vor, ich wäre eine Giraffe, und
jemand behauptete, ich sei eine Schlange**

🖐 🖐 🖐

«Ich habe nie gesagt, dass ich keine Ahnung von den meisten Dingen habe, von denen Sie, meine Herren, sagten, ich hätte gesagt, dass ich keine Ahnung von ihnen habe», äußerte Elliot Abrams, der stellvertretende Außenminister unter Ronald Reagan, im Jahr 1987 gegenüber einem Kongressausschuss.

Als Meister der politischen Ausflüchte hatte Abrams die bohrenden Fragen des Ausschusses so beantwortet, dass dessen Mitglieder keine Ahnung hatten, ob er ihre Fragen nun beantwortet hatte oder nicht.

In der Geschichte wimmelt es nur so von wolkigen Erklärungen von Politikern, und so drängt sich die Frage auf: Werden wir jemals einen blassen Schimmer davon haben, worüber sie reden? Oder wenigstens sie selbst?

🖐 🖐 🖐

John Warner, Senator des US-Bundesstaates Virginia, versuchte in seinem Wahlkampf 1990 nach Kräften, sich bei allen beliebt zu machen. Warner sprach unerschrocken die Abtreibungsfrage an und erklärte, er trete «für die freie Wahl – mit Einschränkungen» ein, aber auch «für das Leben – mit Ausnahmen».

Die meisten von uns sind für das Leben, wenn sie die Wahl haben. Dürften wir jedoch Ausnahmen machen, stünden Politiker sicherlich ganz weit oben auf der Liste.

Vizepräsident Dan Quayle steht inzwischen seit einem Jahrzehnt nicht mehr auf der politischen Bühne. Ich für meinen Teil vermisse ihn, gibt es doch ohne ihn bedeutend weniger zum Schmunzeln. Wer könnte jemals vergessen, wie Quayle auf einer Wahlkampfreise die Situation in Hawaii beschrieb?

«Hawaii ist ein einzigartiger Staat», versicherte Quayle. «Ein kleiner Staat. Mit eigener Identität. Hawaii unterscheidet sich von den anderen 49 Bundesstaaten. Nun, alle Staaten sind unterschiedlich, aber Hawaii ist ganz besonders einzigartig.»

Recht haben Sie, Mr. Quayle – wie immer. Die restlichen Bundesstaaten sind nur durchschnittlich einzigartig.

🖐 🖐 🖐

Als Alf Landon, der Gouverneur von Kansas, als Präsidentschaftskandidat gegen Franklin D. Roosevelt antrat, verkündete er: «Wo auch immer ich in diesem Land gewesen bin, habe ich Amerikaner getroffen.»

Um bei weitgehend ähnlichen politischen Positionen seine persönlichen Werte zu unterstreichen, erklärte Senator Bob Dole: «Das Leben ist sehr wichtig für Amerikaner.» Im Gegensatz zu wem oder was genau, bitte?

Als Präsident George W. Bush sagte, er wolle der Präsident der Bildung sein, hatte er anscheinend bestimmte Ziele im Sinn, die er per definitionem gar nicht verfehlen konnte: «Wir werden das am besten ausgebildete amerikanische Volk der Welt haben», versprach Bush. Und die Chancen stehen gut, dass es so kommen wird.

🖐 🖐 🖐

Präsident George H. W. Bush, der Vater von George W. Bush, demonstrierte, von wem sein Sohn diese Neigung zu Geistesblitzen geerbt hat, als er dem amerikanischen Volk versicherte: «Ich habe eigene Überzeugungen, feste Überzeugungen, aber ich bin nicht immer mit ihnen einverstanden.»

Da können wir Ihnen zustimmen, Sir.

🖏 🖏 🖏

Amerikanische Politiker sind nicht die einzigen Führer der Welt, die den Blick auf das große Ganze richten. Nehmen wir etwa den früheren französischen Staatspräsidenten Charles de Gaulle, der forsch verkündete: «China ist ein großes Land, das von vielen Chinesen bewohnt wird.»

🖏 🖏 🖏

Als Frankreich im Jahr 1995 im Südpazifik Atomwaffentests durchführte, versuchte der französische Botschafter in Neuseeland, die Protestler wie folgt zu beruhigen: «Es handelt sich nicht um Bomben. Es sind explodierende Artefakte.»

🖏 🖏 🖏

Wenn ein Optimist ein Mensch ist, der die Fakten nicht kennt, dann war der Autobauer Henry Ford der Inbegriff eines Optimisten schlechthin. Im Jahr 1931, auf der Talsohle der großen Weltwirtschaftskrise, als große Teile des Landes von Hunger und Obdachlosigkeit betroffen waren, beharrte Ford darauf: «Dies sind wirklich großartige Zeiten, aber nur wenige wissen es.»

Vermutlich meinte Ford die wenigen, die wie er Millionen auf der hohen Kante hatten und in Saus und Braus lebten, während Millionen Amerikaner am Hungertuch nagten.

🖏 🖏 🖏

Im Gegensatz zu Glückspilz Henry Ford verkannte Präsident Calvin Coolidge die Lage nicht. Bei der Beurteilung der wirtschaftlichen Lage der Nation kam der Präsident zu der Schlussfolgerung: «Wenn mehr und mehr Menschen gefeuert werden, führt dies zu Arbeitslosigkeit.»

Was wohl niemand bestreiten dürfte.

🖐 🖐 🖐

Der legendäre Bürgermeister von Chicago, Richard Daley, forderte Nachrichtenreporter und Demonstranten auf, endlich damit aufzuhören, sich andauernd über die Brutalität der Polizei zu beschweren, nur weil die Gesetzeshüter im Jahr 1968 auf den Antikriegsdemonstrationen während des nationalen Parteikongresses der Demokraten ein paar Schädel eingeschlagen hätten.

«Merken Sie sich eines ein für alle Mal», erklärte Daley. «Die Polizisten sind nicht dazu da, um Unruhe zu stiften. Sondern um die Unordnung aufrechtzuerhalten.»

🖐 🖐 🖐

Der Zeitungsverleger James Gordon Bennett: «Viele gute Storys werden dadurch ruiniert, dass man sich zu sehr auf die Wahrheit verlässt.»

🖐 🖐 🖐

«Es ist nicht die Umweltverschmutzung, die der Umwelt schadet», enthüllte der ehemalige Vizepräsident der USA, Dan Quayle, «es sind die Verunreinigungen in unserem Wasser und unserer Luft.»

🖐 🖐 🖐

Der Senator von Utah, Orrin Hatch, brachte ein weiteres schwieriges Dilemma auf den Punkt, als er erklärte: «Durch die Todesstrafe bringt unsere Gesellschaft zum Ausdruck, dass ihr das menschliche Leben heilig ist.»

Und wir töten jeden, der dies bestreitet.

Ich nehme an, er sprach über die Heiligkeit des Lebens der Opfer und wie wir dieser Heiligkeit huldigen können, indem wir den Killer killen.

Der Wunsch nach Vergeltung ist verständlich. Wenn Sie jedoch glauben, dass andere dadurch abgeschreckt und davon abgehalten würden, ähnliche Verbrechen zu begehen, sollten Sie bedenken, dass im 18. Jahrhundert in England Taschendiebe öffentlich hingerichtet wurden, was ihre noch nicht ertappten Kollegen dazu nutzten, um in der versammelten Menschenmenge ihrer profitablen Tätigkeit nachzugehen, obwohl sie die Nächsten sein konnten, die am Galgen baumeln würden.

Übrigens, als der Bundesstaat New York im Jahr 1965 die Abschaffung der Todesstrafe ankündigte, war der im berüchtigten Zuchthaus Sing-Sing tätige Gefängniswärter Wilfred Denno doch überrascht von der Reaktion der Insassen des Todestraktes.

«Es mag unglaublich klingen», sagte Denno, «aber sie waren scheinbar mehr an ihrem Baseballspiel interessiert.»

☙ ☙ ☙

Immer wenn man denkt, alle Seiten einer politischen Kontroverse gehört zu haben, bringt sich der Erzbischof von Canterbury, Geoffrey Fisher, mit der folgenden bemerkenswerten Äußerung ins Spiel: «Die lange und quälende Kontroverse über die Todesstrafe ist äußerst unfair gegenüber jedem, der darüber nachdenkt, einen Mord zu begehen.»

☙ ☙ ☙

Wie immer schien Vizepräsident Dan Quayle genau zu wissen, worüber er sprach, als er anmerkte: «Was ist es doch für eine Verschwendung, wenn man seinen Verstand verliert oder gar keinen Verstand hat.» Wie wahr!

🖐 🖐 🖐

CIA-Chef Michael Hayden war damit einverstanden, das Abhörprogramm des Nachrichtendienstes zu erklären, was er folgendermaßen tat: «Wir verwenden den Inhalt von Nachrichten nicht, um zu entscheiden, den Inhalt welcher Nachrichten wir untersuchen möchten.»

🖐 🖐 🖐

Auf einer Wahlkampfreise wurde Ronald Reagan gefragt, welche Qualifikation er für das Präsidentenamt besitze. «Ich bin nicht clever genug zum Lügen», antwortete er.

🖐 🖐 🖐

Aus reiner Wichtigtuerei hat noch kein Politiker den Gipfel der Haarspalterei erklommen, wie Präsident Warren G. Harding, der Folgendes von sich gab: «Fortschritt ist weder Proklamation noch Palaver. Weder Vorwand noch das Spiel mit Vorurteilen. Fortschritt ist weder Personalpronomen noch bedeutet er ständige Ankündigungen. Und er ist weder die innere Unruhe eines durch Leidenschaft geformten Volkes noch ein abgegebenes Versprechen.»

Auf politischer Bühne war es immer schwer, gegen Harding mit Argumenten anzukommen.

🖐 🖐 🖐

Ron Ziegler, Pressesprecher des Weißen Hauses unter Präsident Nixon, erklärte mit folgenden Worten, was sich in den meisten Fällen als die Position des Präsidenten herausstellen sollte: «Der Präsident weiß, was vor sich geht. Das heißt aber nicht, *dass* etwas vor sich geht.»

Anschließend stellte Ziegler die offizielle Sichtweise des Weißen Hauses zur Vertuschung des Watergate-Skandals klar: «Falls meine Antworten verwirrend klingen, sind sie, denke ich, deshalb verwirrend, weil die Fragen verwirrend sind und auch die Situation verwirrend ist und ich mich nicht in der Position befinde, dies zu ändern.»

☙ ☙ ☙

Louis Nel war zu Zeiten der Apartheid stellvertretender Informationsminister in Südafrika. Als er die Regierung gegen Zensurvorwürfe verteidigen sollte, beseitigte Nel alle Unklarheiten, als er sagte: «Wir haben keine Zensur. Was wir haben, ist eine Beschränkung im Hinblick darauf, was Zeitungen berichten dürfen.»

Gemäß der Nel-Doktrin gab es in Südafrika auch keine Apartheid. Was es dort gab, waren lediglich Einschränkungen im Hinblick darauf, wie schwarze Menschen leben, arbeiten, umziehen, sprechen und handeln durften.

☙ ☙ ☙

Politiker mögen zwar führend in der Kunst der Beseitigung aller Klarheiten sein, aber auch andere eignen sich die besonderen Kniffe dieser Kunst an.

Miss Alabama wurde eine der schwierigeren Fragen bei der Wahl zur Miss USA im Jahr 1994 gestellt. Sie war jedoch der Herausforderung gewachsen und erklärte dem Publikum, das nur darauf gewartet hatte: «Ich würde nicht ewig leben wollen, weil wir nicht ewig leben sollen, weil, wenn es uns bestimmt wäre, ewig zu leben, würden wir ewig leben, aber wir können nicht ewig leben, weshalb ich nicht ewig leben möchte.»

☙ ☙ ☙

Karl Malone, der Power Forward des Basketballteams Utah Jazz, verteidigte Charles Barkley, den größten Showman dieses Sports und wie er ein Monster unter dem Korb, mit folgenden Worten: «Man kann über Charles Barkley sagen, was man will, aber wenn er dir sagt, er würde dieses oder jenes tun, dann tut er es entweder oder eben nicht.»

Das ist ein Versprechen, das die meisten von uns wohl erfüllen könnten.

🖐 🖐 🖐

Der Comiczeichner Jules Feiffer, der auch Theaterstücke schrieb, hatte begriffen, wo sein Platz im Schatten bekannterer Dramatiker war, die sich ebenfalls in den Niederungen des Ruhmes tummelten.

«David Mamet ist vielleicht unser führender Dramatiker», sagte Feiffer, «was bedeutet, dass er heutzutage praktisch unbekannt ist.»

🖐 🖐 🖐

Wenden wir uns wieder der Politik zu. Der britische Premierminister Winston Churchill war gezwungen, sich die langatmige Rede eines politischen Gegners anzuhören, was ihm sichtliches Unbehagen bereitete. Anschließend sagte Churchill, der Mann habe ihn an Kolumbus erinnert: «Als er anfing, wusste er nicht, wohin die Reise ging. Als er ankam, wusste er nicht, wo er war. Und als er zurückkehrte, wusste er nicht, wo er gewesen war.»

🖐 🖐 🖐

Im Jahr 2005 warf ein US-Kampfflugzeug eine 250-Kilo-Bombe auf das falsche Haus in einem Dorf in der Nähe der irakischen Stadt Mosul ab. Die Militärbehörden veröffentlichten eine offizielle Entschuldigung, in der sie erklärten, sie würden «den Verlust möglicherweise unschuldigen Lebens zutiefst bedauern.»

Diese kuriose Entschuldigung wirft weitere Fragen auf. Bei wem entschuldigten sie sich? Bei den fünf Zivilisten, die sie irrtümlich getötet hatten, oder bei den Menschen, die sie noch nicht irrtümlich getötet hatten?

Wollten die Militärs suggerieren, die Menschen, die sie irrtümlich getötet hatten, hätten sowieso getötet werden sollen? Wer von uns hat schon ein Leben frei von Schuld geführt? Möglicherweise ein oder zwei Priester. Okay, streichen Sie das.

Wenn nach den militärischen Standards niemand frei von Schuld ist, muss sich auch niemand bei irgendwem entschuldigen. Außerdem gibt es keinen Grund, warum man nicht eine 250-Kilo-Bombe auf alle möglichen Menschen abwerfen sollte, haben sie doch bestimmt irgendeine Schuld auf sich geladen. Wenn das Militär einfach jeden bombardiert, wird es schon irgendjemanden treffen, der sich etwas zuschulden kommen ließ, was diese Bombardierung rechtfertigt.

🖋 🖋 🖋

Der Schriftsteller Arthur Koestler zeigte eine der Paradoxien des Ruhmes auf – den Wunsch, Berühmtheiten kennenzulernen, und die Enttäuschung, wenn man sie schließlich kennengelernt hat. «Einen Schriftsteller zu mögen und ihn dann zu treffen», äußerte er, «ist etwa so, als würde man Gänseleber mögen und dann die Gans treffen.»

🖋 🖋 🖋

Als Präsident George W. Bush im Jahr 2001 eine Rede bei der Abschlussfeier der Universität Yale hielt, machte er den Studenten Hoffnung für die Zukunft.

Bush sagte: «Denen von euch, die Ehrenurkunden, Preise und Auszeichnungen errungen haben, rufe ich zu: Gut gemacht! Und denen, die nur schlechte Noten bekommen haben, sage ich: Auch ihr könnt Präsident der Vereinigten Staaten werden.»

Die große Stunde der Schauspielerin Alicia Silverstone schlug, als sie die Hauptrolle in der Comedy-Serie *Clueless* spielte und ins Rampenlicht rückte. Ihren absolut größten Auftritt allerdings hatte sie, als sie versuchte, die Bedeutung der Serie zu erklären: «Ich denke, dass *Clueless* sehr tiefsinnig war. Ich meine, es war tiefsinnig in der Art und Weise, dass es leichte Kost war. Ich denke, die Leichtigkeit muss von einem sehr tiefsinnigen Ort stammen, wenn es echte Leichtigkeit sein soll.»

🖐 🖐 🖐

So simpel gestrickt, wie das Fernsehen erscheinen möchte, erfordert es dennoch ein beträchtliches Maß an Erklärungen von Seiten der Intellektuellen, die gelegentlich ein wenig fernsehen.

Der Dichter T. S. Eliot brachte es beispielsweise folgendermaßen auf den Punkt: «Das Fernsehen ist ein Unterhaltungsmedium, das Millionen von Menschen in die Lage versetzt, zur selben Zeit denselben Witz zu hören und trotzdem einsam zu bleiben.»

🖐 🖐 🖐

Was George Orwell in seinem Buch 1984 als «Doppelsprech» bezeichnete, ist heute einer der Schlüssel zum Erfolg in der Unternehmenswelt. Im Folgenden einige auserlesene Beispiele, wie Unternehmen auf missverständliche Weise, mit der sie jedoch niemanden hinters Licht führen können, unmissverständlich sagen, was sie meinen.

1. National Semiconductors hat keine Arbeiter entlassen. Es hat das Unternehmen «neu geformt» (vermutlich wurden nur die Arbeiter gefeuert, die hartnäckig außer Form waren).

2. Xerox sah sich mit «unbeabsichtigten Arbeitskräftereduzierungen» konfrontiert. Nach dem Motto: «Sie können

uns nicht vorwerfen, dass wir Sie gefeuert haben, Mr. Jones. Das haben wir doch nicht mit Absicht gemacht.» Zweifellos hat die Führungsebene des Unternehmens ebenfalls völlig unabsichtlich Millionen abgezweigt, um die eigenen Taschen zu füllen. Die Bosse haben einfach keine Möglichkeit gefunden, nicht noch reicher zu werden.

3. Eine US-Fluggesellschaft definierte einen Flugzeugabsturz einst als «unfreiwillige Umgestaltung einer Boeing 727».

4. Die Verwaltungschefs englischer Krankenhäuser wiesen ihre Ärzte an, nicht mehr von verstorbenen Patienten zu sprechen, sondern von einem «negativen Ausgang der Krankenpflege».

ঌ ঌ ঌ

Wenn Sie bis dato glaubten, Teamwork bedeutet, dass Menschen zusammenarbeiten – lassen Sie sich vom Marketingdirektor eines Großunternehmens eines Besseren belehren. Dieser machte seinem Personal folgendermaßen deutlich, was Teamwork wirklich bedeutet: «Teamwork ist, wenn eine Menge Leute tun, was ich sage.»

ঌ ঌ ঌ

Der Chef eines Transportunternehmens dachte wahrlich vorausschauend, als er sein Management aufforderte, ihm Prognosen für die Zukunft vorzulegen: «Was ich brauche», sagte er, «ist eine exakte Liste spezifischer unbekannter Probleme, mit denen wir konfrontiert werden könnten.»

Das könnten wir doch alle gebrauchen, oder?

Statt über die Abenteuer der kleinen Alice im Wunderland zu schreiben, hätte sich Lewis Carroll vielleicht besser mit Unternehmenskommunikation beschäftigen sollen.

«Stelle dir nie vor, nicht anders zu sein, als es für andere möglicherweise scheint, weil das, was du warst oder hättest sein können, nicht anders war, als du gewesen wärst, wenn du ihnen anders erschienen wärst», erklärte Carroll.

🖐 🖐 🖐

Im Jahr 2003 setzte Verteidigungsminister Donald Rumsfeld einen neuen Standard für die Beseitigung aller Klarheiten durch Regierungsvertreter, der allen zukünftigen Versuchen, für Klarheit zu sorgen, trotzen wird.

«Wie wir wissen, gibt es bekannte Bekannte», äußerte Rumsfeld gegenüber der Presse. «Es gibt Dinge, von denen wir wissen, dass wir sie wissen. Wir wissen auch, dass es bekannte Unbekannte gibt; das heißt, dass wir wissen, dass es manche Dinge gibt, die wir nicht wissen. Es gibt jedoch auch unbekannte Unbekannte – die Dinge, von denen wir nicht wissen, dass wir sie nicht wissen.»

🖐 🖐 🖐

Das Terrorregime des sowjetischen Diktators Josef Stalin hielt eine ganze Nation in ständiger Angst. Man fragte sich immer, wer als Nächster exekutiert werden würde.

Der russische Führer sorgte mit folgender Erklärung für Klarheit: «Frohsinn ist die hervorstechendste Eigenschaft der Sowjetunion.»

Noch ein wenig mehr Frohsinn, und es wäre niemand mehr übrig geblieben, den er noch hätte verfolgen können.

🖐 🖐 🖐

Ich weiß, wer ich bin», erklärte Filmstar Richard Gere im Jahr 2002. «Niemand sonst weiß, wer ich bin. Wäre ich eine Giraffe und jemand sagte, ich sei eine Schlange, würde ich denken: Nein, in Wirklichkeit bin ich eine Giraffe.»

Vielen Dank für die Klärung dieser Frage, Mr. Gere. Und wenn jemand sagte, Sie seien eine Wüstenrennmaus, wären Sie sich ohne Zweifel weiterhin Ihres Giraffendaseins sicher.

E s war ein großer Fehler, dass ich als Mann geboren wurde»,
sagte der Dramatiker Eugen O'Neill einmal. Wollte der Autor einiger der größten amerikanischen Tragödien eine Frau
sein? «Als Möwe oder Fisch wäre ich erfolgreicher gewesen»,
erklärte er.

O'Neill erläuterte nicht, woran Erfolg unter Möwen gemes-
sen wird, wir können jedoch davon ausgehen, dass er etwas
mit mangelndem Erfolg für die Fische zu tun hat.

🖐 🖐 🖐

«Ich habe darunter gelitten, missverstanden zu werden», räumte der Rechtsanwalt Clarence Darrow ein. «Ich hätte allerdings
weitaus mehr gelitten, wenn ich verstanden worden wäre.»

🖐 🖐 🖐

F alls Sie sich schon einmal gefragt haben, warum überhaupt jemand in die Politik gehen möchte, hat der britische Journalist Auberon Waugh die passende Antwort für Sie.
«Niemand wird von einer politischen Karriere so angezogen,
dass sie für ihn erste Wahl ist», erklärte er, «außer er ist sozial
oder emotional verkrüppelt.»

🖐 🖐 🖐

Chuck Lamar, Generalmanager der Tampa Bay Devil Rays, erklärte den Hang seines Teams, Letzter zu werden. Er sagte:
Der einzige Grund, warum diese Mannschaft nicht als eine
der besten im Baseball anerkannt wird, liegt in der Zahl ihrer
Siege und Niederlagen in der Major League.»

Ja, das hatten wir uns fast gedacht.

🖐 🖐 🖐

Wenn man im Spitzensport schon keine Siege vorzuweisen
hat, sollte man zumindest gute Erklärungen hervorbringen
können.

Dies immerhin konnte John Breen, als er für die Houston Oilers in einer ihrer schlechteren Spielzeiten Football spielte. «Wir haben dem Gegner immer unsere Spielzüge verraten», sagte Breen zu der Offensivschwäche seines Teams. «Immer wenn wir uns aus dem Kreis lösten, in dem die Spielzüge abgesprochen werden, waren drei Backs am Lachen und einer blass wie ein Gespenst.»

🐂 🐂 🐂

Der Eishockeytrainer Harry Neale wartete sogar mit einer noch besseren Erklärung für die Niederlagenserie seines Teams auf: «Letzte Saison konnten wir zu Hause nicht gewinnen und verloren auswärts», sagte Neale. «Mein Versagen als Coach liegt darin, dass mir nicht eingefallen ist, wo wir sonst noch hätten spielen können.»

🐂 🐂 🐂

Der Baseballspieler Alex Rodriguez: «Eine Therapie kann eine gute Sache sein. Sie kann therapeutisch sein.»

🐂 🐂 🐂

Der Pitcher der Cincinnati Reds, Mike Smith: «Bis auf ein paar hartnäckige Verletzungen in den letzten paar Jahren war ich während meiner gesamten Karriere gesund.»

Vielleicht findet auch Smith noch heraus, dass eine Therapie eine gute Sache ist.

🐂 🐂 🐂

Der Schauspieler Robert Morley begriff das Dilemma des Schriftstellers, als er selbst ein Buch schrieb.

Morley meinte: «Wenn Sie ein Buch über jemanden lesen, der all diese tollen Erlebnisse hatte, ein Vermögen scheffelte, den Mount Everest bestieg oder um die Welt segelte, und dieser jemand ist schon tot, wenn Sie sein Buch lesen, fühlen

Sie sich schon etwas besser. Aber ich kann ja nicht einfach sterben, um die Verkaufszahlen meines Buches zu steigern. Das wäre unfair.»

«Es ist schwer, wirklich populär zu sein», sagte der englische Schauspieler Herbert Beerbohm Tree einst, «bevor man ziemlich tot ist.»

Professor Martin Esslin merkte an: «Die Würde des Menschen liegt in seiner Fähigkeit, sich der Realität in all ihrer Sinnlosigkeit zu stellen.»
   Ein Großteil der Komik hat dort ebenfalls ihren Ursprung.

🖉 🖉 🖉

«Ich hasse die Menschheit», gestand der Schriftsteller Samuel Johnson niedergeschlagen, «weil ich glaube, dass ich einer der besten Vertreter der Menschheit bin, und weiß, wie schlecht ich bin.»

🖉 🖉 🖉

Während des Krieges im Irak heuerte die Nationalgarde den pensionierten Armeeoberst James Scott an, um den Familien von in Übersee stationierten Soldaten dabei zu helfen, mit dem sich daraus ergebenden Stress umzugehen. Scotts Methode zur Stressreduzierung? Er brachte den Menschen das Lachen bei – nicht als schnöder Witzeerzähler, sondern in Form einer Therapie. In seinen Übungsstunden ließ er die Teilnehmer «ha-ha-ha, hi-hi-hi« oder »ho-ho-ho» kichern, unabhängig davon, ob gerade etwas Komisches vonstattenging oder nicht.
   «Das Grundprinzip besteht darin, ohne Grund zu lachen», erläuterte Scott, «was einer der Gründe ist, warum die Methode bei Militärfamilien so gut funktioniert.»

Der Komiker Woody Allen: «Wissen Sie, wenn sich herausstellen sollte, dass es einen Gott gibt, glaube ich nicht, dass er böse wäre. Ich denke, das Schlimmste, was man über ihn sagen könnte, ist, dass er unter seinen Möglichkeiten geblieben ist.»

🖑 🖑 🖑

Ein Geistlicher fragte einst den Biochemiker J. B. S. Haldane, zu welchen Schlussfolgerungen über die Natur Gottes ihn seine Arbeit geführt hätte.

«Eine übertriebene Vorliebe für Käfer», antwortete der Wissenschaftler.

🖑 🖑 🖑

Der Schriftsteller H. L. Mencken: «Der Kosmos ist ein gigantisches Schwungrad mit 10 000 Umdrehungen pro Minute. Der Mensch ist eine kranke Fliege, die in benommenem Zustand eine Fahrt darauf unternimmt. Religion ist die Theorie, dass das Schwungrad erfunden wurde, um ihm diese Fahrt zu ermöglichen.»

🖑 🖑 🖑

Als eine Abgeordnete der walisischen Nationalversammlung verschiedene Dokumente zum Staatsetat einsehen wollte, wurde ihr Antrag mit folgender Begründung abgelehnt: «Die Offenlegung einiger dieser Debatten im Rahmen eines Antrags auf der Grundlage des Gesetzes zur Informationsfreiheit könnte dazu führen, dass mehrere Individuen in den Medien der Lächerlichkeit preisgegeben werden.»

So wie amerikanische Modeerscheinungen und amerikanische Popmusik seit jeher die Welt dominieren, gilt dies inzwischen auch für den amerikanischen Regierungsstil, Freiheiten im Namen der Freiheit zu verweigern.

D er Bürgermeister von Philadelphia, Frank Rizzo: «Die Straßen von Philadelphia sind sicher. Es sind die Menschen, die sie unsicher machen.»

Ja, Menschen, die sind am allerschlimmsten.

🖑 🖑 🖑

Der Bürgermeister von Washington, Marion Barry: «Wenn man von den Tötungsdelikten einmal absieht, haben wir eine der niedrigsten Kriminalitätsraten.»

Richtig, wenn die Mörder dich nicht erwischen, ist Washington ein großartiger Ort zum Leben.

🖑 🖑 🖑

Howard Pyle, einer der Berater von Präsident Eisenhower, hatte eine gute Erklärung für einen der wirtschaftlichen Abschwünge der Nation parat: «Das Recht zu leiden ist eine der Freuden einer freien Wirtschaft», sagte er.

🖑 🖑 🖑

U nd noch ein weiteres Mal unser allseits beliebter Vizepräsident Dan Quayle: «Ich liebe Kalifornien. Ich bin praktisch in Phoenix aufgewachsen.»

🖑 🖑 🖑

Die Anerkennung der Tatsache, dass man nicht alles haben kann, drückte der Automobilmanager Lee Iacocca wie folgt aus: «Wir müssen innehalten und uns fragen: Wie viel saubere Luft brauchen wir?»

Vielleicht einen von drei Atemzügen? Oder einen von vier? Schwer, dies genau zu beziffern.

🖑 🖑 🖑

«Zwischen einem Politiker und einem Footballcoach gibt es doch einige Gemeinsamkeiten», meinte Senator Eugene

McCarthy. «Man muss intelligent genug sein, das Spiel zu verstehen, und dumm genug, es ernst zu nehmen.»

☞ ☞ ☞

Etwas, was wir für selbstverständlich halten, kann für jemanden, der es noch nie gesehen hat, ganz anders aussehen. Als Boris Marshalow, ein russischer Besucher in Washington D.C., eine Sitzung des Repräsentantenhauses verfolgte, beschrieb er sie so: «Der Kongress ist so seltsam. Ein Mann steht auf, um eine Rede zu halten, und sagt dann nichts. Keiner hört zu, und dann sind alle anderer Meinung.»

Ja, das klingt in der Tat nach unseren Politikern.

☞ ☞ ☞

Der Rebell, das Genie und der Idiot kennen die Einsamkeit, die es mit sich bringt, wenn man selbst im Recht ist und alle anderen unrecht haben. Der Physiker Carl Sagan erklärte jedoch: «Die Tatsache, dass manche Genies ausgelacht wurden, impliziert nicht, dass jeder, der ausgelacht wird, auch ein Genie ist. Kolumbus wurde ausgelacht, Fulton wurde ausgelacht, die Gebrüder Wright wurden ausgelacht. Die Leute lachten aber auch über Bozo, den Clown.»

☞ ☞ ☞

KAPITEL 18

Amerikas dümmste Verbrecher: Der Bankräuber, der in Ohnmacht fiel, und andere Freiwillige für einen Urlaub hinter schwedischen Gardinen

❧ ❧ ❧

Niemand sagt: «Ich danke Gott für unsere dummen Raketenwissenschaftler.»

Oder: «Ich bin so froh, dass mein Neurochirurg ein totaler Schwachkopf ist.»

Polizisten auf der ganzen Welt sind jedoch immer wieder froh, wenn dumme Verbrecher ihnen die Arbeit erleichtern.

Wenn Sie ein Idiot sind, sollten Sie über die Vorteile einer kriminellen Karriere nachdenken: flexible Arbeitszeiten, keine Gewerkschaftsbeiträge, keine Ausbildung erforderlich, keine Erfahrung vonnöten. Und außerdem die Art von Arbeitsplatzsicherheit, die es bei normalen Unternehmen nicht mehr gibt.

Wenn Sie zum Beispiel in die Bankraubbranche einsteigen, müssen Sie sich keine Sorgen machen, die Bank könnte in ein Entwicklungsland verlegt werden, um dort von billigeren Arbeitskräften ausgeraubt zu werden. Selbst wenn sich herausstellen sollte, dass Sie ein absolut lausiger Bankräuber sind, bekommen Sie doch immerhin kostenlose Verpflegung und Unterkunft für die nächsten Jahre.

Hier einige der schnell gefassten Ganoven, die dem Polizeialltag eine unterhaltsame Note verliehen, brauchtes sie doch für den Spott nicht zu sorgen.

❧ ❧ ❧

Ein auf Blitzeinbrüche spezialisierter Dieb in Chicago wollte herausfinden, wie viele Uhren und Ringe er aus dem Schaufenster eines Juwelierladens zu ergattern imstande war. Zunächst jedoch musste er die Schaufensterscheibe zertrümmern.

Kein Problem. Er hebelte einen Kanaldeckel aus der Straße. Stark, wie er war, hob er den schweren Kanaldeckel über den Kopf und schmetterte ihn in das Schaufenster. Anschließend stopfte er sich die Taschen mit Juwelen voll und rannte davon.

Vielleicht wäre der Mann ja mit seiner Tat ungeschoren davongekommen – wäre er nicht in den offenstehenden Kanalschacht gefallen.

ꙮ ꙮ ꙮ

Eine Frau aus Georgia wurde im Jahr 2004 wegen Betrugs verhaftet, als sie versuchte, bei Wal-Mart mit Falschgeld zu bezahlen. Die Dame hatte Waren für 1000 Dollar in ihrem Einkaufswagen angehäuft und gab dem Kassierer einen 1-Million-Dollar-Schein.

Das US-Schatzamt druckt aber gar keine 1-Million-Dollar-Scheine. Wer sollte die auch brauchen? Man muss sich fragen, wie unsere Heldin nur glauben konnte, Wal-Mart könnte auf einen derartigen Geldschein herausgeben?

ꙮ ꙮ ꙮ

Nur müde lächeln über die Masche mit dem 1-Million-Dollar-Schein konnte ein ausländischer Fälscherring, der im Jahr 2006 von den Zollbehörden bei dem Versuch zerschlagen wurde, falsche Banknoten mit einem Nennwert von einer Milliarde Dollar in die USA einzuschmuggeln.

ꙮ ꙮ ꙮ

Noch seltsamer als die Millionen- und Milliarden-Fälscher war jedoch der Mann, der in Wichita im US-Bundesstaat Kansas festgenommen wurde, als er den Versuch unternahm, in einem Hotel mit zwei 16-Dollar-Scheinen zu bezahlen.

Wenn Sie von Reichtum träumen, glauben Sie vielleicht, das amerikanische Schatzamt drucke 1-Million-Dollar-Scheine für den privaten Gebrauch von Millionären. Warum aber sollte die Regierung 16-Dollar-Scheine drucken? Wer könnte damit etwas anfangen? Wie konnte jemand das Erwachsenenalter erreichen, ohne zu bemerken, dass es zwar Zehner und Zwanziger gibt, aber nichts dazwischen?

ᕼ ᕼ ᕼ

Hier ein weiterer Beweis dafür, dass Geldfälscherei nicht unbedingt zu den Lieblingsverbrechen der großen Denker unter den Ganoven gehört. Im Jahr 2005 verwendeten zehn Mitglieder einer Fälscherbande einen Computerdrucker für die Herstellung ihres Falschgeldes. Sie flogen auf, als sie den Drucker zur Reparatur in einen Computerladen brachten. Der Mechaniker entdeckte, dass der Drucker mit Falschgeld verstopft war, und übergab ihn der Polizei.

ᕼ ᕼ ᕼ

Und noch eine skurrile Fälschergeschichte: Als Mark McGwire 1998 mit 70 Home-Runs in einer Saison den bis dahin bestehenden Rekord brach, stellte ein in McGwire vernarrter Fan einen falschen 70-Dollar-Schein mit seinem Konterfei auf der Vorderseite her.

ᕼ ᕼ ᕼ

Im Jahr 2005 erschien ein Mann mit einer ungewöhnlichen Verletzung in einem kalifornischen Krankenhaus. Er hatte sich den Arm verbrannt, als er versuchte, Methamphetamin –

in der Drogenszene als «Crystal Meth» bekannt – aus seinem Urin zu gewinnen.

Erst bei seiner Gerichtsverhandlung erfuhr der Süchtige, dass er eimerweise drogenhaltigen Eigenurin benötigt hätte, wollte er genügend Methamphetamin produzieren, um ein einziges Mal high zu werden.

🌀 🌀 🌀

In Tampa, Florida, wurden zwei Polizisten von einem Mann mit einem seltsamen Anliegen angesprochen. Er habe gerade etwas Kokain gekauft, erzählte er den Beamten, sei sich aber nicht sicher, ob das Pulver auch wirklich Kokain wäre. Ob sie es wohl für ihn testen könnten?

Sie konnten – auf dem Polizeirevier. Das Pulver stellte sich als echtes Kokain heraus, und so wurde er auch echt verhaftet. Aber wenigstens war er bei dem Drogendeal nicht übers Ohr gehauen worden.

🌀 🌀 🌀

Ein des Raubes Verdächtiger wurde bei einer Gegenüberstellung ungehalten, als die Polizisten die anderen Männer in der Reihe aufforderten, «alles Geld her oder ich schieße» zu sagen.

«Das habe ich doch gar nicht gesagt», korrigierte sie der Verdächtige.

Okay, Gegenüberstellung beendet. Der Rest von euch kann jetzt nach Hause gehen.

🌀 🌀 🌀

In den USA gibt es jedes Jahr Tausende bewaffneter Raubüberfälle. Dieser Markt ist mittlerweile so überlaufen, dass die Räuber sich zuweilen gezwungen sehen, sich gegenseitig zu überfallen.

In der Geschichte Islands hat es bisher hingegen nur einen

einzigen bewaffneten Raubüberfall gegeben. Wir sollten die bewaffneten Räuber Amerikas überzeugen, nach Island umzuziehen, wo weniger Konkurrenz herrscht.

ゐ ゐ ゐ

Als ein Bauarbeiter in Fort Smith im US-Bundesstaat Arkansas einen kleinen Laden überfiel, trug er während des Raubüberfalls seinen Schutzhelm, auf dessen Vorderseite sein Name prangte. Aufgeflogen!

ゐ ゐ ゐ

Ein Mann in Tampa, Florida, übergab einem Bankkassierer einen Zettel mit einer Geldforderung. Die Polizei hatte keinerlei Schwierigkeiten, den Räuber zu fassen, da er die Geldforderung auf seinen Gehaltszettel geschrieben hatte, direkt unter der Stelle, wo Name und Adresse aufgeführt waren.

ゐ ゐ ゐ

Ein anderer Bankräuber, der nicht gerade zur Kategorie der Meisterverbrecher zu zählen sein dürfte, wurde verhaftet, nachdem er einem Bankkassierer ebenfalls einen Zettel mit einer Geldforderung zugeschoben hatte. Dieses Genie hatte dazu die Rückseite seines Hafturlaubsausweises benutzt.

ゐ ゐ ゐ

Einführung in das Raubwesen, Kapitel 101: Zwei Gauner in Italien raubten einer Frau mit vorgehaltener Waffe ihr Auto, als diese in der Schlange an einer Tankstelle wartete.

Wenige Kilometer weiter wurden sie von der Polizei verhaftet. Warum?

Die Ganoven hatten die wichtigste Regel für flüchtende Räuber missachtet: Klau das Auto, *nachdem* der Fahrer aufgetankt hat, nicht *bevor* der Tank voll ist.

In Buffalo, New York, kam dem Manager einer Burgerbude der neue Angestellte ziemlich bekannt vor, als dieser zu seinem ersten Arbeitstag erschien. So rief er die Polizei, und der Burgerbrater wurde verhaftet, stellte sich doch heraus, dass er die Bude in der Vorwoche überfallen hatte.

🌿 🌿 🌿

Beim Spielen mit Handschellen kettete sich ein Mann aus Arizona versehentlich selbst an. Anstatt jedoch einen Schlosser zu rufen, rief er die Polizei zu Hilfe.

Während die Polizisten ihn befreiten, führten sie eine Computerüberprüfung durch und stellten fest, dass ein gültiger Haftbefehl gegen den Mann vorlag.

🌿 🌿 🌿

Ein Beamter der Antidrogeneinheit der Polizei von Baltimore, der gerade nicht im Dienst war, wollte ein neues Auto kaufen. Bei einem Autohändler suchte er sich ein Fahrzeug für eine Probefahrt aus, bei der der Autoverkäufer neben ihm auf dem Beifahrersitz saß. Der Polizist war ziemlich überrascht, als der Verkäufer ihn an einer Straßenecke anzuhalten bat, die für den dort vonstattengehenden Drogenhandel berüchtigt war. Seine Überraschung wurde allerdings noch größer, als er sah, wie der Autoverkäufer von einem stadtbekannten Dealer Stoff kaufte.

Als sie den Wagen zum Hof des Händlers zurückgebracht hatten, verhaftete der Polizist den Mann und beschrieb die Festnahme später als «die bizarrste Verhaftung, von der ich je gehört habe».

🌿 🌿 🌿

Eine kriminelle Karriere kann mitunter ganz harmlos beginnen. Eine Frau arbeitete bei McDonald's im kalifornischen Salinas, wo sie dafür zuständig war, die Happy Meals für Kinder mit den darin enthaltenen kostenlosen Spielzeugen zu bestücken. In diesem Fall waren es Beanie-Babys.

Einige Monate später wurde sie verurteilt, weil sie Kreditkarten gestohlen hatte, um ihre Sucht nach Beanie-Baby-Spielzeugen zu befriedigen. «Es war wie eine Droge», sagte sie. «Nachdem ich einmal damit angefangen hatte, konnte ich nicht mehr aufhören.»

ฅ ฅ ฅ

Verteidigungsstrategien, auf die selbst Perry Mason nicht gekommen wäre:

1. Sadamichi Hirasawa überzeugte die Angestellten einer Bank in Tokio, ein Medikament zu nehmen, indem er ihnen sagte, er sei der Betriebsarzt der Bank. Bei diesem «Medikament» handelte es sich allerdings um Zyanid, sodass sie an Vergiftung starben, woraufhin Hirasawa 700 Dollar aus der Bank raubte. Nachdem er 1948 gefasst worden war, wurde er zu lebenslänglich, nicht aber zum Tode verurteilt. Seine Anwälte konnten den Richter davon überzeugen, dass es sich bei dem Bankraub um Hirasawas Methode gehandelt habe, Selbstmord zu begehen, da er schließlich wusste, dass er hingerichtet werden würde. So konnte er nicht hingerichtet werden, da die japanische Verfassung Selbstmord verbot. Im Jahr 1980 wurde Hirasawa aus dem Gefängnis entlassen.

2. Ein Mann wurde wegen Mordes verurteilt, weil er seine Ehefrau getötet hatte, die sich scheiden lassen wollte. Bei seiner innovativen Verteidigungsstrategie gab der Mann zu, mehrmals auf seine Frau eingestochen zu haben. Getötet habe er sie aber nicht, da sie bereits tot gewesen sei.

   Der Ehemann machte geltend, auf seine Frau eingestochen zu haben, damit ihr Sohn nicht herausfinden konnte, dass sie Selbstmord begangen hatte.

3. Eine Schwedin konnte sich erfolgreich gegen eine Anklage wegen Steuerbetrugs verteidigen, indem sie behauptete, eine Ratte auf ihrem Dachboden habe ihre Finanzunterlagen verzehrt.

Die Ratte bekam zwischen 5 und 10 Jahren aufgebrummt.

૮ઇ ૮ઇ ૮ઇ

Ein Räuber war mit seiner Beute nicht so recht zufrieden, als er einen kleinen Laden in Topeka im US-Bundesstaat Kansas überfiel. So fesselte und knebelte er den Angestellten und stellte sich selbst für drei Stunden hinter den Verkaufstresen.

Als er schließlich genug beisammen hatte, um sich einen schönen Abend zu machen, erschien die Polizei und verhaftete ihn.

Dies ist eines jener seltenen Verbrechen, bei denen der Täter tatsächlich die Einnahmen des Opfers gesteigert hat.

૮ઇ ૮ઇ ૮ઇ

Vielleicht sollte man doch nicht immer drei Versuche haben. Ein Ganove in Colorado überfiel an einem Tag zweimal denselben Laden und sagte der Angestellten anschließend, er werde zurückkommen, wenn sie weitere Einnahmen erzielt habe.

Der Räuber kam tatsächlich noch einmal wieder und wurde von der Polizei verhaftet, die sich noch im Laden befand, um die Angestellte zu den ersten beiden Überfällen zu befragen.

૮ઇ ૮ઇ ૮ઇ

In Massachusetts hatte die Polizei im Jahr 1996 keinerlei Probleme mit der Verhaftung eines Bankräubers. Dieser wurde bei dem Überfall derart nervös, dass er in Ohnmacht fiel. Als er erwachte, war die Polizei schon da.

૮ઇ ૮ઇ ૮ઇ

Ein Mann aus Michigan befand sich nach einem Bankraub im Jahr 2006 gerade auf der Flucht, als er auf dem Bürgersteig in Ohnmacht fiel. Wie kam es zu dieser für ihn verhängnisvollen Ohnmacht? Er hatte einen vorbeifahrenden Polizeiwagen gesehen und gedacht, dieser wäre seinetwegen gekommen. War er aber nicht. Er fuhr nur zufällig vorbei.

Die Beamten stiegen aus ihrem Wagen, um zu sehen, ob mit dem Mann alles in Ordnung war. Dabei sahen sie seine Waffe und das Geld und verhafteten ihn. Dies war das erste Mal, dass ihnen ein Räuber sozusagen in den Schoß fiel.

ꞁ❧ ꞁ❧ ꞁ❧

Zu einer weiteren dieser Verhaftungen unter tätiger Mithilfe des Delinquenten kam es in einem Kentucky Fried Chicken in Buffalo im US-Bundesstaat New York. Zwei Polizisten des Drogendezernats hielten sich dort nicht dienstlich auf, sondern wollten nur ihr Abendessen zu sich nehmen.

Während sie auf ihr Essen warteten, rollte ein Wagen beim Drive-in-Schalter vor. Als der Fahrer die Seitenscheibe herunterkurbelte, zogen die Marihuanadüfte seines Joints direkt in das KFC-Restaurant. So kamen die Drogenfahnder zu einer ihrer leichtesten Verhaftungen, wurde sie ihnen doch praktisch frei Haus geliefert.

ꞁ❧ ꞁ❧ ꞁ❧

Ein Mann aus Mesa, Arizona, wurde im Jahr 2004 wegen eines Einbruchs in ein Geschäft verhaftet, bei dem er von den dort installierten Überwachungskameras aufgenommen wurde. Das Geschäft verkaufte Sicherheitstechnik wie Videokameras und Überwachungsanlagen an andere Geschäftsleute, damit diese sich vor Einbrüchen schützen konnten.

Die meisten Diebe hätten es sich zweimal überlegt, in

ein Geschäft für Sicherheitstechnik einzubrechen, weil dort vielleicht, aber nur ganz vielleicht, Überwachungskameras installiert sein könnten. Dies ist aber noch nicht unser Gewinner.

ᔊ ᔊ ᔊ

Zwei weibliche Einbrecher steckten im Jahr 2006 ziemlich in der Klemme, als sie den Safe eines Fitnesscenters in Kentucky stahlen. Nachdem sie den Safe zu ihrem Auto geschleppt hatten, stellten sie fest, dass sie nicht stark genug waren, um das schwere Ding in den Kofferraum zu heben. Daher baten sie den Hausmeister um Hilfe, der mit seinen Leuten damit beschäftigt war, Reinigungsarbeiten in dem Fitnesscenter durchzuführen.

Die Einbrecherinnen dachten sich, Hausmeister seien nicht schlau genug, darauf zu kommen, was sie da mit dem Safe veranstalteten. Sie irrten sich.

ᔊ ᔊ ᔊ

Sie stand ihrem Mann eisern zur Seite – bis ins Gefängnis. In Virginia rief im Jahr 1998 eine Frau im städtischen Gefängnis an und erklärte den Vollzugsbeamten, der Staatsanwalt habe die Anklage gegen einen der dort einsitzenden Männer fallen gelassen, der folglich freizulassen sei.

Als die Beamten meinten, sie benötigten eine schriftliche Anordnung, faxte die Frau eine handschriftliche Notiz, die angeblich aus der Feder des Staatsanwalts stammte. Die Notiz enthielt diverse Fehler in Grammatik und Rechtschreibung sowie einen handschriftlich gezeichneten Briefkopf. Die Polizei ermittelte den Absender anhand der Faxnummer und verhaftete die Freundin des bereits einsitzenden Mannes.

ᔊ ᔊ ᔊ

Im Jahr 2006 wurde eine Frau schuldig gesprochen, 1,5 Millionen Dollar bei der Bank veruntreut zu haben, bei der sie beschäftigt war. Mit diesem Geld unternahm sie eine der größten Einkaufstouren der Geschichte.

Ein kleiner Auszug aus der Einkaufsliste unserer Diebin: fünfzig Mäntel, Hunderte Paar Schuhe, sechzehn Kettensägen, 3000 Bücher, ein Traktor und ein Swimmingpool.

Als die Polizei sie fasste, fanden sich die meisten ihrer Einkäufe noch originalverpackt und mit Preisschildern versehen stapelweise in ihrem Haus. Sie war eine zwanghafte Käuferin, anscheinend aber keine zwanghafte Benutzerin.

ひ ひ ひ

Ein deutscher Erpresser überlistete sich selbst, als er eine schlaue Methode ersann, um den Nestlé-Konzern um die gewünschte Summe zu erleichtern. Er befahl den Managern des Unternehmens, Diamanten in kleine Tütchen zu stecken und diese dann Brieftauben um den Hals zu binden.

Die Polizei folgte den Brieftauben einfach bis zu ihrem Zielort und machte den Mann dingfest.

ひ ひ ひ

Die Polizei von Illinois verdächtigte jemanden aus den eigenen Reihen, als unter ihren Augen ein Päckchen beschlagnahmtes Marihuana – ein wichtiges Beweismittel – spurlos verschwand. Wie sich herausstellte, hatte allerdings niemand aus der Abteilung das Päckchen gestohlen. Die Ermittlungsbeamten fanden schließlich den Übeltäter – eine Maus hatte den Stoff gefressen.

Sie konnten den Verdächtigen leicht identifizieren – es war die Maus mit dem breiten Grinsen im Gesicht.

DIE DAVONGEKOMMENEN

Warum kommen manche Leute mit Delikten durch, die auch nicht intelligenter sind als die, die andere ins Kittchen bringen? Lassen Sie uns mal sehen:

Selbst wenn Sie für ein Verbrechen verurteilt wurden, haben Angehörige der Oberschicht immer noch ihre Privilegien.

Im Jahr 1988 bekam John Zaccaro Jr. vier Monate Freiheitsstrafe, weil er mit Kokain gedealt hatte. Drei dieser vier Monate verbrachte er in einer Luxuswohnung in Burlington, Vermont. Seine Mutter wies darauf hin, dass er keineswegs übermäßig privilegiert gewesen sei. «Er hatte nicht einmal ein Hausmädchen», empörte sie sich.

Wer war wohl seine Mutter? Geraldine Ferraro, die zu jener Zeit neben dem demokratischen Präsidentschaftskandidaten Walter Mondale als Vizepräsidentin kandidierte.

♫ ♫ ♫

M ichael Romanoff war ein Hochstapler erster Güte. Er entzückte die Menschen, die er an der Nase herumführte, derart, dass er schließlich ein erfolgreiches Restaurant in Hollywood eröffnen konnte. Dass er vorgab, ein russischer Prinz zu sein, machte das Etablissement äußerst populär, auch wenn ihm niemand glaubte.

Bevor er ins Gastronomiegeschäft einstieg, lebte Romanoff auf großem Fuß, indem er vortäuschte, reich zu sein. Im Jahr 1931 gab er sich als der berühmte Zeichner Rockwell Kent aus, worüber der Künstler nicht unglücklich war. Romanoff hatte als Kent ein so gewinnendes Wesen, dass er mehr von Kents Kunstbüchern verkaufte als der Künstler selbst – ein weiterer Fall, in dem ein Gauner Geld für sein Opfer verdiente.

♫ ♫ ♫

Ein Mann im englischen Badeort Bath beobachtete, wie ein Dieb sein Moped stahl. Glücklicherweise erblickte er ganz in der Nähe zwei Polizisten in ihrem Streifenwagen. Unglücklicherweise erklärten die Beamten ihm jedoch, dass sie den Dieb nicht verfolgen könnten, weil dieser keinen Helm trage.

Die Dienstvorschriften verboten ihnen, unter diesen Umständen einen Dieb zu jagen, da dieser dabei schließlich vom Moped fallen, sich verletzen und die Polizei verklagen könne, habe sie doch seine Verletzungen verursacht.

ɔ̃ ɔ̃ ɔ̃

Das jährliche Dauergelage in den Frühjahrsferien bringt Daytona Beach durch die Studentenmassen, die den Ort besuchen, zwar ein Vermögen ein, aber es bleibt regelmäßig ein Saustall zurück. Im Jahr 2004 entschieden sich die Stadtväter von Daytona Beach, an den gesunden Menschenverstand und das staatsbürgerliche Bewusstsein der Besucher zu appellieren. Überall in der Stadt wurden Plakate mit der Aufschrift «Es geht um Respekt» angebracht.

Die College-Studenten hatten offensichtlich jahrzehntelang die Botschaft falsch verstanden – als ginge es darum, ex zu trinken und am Strand ins Koma zu fallen. Über Nacht wurden 300 der Plakate gestohlen.

ɔ̃ ɔ̃ ɔ̃

Im Jahr 1992 baute der US-Bundesstaat Maryland sein neues Baltimore-County-Gefängnis nach dem neuesten Stand der Technik und ausbruchsicher. Allerdings barg das Konzept auch ein paar Fehler.

Überwachungskameras brannten durch. Die Computersteuerungen, welche die Türen der Zellenblöcke verriegelten, entriegelten diese nicht wieder, um die Wärter herauszulassen. Verschlossene Türen sprangen plötzlich auf, was regelmäßig das Gesamtkonzept in Frage stellte, dass es sich bei einem Gefängnis um einen Ort handelt, in dem die Insassen sicher eingesperrt sind.

Und was die bruchsicheren Fensterscheiben anging – die waren so, wie die Werbung versprochen hatte. Niemand konnte diese Scheiben zerbrechen. So traten neun Insassen sie einfach aus dem Fensterrahmen und entkamen durch die Öffnungen, in denen sich die Fensterscheiben eigentlich befinden sollten.

ᔥ ᔥ ᔥ

Der russische Schriftsteller Fjodor Dostojewski wurde im Jahr 1849 verhaftet, weil er das schwere Verbrechen begangen hatte, von einer Revolution zu reden. Er wurde vor ein Erschießungskommando gestellt … und dann doch nicht erschossen.

Nichts als Psychologie, Herr Dostojewski, es handelte sich um eine Scheinhinrichtung. Seine zehn Jahre Verbannung in Sibirien waren jedoch nicht zum Schein.

ᔥ ᔥ ᔥ

Im Jahr 2004 brach eine aus zwei Dutzend Dieben bestehende Bande in eine U-Bahn-Station ein, die in der darauffolgenden Woche eröffnet werden sollte, und stahlen – errät es jemand?

Sie stahlen die Rolltreppe der U-Bahn-Station. Nichts also, was man leicht abmontieren und womit man wegrennen könnte. Vielleicht wollten sie einen Eintrag ins Guinness-Buch der Rekorde erreichen – für den Diebstahl des größten, am schwierigsten zu demontierenden Diebesguts mit eingeschränkter Nutzbarkeit.

ᔥ ᔥ ᔥ

In den 1960er Jahren prellte ein Betrüger mit seiner Familie das französische Sozialsystem um mehr als 6 Millionen Dollar, indem er Anträge auf Sozialleistungen für fast 200 nichtexistente Familien stellte. Er wurde nie verurteilt und setzte sich als reicher Mann zur Ruhe. Vielleicht zahlt sich nur in den Vereinigten Staaten Verbrechen nicht aus.

🌀 🌀 🌀

Ein abschließender Gedanke aus dem Mund des Dramatikers Bertolt Brecht, der Verbrechen relativiert: «Was ist ein Einbruch in eine Bank gegen die Gründung einer Bank?»

🌀 🌀 🌀

Ein weiterer abschließender Gedanke zum Kreuz mit dem Verbrechen: Es ist so kostspielig, Diebe hinter Gefängnismauern zu verwahren, dass sie keinen Grund mehr zum Stehlen hätten, wenn wir ihnen das Geld gäben, das wir für ihre Unterbringung ausgeben.

🌀 🌀 🌀

KAPITEL 19

**Manche Missgeschicke schmerzen doppelt:
Kaffee mit komischem Beigeschmack …**

◌ ◌ ◌

Von Juckreiz geplagt, griff ein Engländer nach der Tube mit
der Hämorrhoidensalbe. Leider griff er daneben und erwischte den Sekundenkleber …

◌ ◌ ◌

Warum erwischen manche Leute immer gleich Sekundenkleber, wenn sie einmal nach der falschen Tube
greifen?

Es gibt Leute, für die Risiko zum Leben gehört. Ohne ein
bisschen Nervenkitzel wären sie nicht glücklich. Und wenn
sie dann einmal aufs falsche Pferd setzen, kommen wunder-
schöne Anekdoten dabei heraus.

◌ ◌ ◌

Die Kleinstadt Battle Mountain in Nevada setzte sich klar
gegen Buffalo, New York, Camden, New Jersey, und Ter-
re Haute, Indiana, durch und gewann den Titel «Achselhöhle
der USA», der von Gene Weingarten von der *Washington Post*
vergeben wurde.

«Ein kleiner Ort, bar jeglicher Spuren der Geschichte,
ohne Charakter und Charme … eine mitleiderregende An-
sammlung von traurigen Gebäuden und noch traurigeren
Menschen, direkt an einer Überlandstraße gelegen, inmitten
einer unwirtlichen Gegend. Das ist Battle Mountain, Nevada»,
schrieb Weingarten.

Er rief die Chefredakteurin der Zeitung von Battle Mountain an und bat um einen Kommentar zu der Auszeichnung. Lorrie Baumann entgegnete trocken: «Achselhöhle der USA? Könnte stimmen.» Die Herausgeber der Zeitung feuerten sie für nachgewiesene Ehrlichkeit.

Ein 81-jähriger Schülerlotse einer Schule in New Jersey wurde von einem 70-jährigen Schülerlotsen derselben Schule auf dem Weg nach Hause überfahren und kam dabei zu Tode.

Ein brasilianischer Schiedsrichter griff im Jahr 2003 bei einem Fußballspiel nach der roten Karte, um ein Foul zu ahnden. Statt der roten Karte zog er jedoch ein rotes Spitzenhöschen aus der Tasche.

Sein Pech war, dass das Höschen nicht von seiner Frau stammte. Der Brief vom Scheidungsanwalt, der ihn ein paar Tage später erreichte, dagegen sehr wohl.

Wie kam der Schiedsrichter dazu, ein Spitzenhöschen in der Tasche zu haben? Ganz einfach, er war verliebt. Und die Liebe war stärker als der Drang, einen Gedanken an die Regel des doppelten Missgeschicks zu verschwenden, besagt diese doch, man kann sicher sein, dass das Höschen der Geliebten, das man in der Hosentasche hat, im ungünstigsten Augenblick zum Vorschein kommt – besonders wenn man ein Spiel pfeift, das landesweit im Fernsehen übertragen wird.

෮ ෮ ෮

Nach der Festnahme des ehemaligen panamaischen Machthabers Manuel Noriega im Jahr 1990 hatten rund 12 000 Personen dieselbe clevere Idee. Sie setzten in der staatlichen Lotterie auf Noriegas Häftlingsnummer. Sie verloren alle.

Die gemeinsten Fallen sind die, die im Verborgenen lauern. «Durch seine erfolgreiche Erfindung arbeitssparender Maschinen», so der Philosoph Lewis Mumford, «hat der moderne Mensch einen Abgrund der Langeweile geschaffen, den in früheren Jahrhunderten nur die privilegierten Klassen kannten.»

Haben Sie schon von dem Mann gehört, den ein fliegender Fisch von seinem Jetski holte? Den meisten Dingen kann man ja ausweichen, aber einem Fisch entwischt man offensichtlich nicht so leicht.

Im Jahr 2006 fuhr ein Pärchen in Florida Jetski auf dem Suwannee-Fluss, als der Mann plötzlich von einem durch die Luft springenden Stör getroffen wurde, der knapp 50 Kilo gewogen haben dürfte.

Der Mann verlor das Bewusstsein, stürzte ins Wasser und musste von seiner Freundin gerettet werden. Es war zwar bekannt, dass Störe bis zu zwei Meter aus dem Wasser springen können, dass sie Jagd auf Jetski-Fahrer machen, war allerdings neu.

Auch folgendes Missgeschick passiert nicht jedem: Ein Motorradfahrer wurde in Custer im US-Bundesstaat South Dakota von einer durch die Luft fliegenden Toilettenschüssel getroffen. Die Polizei konnte bis heute nicht herausfinden, wo das fliegende Klo herkam.

Im Jahr 1985 veranstalteten 200 Rettungsschwimmer aus New Orleans ein rauschendes Fest, um den Erfolg zu feiern, dass es im Jahr zuvor in den öffentlichen Schwimmbädern der Stadt keine Todesfälle durch Ertrinken gegeben hatte. Während der Party fiel einer der Gäste in den Pool und ertrank.

Im 18. Jahrhundert wurde einem Herzog namens Antonio Fernando geweissagt, er würde einst durch Alkohol zu Tode kommen. Also schwor er dem Alkohol für immer ab – konsequent und ausnahmslos.

Leider beging er trotz dieser Vorsichtsmaßnahmen einen fatalen Fehler. Eines Abends ließ sich Fernando die schmerzenden Muskeln mit einer alkoholhaltigen Tinktur einreiben. Der Alkohol entzündete sich, und der Herzog starb in den Flammen.

◉ ◉ ◉

Eine Frau in England verklagte die Versicherungsgesellschaft, bei der sie arbeitete, auf Schadenersatz. Sie war im Büro über einen Stapel Schadensmeldungen gestolpert und hatte sich dabei verletzt. Die Firma zahlte.

◉ ◉ ◉

Nach einer harten Trainingseinheit stauchte der Footballcoach Paul «Bear» Bryant seine Mannschaft von der University of Alabama in der Umkleidekabine zusammen, hatten die Jungs doch verschiedene Spielzüge vermasselt. «Ich will keine Dumpfbacken in dieser Mannschaft haben», sagte Bryant seinen Spielern. «Wenn hier eine Dumpfbacke unter uns ist – aufstehen!»

Zur Verblüffung des Trainers erhob sich der Star des Teams, Quarterback Joe Namath. «Warum stehst du auf, Joe?», fragte Bear. «Du bist doch keine Dumpfbacke.»

«Ich weiß, Trainer», meinte Namath, «aber ich kann es nicht mit ansehen, wie Sie hier alleine herumstehen.»

◉ ◉ ◉

Der kleine Ort Gaston im US-Bundesstaat South Carolina hatte schließlich ein Einsehen und stellte 1985 die erste Verkehrsampel auf. Zwei Stunden später fuhr ein Auto bei Rot über die Ampel und verursachte einen Unfall, in den vier Wagen verwickelt waren.

❧ ❧ ❧

Nicht selten werden Rocksongs für die Interpreten, die sie seinerzeit zu Hits gemacht haben, zum Albtraum. Nachdem Carl Perkins mit *Blue Suede Shoes* einen Megahit gelandet hatte, ging er dazu über, bei seinen Auftritten blaue Wildlederschuhe zu tragen, was für seine Fans zu seinem untrüglichen Markenzeichen wurde.

Im späteren Verlauf seiner Karriere hatte Perkins jedoch häufig Grund, diesen Schachzug zu bedauern, stürmten die Fans doch nach jedem Konzert die Bühne, um ihm – in Anlehnung an die explizite Aufforderung im Songtext, dies nicht zu tun – auf seinen blauen Wildlederschuhen herumzutrampeln.

«Sie können sich gar nicht vorstellen, welche Ausmaße das alles angenommen hat – ein echtes Problem», beklagte sich Perkins. «Meine Füße werden auf übelste Weise malträtiert. Meine Fans werden schließlich nicht jünger, was so viel heißt, dass sie immer mehr Speck ansetzen und mir die Füße jedes Jahr schlimmer zertrampeln.»

❧ ❧ ❧

Eine ältere Frau aus Houston verlor im Jahr 2006 die Kontrolle über ihren Wagen und krachte in einen Leichenwagen. Die Frau starb bei dem Unfall. Ihre Familie kam überein, sich die Suche nach einem Bestattungsinstitut zu sparen und ihre verblichene Verwandte bei dem Bestatter zu lassen, den sie sich selbst ausgesucht hatte.

❧ ❧ ❧

Im Jahr 1989 gab ein Weinhändler eine Pressekonferenz, um seine neueste Anschaffung zu präsentieren: eine Flasche 1787er Château Margaux für 300 000 Dollar. Voller Stolz hielt der Weinkenner die erstandene Flasche Wein hoch, damit die Fotografen ein Bild machen konnten.

Just in diesem Moment musste der Mann erfahren, wie schnell der Weinmarkt ins Bodenlose fallen kann – rutschte ihm doch die Flasche aus der Hand und krachte auf den Boden. Da dürfte wohl so manche Träne vergossen worden sein.

Vor allem verwegene Zeitgenossen ohne einen Cent in der Tasche warten mit einer ganzen Flut von Vorschlägen auf, die sich größtenteils jedoch als unbrauchbar erweisen. Außer diesem einen, den der Schriftsteller Arthur Conan Doyle – Erfinder des berühmten Detektivs Sherlock Holmes – seinerzeit ablehnte.

Doyle probte für die Inszenierung eines seiner Theaterstücke, als ihm ein junger, unbekannter Schauspieler den Vorschlag unterbreitete, ihre Einkünfte fortan in einen Topf zu werfen und für den Rest ihres Lebens fifty-fifty zu machen.

Der erfolgreiche Schriftsteller tat dieses Ansinnen mit einem Lachen ab. Der arme Schauspieler ging seines Weges und wurde zu einem der erfolgreichsten – und bestbezahlten – Vertreter seines Fachs: Charlie Chaplin.

৩ ৩ ৩

Die 24-jährige Schauspielerin Peg Entwistle sprang aus Verzweiflung darüber, den Durchbruch zum Filmstar wohl nie zu schaffen, vom Buchstaben «H» des berühmten «Hollywood»-Schriftzugs in den Tod.

Nach ihrem Ableben öffnete ein Freund von ihr einen Brief, der sie post mortem erreicht hatte. Dieser Brief stammte von einem Filmproduzenten, der Entwistle eine Filmrolle anbot. Sie sollte ein Mädchen darstellen, das Selbstmord begeht.

৩ ৩ ৩

Als ein Mann aus Missouri wegen Trunkenheit am Steuer verurteilt wurde, ordnete der Richter einen Entzug an und stellte den Mann vor die Alternative, entweder dem Alkohol abzuschwören oder ins Gefängnis zu wandern.

Eine Stunde später ging der Richter zum Mittagessen. In der Gaststätte stieß er auf den Mann, den er soeben verurteilt hatte, wie dieser seinen Ärger mit Alkohol hinunterspülte. Man traf sich wieder vor Gericht.

◌ ◌ ◌

Die Bilder von Amedeo Modigliani waren zu seinen Lebzeiten nicht besonders viel wert. Aber nach dem Tod des Künstlers stieg ihr Wert sprunghaft an, und Pariser Café-Besitzer, die Modigliani für seine Bilder einst ein paar Drinks spendiert hatten, machten den großen Reibach.

Außer einem, der ein Vermögen in den Sand setzte, weil seine Frau einen klitzekleinen Fehler beging: Sie hatte die Farbe von Modiglianis Gemälden abgekratzt, um die Leinwand als Bett- und Sofabezug zu verwenden.

◌ ◌ ◌

Die Konföderierten begannen den Bürgerkrieg, als sie 1861 Fort Sumter in South Carolina angriffen. Obwohl die Rebellen die Festung einen ganzen Tag lang unter Kanonenbeschuss nahmen, kam kein einziger Soldat der Nordstaaten um.

Als der Kommandeur der Unionstruppen schließlich kapitulierte und die Festung aufgab, konnten sich seine Soldaten nicht einfach damit abfinden. Beim Verlassen der Festung feuerten sie eine Gewehrsalve ab, um sich und ihren heroischen Verteidigungskampf mit Salutschüssen zu feiern. Eine der Kugeln flog senkrecht in die Luft und fiel ebenso senkrecht wieder herunter und tötete einen Soldaten der Union – der einzige, der beim Kampf um Fort Sumter fiel, und gleichzeitig der erste Tote des amerikanischen Bürgerkriegs überhaupt.

ఁ ఁ ఁ

In Südafrika hatte ein Mädchen, das dem Stamm der Xhosa angehörte, die Vision, die Geister würden ihr Volk – zerstörte es seinen gesamten Besitz – zu einem glorreichen Sieg über den weißen Mann führen, der ihr Land gestohlen hatte. Man schrieb das Jahr 1857.

Der Stamm folgte der Vision des Mädchens und zerstörte alle seine Besitztümer einschließlich Nahrungsmittelvorräten, was zur Folge hatte, dass 25000 Stammesmitglieder verhungerten.

ఁ ఁ ఁ

Bei einem Turnier in England im Jahr 2000 zertrümmerte der Tennisstar Goran Ivanisevic seinen Schläger aus Verärgerung über sein schlechtes Spiel. Als er sich wieder beruhigt hatte, griff er zu seinem zweiten Schläger und führte die Begegnung fort.

Als ihm auch im weiteren Matchverlauf nichts gelingen wollte, zertrümmerte er diesen ebenfalls. Und wenige Minuten später den dritten, um anschließend festzustellen, dass er keine weiteren Schläger dabeihatte.

Ohne jegliches Arbeitsgerät sah er sich schließlich gezwungen, die Partie kampflos aufzugeben.

ఁ ఁ ఁ

Der Kunstpilot Lincoln Beachey kam zu dem Entschluss, seine waghalsigen Flugmanöver würden allmählich zu gefährlich. Also schnallte er sich an, bevor er ein Looping vollführte, damit er nicht aus dem Flugzeug in den sicheren Tod fiele.

Als er während eines Sturzflugs eine Tragfläche verlor,

krachte er mit seinem Flieger in die Bucht von San Francisco. Beachey ertrank, weil er die Sicherheitsgurte nicht lösen
konnte.

**Viele Könige und Königinnen verloren ihren Thron. Englands
König George II. jedoch verlor sein Leben, als er von einem
anderen Thron fiel – der Toilette.**

Tom Carvel ging es nicht schlecht, als er in den 1950er
Jahren an der Ostküste mehrere Eisdielen betrieb. Eines
Tages trat ein Geschäftsmann an ihn heran mit dem Plan, eine
landesweite Kette von Schnellrestaurants zu eröffnen, die
Pommes frites, Burger und Shakes zu Tiefstpreisen verkaufen
sollten. Er wollte Carvel als Geschäftspartner gewinnen.

Der aber war davon überzeugt, das große Geld sei im Eis-
geschäft zu machen. Und so gab er Ray Croc einen Korb, der
sich anschließend daranmachte, das McDonald's-Imperium
ohne ihn zu gründen.

Zu Carvels Verteidigung sei gesagt, dass man mit einem
«Nein» wenigstens immer auf der sicheren Seite ist. Viel
schlimmer sind Leute, die sich mit einem vorschnellen «Ja»
in windige Unternehmungen stürzen, die anschließend Pleite
gehen.

৩ ৩ ৩

Irgendwann im Jahr 2004 saßen in Tschechien ein paar
Freunde im Haus eines von ihnen in feuchtfröhlicher Runde beisammen. Um wieder nüchtern zu werden, beschlossen
sie, sich eine Kanne Kaffee zu kochen. Vom Alkohol benebelt,
fanden sie aber zunächst die Kaffeedose nicht.

«Ich habe sie», rief schließlich einer der vier und brachte
die vermeintliche Kaffeedose, die auf dem Kamin gestanden

hatte, in die Küche. Statt Kaffee brühten sie dann die Asche des Großvaters ihres Freundes auf. Und wurden dann sehr schnell wieder nüchtern.

ෆ ෆ ෆ

Im dunklen Mittelalter endeten Menschen mit einem Hang zur Wissenschaft oft als Ketzer oder Hexen auf dem Scheiterhaufen. Und ohne Wissenschaftler, die ihnen die Welt erklärten, stolperten die damaligen Generationen ahnungslos durchs Leben und machten sich ein vollkommen falsches Bild von der Welt um sie herum.

Heute leben wir in einer Gesellschaft, in der die Wissenschaft regiert, und stolpern dennoch, weil wir die vielen Theorien um uns herum nicht mehr verstehen. Wir sind nicht länger Opfer der Unwissenheit, wir sind jetzt Gefangene der Überheblichkeit der Wissenschaftler.

Ein gutes Beispiel hierfür ist das Experiment, das japanische Wissenschaftler 1971 zur Untersuchung von Erdrutschen durchführen wollten. Dazu setzten sie einen Hügel mit Feuerwehrschläuchen unter Wasser, um starke Regenfälle zu simulieren. Das Ergebnis war ein Erdrutsch, bei dem vier Wissenschaftler und elf Beobachter getötet wurden.

Dies bewies zwar weniger die Theorien der japanischen Wissenschaftler, bekräftigte jedoch die These, dass man sich im Falle einer Katastrophe besser nicht in der Nähe eines Wissenschaftlers aufhalten sollte.

ෆ ෆ ෆ

Während des amerikanischen Unabhängigkeitskrieges führte George Washington die Kontinentalarmee durch einen Überraschungsangriff in der Schlacht von Trenton in New Jersey zu ihrem ersten Sieg über die britischen Truppen.

Vor der Schlacht war es einem britischen Spion gelungen,

Washingtons Pläne für den Überraschungsangriff auszukundschaften. Er versuchte, den befehlshabenden Oberst der britischen Truppen in Trenton zu warnen. Aber der Oberst wollte
nicht beim Kartenspiel gestört werden.

Der Spion sandte als letztes Mittel einen Brief mit der ver-
zweifelten Botschaft, der Feind sei bereits am Anrücken und
ein Angriff stehe unmittelbar bevor. Der Oberst steckte die
Nachricht ungelesen in seine Tasche und spielte weiter.

Nach dem Sieg der Kolonialarmee fand man den Brief in
der Tasche des gefallenen Obersten.

Die erste Ballettaufführung fand im Jahr 1581 für den König von Frankreich statt. Die Aufführung kostete den
König so viel und dauerte so lange (fünfeinhalb Stunden),
dass es keine zweite Vorstellung gab.

Man war am französischen Hof jedoch so begeistert von
dem Ballett, dass weitere Tanzvorstellungen aufgeführt wurden. Und um zu zeigen, dass sie zur Elite des Hofes gehörten,
stolzierten viele Edelleute in ihren besten Kleidern auf der
Bühne herum. Während der Herrschaft von König Louis XIII.
waren schließlich zeitweise so viele Nichttänzer auf der Bühne, dass die Vorstellungen unterbrochen werden mussten.

Ein Mann aus Minneapolis wurde des Mordes an seinem
Cousin angeklagt, nachdem die beiden jungen Männer
eine Runde russisches Roulette gespielt hatten. Anstelle eines
Revolvers schossen sie jedoch mit einer halbautomatischen
Pistole. Das heißt, einer von beiden tat dies genau ein Mal.

Im Jahr 1841 führte Englands größter Draufgänger, Samuel Scott, seinen waghalsigsten Trick vor. Er sprang, an einem Strick hängend, mit der Schlinge um den Hals von der Londoner Waterloo-Brücke in die Themse.

Eines Tages rutschte die Schlinge ab und zog sich zu. Scott baumelte tot an der Brücke, während die begeistert jubelnden Zuschauer dachten, dies sei ein Teil seiner Vorstellung.

Im Jahr 1989 ärgerten sich gleich zwei Personen so sehr über einen Verkaufsautomaten, der die bezahlten Artikel nicht ausspuckte, dass sie wütend gegen den Automaten traten und ihn schüttelten.

Der Automat kippte nach vorne und verletzte die beiden tödlich – im wahrsten Sinne des Wortes gleich zwei treffende Beispiele dafür, wie ungesund Essen aus Automaten sein kann.

Manchmal fordern Menschen ihr Schicksal selbst heraus, und das Ergebnis sind mitunter bizarre Anekdoten, die nicht frei von Ironie sind. Zum Beispiel die Geschichte von Henry Flagler, dem Gründer von Standam Oil, der 1913 von seiner eigenen Tür erschlagen wurde.

Der Millionär wohnte in einer nach seinen Plänen gebauten Villa in Florida mit praktischen Automatiktüren, die für die damalige Zeit hochmodern waren. Leider wurde er eines Tages von einer sich schließenden Tür erfasst und die Treppe hinuntergeschubst. Er erlag seinen Verletzungen.

Der Österreicher Hans Staininger lebte im 16. Jahrhundert und war für seinen Bart berühmt, der als der längste der Welt galt. Eines Tages stolperte er beim Treppensteigen über den Bart und verletzte sich beim Fallen tödlich.

Sinclair Lewis wurde mit seinem Roman *Die Hauptstraße* berühmt, allerdings nicht berühmt genug, um den Filmmogul Jack Warner zu überzeugen.

Als der Chef der Warner-Studios die Filmrechte an dem Buch kaufte, bestand er darauf, den Titel in *Kleine Stadt mit Tradition* umzubenennen, da er überzeugt war, dass niemand einen Film über eine Straße sehen wollte.

In Wirklichkeit wollte auch so fast niemand den Film sehen. Er geriet zu einem totalen Flop an der Kinokasse.

Ein französischer Feinschmecker versuchte 1979, einen neuen Weltrekord im Schneckenessen aufzustellen. Zum Aufwärmen verschlang er in nicht einmal drei Minuten 72 Weinbergschnecken, um anschließend an verdorbenem Magen zu sterben.

Anna Taylor wurde im Jahr 1901 als die erste Person bekannt, die in einem Fass die Niagarafälle überquerte und das Abenteuer überlebte. Anwärterin auf einen Preis für legendäre Dummheit ist sie aufgrund des Umstands, dass sie nicht schwimmen konnte. Hätte das Fass nicht gehalten, wäre sie ertrunken.

B obby Leech ritt im Jahr 1911 auf einem Fass über die Niagarafälle. Vor ihm hatten dies schon viele andere versucht und waren dabei ums Leben gekommen. Aber Leech überlebte den waghalsigen Versuch trotz zahlreicher Knochenbrüche.

Danach trat er eine Welttournee an. Vor einem Auftritt in Neuseeland rutschte er auf einer Bananenschale aus, schlug mit dem Kopf auf den Boden und starb.

Zwei Eskimo-Fußballmannschaften mussten im Jahr 1937 ihr Spiel in King Island, Alaska, abbrechen, als plötzlich ein starker Wind aufkam und das Spielfeld, das sich auf einer Eisscholle befand, abgetrieben wurde.

I n Ohio musste sich 2003 ein junger Mann, der zu einer Bewährungsstrafe verurteilt worden war, einer Urinprobe unterziehen. Da er aber Marihuana geraucht hatte, gab er statt seinem Urin eine Probe eines Cousins ab.

Dummerweise wurde die Probe seines Cousins positiv auf Kokain getestet.

Der Oberste Gerichtshof der USA entschied im Jahr 2005, dass die Enteignungsgesetze, die es dem Staat erlauben, Privateigentum nicht nur für öffentliche Zwecke, sondern auch für private Projekte zu enteignen, zulässig sind.

Als Reaktion auf das Urteil stellte ein Geschäftsmann aus New Hampshire in einem Anflug von Humor den Antrag, der Staat solle das Eigentum des Richters am Obersten Gerichtshof, David Souter, enteignen. Er war jedoch nicht wirklich überrascht, als sein Antrag abgewiesen wurde.

Als die Schauspielerin Helen Hayes ihrer Familie ankündigte, sie wolle zum ersten Mal einen Truthahn zu Thanksgiving zubereiten, versprach sie im gleichen Atemzug, dass man in ihr Lieblingsrestaurant zum Essen gehen würde, sollte ihr der Braten nicht gelingen.

Als sie den gebratenen Truthahn ins Esszimmer trug, fand sie dort alle Familienmitglieder in Mänteln sitzend vor, bereit zum Ausgehen.

❧ ❧ ❧

Robert Norton aus Illinois war vierzig Jahre lang überzeugter Anhänger der Freikörperkultur und verbrachte den Großteil seiner Freizeit nackt zu Hause oder im Garten. Als Norton im Jahr 2005 mit 82 Jahren starb, wurde er vollkommen bekleidet begraben.

❧ ❧ ❧

Der Boxsport hatte seinen Anfang im antiken Griechenland und war ursprünglich ein Kampf um Leben und Tod. Jahrhunderte später kämpften Boxer in England und in den USA oft fünfzig Runden lang, bis einer der Gegner nicht mehr auf die Glocke reagierte.

Heute wird beim Boxen sehr darauf geachtet, die Sportler vor Verletzungen zu schützen. So kämpft man jetzt mit Handschuhen statt mit den bloßen Fäusten, und die Ringrichter stoppen den Kampf, sobald einer der Boxer zu Boden geht.

Aber Boxen ist trotz allem immer noch ein lebensgefährlicher Sport, den nicht alle Kämpfer überleben, auch wenn es inzwischen nur noch sehr wenige Todesopfer gibt. Der Drehbuchautor Carl Foreman ließ eine seiner Figuren in dem Boxfilm *Zwischen Frauen und Seilen* sagen: «Boxen ist der einzige Sport der Welt, bei dem zwei Kerle für etwas bezahlt werden, wofür sie in den Knast kämen, wenn sie es betrunken umsonst tun würden.»

Jedes Volk ruft Gottes Hilfe an, wenn seine jungen Männer – und manchmal auch seine jungen Frauen – in den Krieg geschickt werden. Dabei sollten die Armeen stattdessen die Warnung von Voltaire beherzigen, der einst erklärte: «Gott ist immer auf der Seite des stärkeren Bataillons.»

Und wenn Astrophysiker immer neue Erklärungsmöglichkeiten für den Aufbau des Universums entdecken, sollten wir folgenden Ausspruch des amerikanischen Journalisten und Schriftstellers Peter De Vries nicht vergessen: «Jeder, dem man erklärt, dass sich das Universum in Intervallen von 80 Milliarden Jahren erweitert und zusammenzieht, darf sich mit Recht fragen: ‹Und was habe ich davon?›»

KAPITEL 20

Evergreens: Als die Bäume noch Vögel gebaren

Der Philosoph Hegel spottete einst: «Die Geschichte lehrt uns, dass wir nichts aus ihr lernen.»

Aber egal, aus wie vielen Lektionen der Vergangenheit wir nichts gelernt haben – wir halten uns dennoch für intelligenter als unsere Vorfahren. Die Menschen der frühen primitiven Gesellschaften lösten jedoch ihre Probleme. Die Lösungen für die heutigen Probleme einer zivilisierten Gesellschaft schaffen nur komplexere Probleme.

In einer Welt langfristiger Konsequenzen denken wir auf kurze Sicht. Auch unsere Ahnen dachten kurzfristig, allerdings waren sie auch in einer Welt zu Hause, in der man auf kurze Sicht lebte.

Wenn unsere Vorfahren an einen Berg kamen, gingen sie um ihn herum. Und ließen den lieben Gott einen guten Mann sein.

Kommen wir heute an einen Berg, kaufen wir ihn, holzen ihn ab, vermessen ihn und bauen ein Einkaufszentrum darauf. Und beschweren uns dann über immer weniger werdende Wälder, erodierende Böden, Luftverschmutzung und miese Einkaufsmöglichkeiten.

Wir halten uns für intelligenter als unsere Vorfahren, weil wir zurückblicken und über die Vergangenheit lachen können, während unsere Ahnen nicht mehr über uns zu lachen imstande sind. Aber hat die Menschheit wirklich Fortschritte gemacht? Oder sitzen wir nur einer Illusion auf, die dem technischen Fortschritt geschuldet ist? Im 21. Jahrhundert verfügen wir über Errungenschaften, von denen die Leute in früheren Jahrhunderten nicht einmal zu träumen wagten. Aber sind wir deshalb auch intelligenter?

«Geschichte wiederholt sich», meinte der Anwalt Clarence Darrow. «Das ist einer ihrer großen Nachteile.»

Während wir der Dinge harren, die die Geschichte für uns parat hält, werfen wir doch einmal einen Blick auf unsere Vorfahren und finden heraus, ob Alter nun vor Torheit schützt oder nicht.

Wie kann man nur so etwas glauben? Diese Frage drängt sich auf, wenn wir die Verrücktheiten betrachten, an die die Menschen vor Hunderten von Jahren glaubten. Ebenso interessant wäre es natürlich zu wissen, wie spätere Generationen einmal über uns denken, aber dies wird die Zukunft zeigen. In der Vergangenheit jedenfalls gab es Leute, die glaubten, dass:

1. Bäume Vögel gebären (12. Jahrhundert).
2. Imker aus verdorbenem Fleisch neue Bienen herstellen (7. Jahrhundert).
3. Frauen, wollen sie einen Jungen gebären, die Sexualorgane eines Rammlers zerkleinern, mit Wein mischen und trinken müssen (11. Jahrhundert).
4. Bärenjunge als Klumpen zur Welt kommen und erst von ihrer Mutter zu kleinen Bären geformt werden (12. Jahrhundert).
5. Löwenjunge nach der Geburt leblos sind, bis ihnen ein Löwenmännchen Leben einhaucht (13. Jahrhundert).
6. ein Arzt, der eine von einem Schwerthieb herrührende Wunde behandelt, die Medizin auf das Schwert – und nicht etwa auf die Wunde – auftragen muss (17. Jahrhundert).
7. Diamanten sich durch Einlegen in Ziegenblut weich ma-

chen lassen (17. Jahrhundert). Was man im 17. Jahrhundert allerdings mit einem weichen Diamanten anfangen wollte, wurde nie restlos geklärt.

8.   Ketchup und Senf zu unkontrollierbarer Wollust führen (19. Jahrhundert). Schwer vorstellbar, wie die von Wollust getriebenen Menschen in einem gutbesuchten Burger King wild übereinander herfallen.

Im siebten Jahrhundert konnte sich ein Mann in England scheiden lassen, wenn seine Frau zu freundlich, zu unfreundlich, zu hungrig, zu liebestoll oder zu dumm war.

Und wer entschied darüber? Natürlich der Ehemann, der noch nicht einmal einen Beweis erbringen musste. Seine Anklage war zugleich die Scheidungsurkunde. Scheidungsanwälte hätten in jener Zeit wenig zu tun gehabt.

Im England des 18. Jahrhunderts hatten arme Schlucker, die sich die teure offizielle Scheidungsurkunde nicht leisten konnten, die Möglichkeit, ihre Frau meistbietend zu versteigern, wenn sie mit ihr nicht zufrieden waren. So konnte ein Bauer seine Frau – wie ein Stück Vieh – an einem Strick zum Markt führen und sie an den Meistbietenden verscherbeln.

Azteken und Maya vergnügten sich mit einem Ballspiel, das dem heutigen Lacrosse ähnelt – allerdings mit dem kleinen Unterschied, dass früher der Kapitän der unterlegenen Mannschaft getötet und sein Herz anschließend von den Zuschauern verspeist wurde.

Im frühen 19. Jahrhundert rasierten sich die Herrschaften der englischen Elite den Kopf kahl, um aus Haaren anderer Leute kunstvoll gefertigte Perücken zu tragen. Das Haar für die Perücken stammte in der Regel von armen Leuten, die mit dem Verkauf eines ihrer wenigen Habseligkeiten etwas Geld verdienen konnten.

Der englische Schriftsteller Samuel Pepys wartete mit einer besonders interessanten Variante auf: Er ließ sich seine Haare abschneiden und zu einer Perücke fertigen, die er dann selbst trug.

Ausgeflippte Frisuren von heute sind nichts im Vergleich zu den bisweilen über einen Meter hoch aufgetürmten Perücken modebewusster Frauen im England des 18. Jahrhunderts. Die Friseure dekorierten diese steifen Perückentürme mit ausgestopften Vögeln, Obsttellern und Modellbauschiffen.

Damit diese kunstvollen Gebilde keinen Schaden nahmen, mussten die Frauen im Sitzen schlafen. Zudem wurden die Perücken mit Schmalz eingeschmiert, um die Form der Haarpracht zu erhalten. Da die Frauen ihre Perücken oft monatelang trugen, war es jedoch nichts Ungewöhnliches, dass sich – vom Schmalz angezogen – allerlei Ungetier ein Stelldichein gab.

Ein *Bad Hair Day* – der englische Ausdruck für einen Tag, an dem alles schiefgeht – bedeutete damals also ganz offensichtlich, dass sich unter Ihrer Perücke Insekten, Spinnen und Mäuse zu schaffen machten.

Bevor Magellan den Globus umsegelte, glaubten die Europäer jahrhundertelang, dass auf der anderen Seite der Erde – egal ob flach oder rund – unmöglich menschliches Leben existieren könnte, würden die Leute doch von der Unterseite eines wie auch immer gearteten Planeten herunterfallen. Dieser Glaube hatte nichts mit ignoranter Unwissenheit zu tun, sondern war der Religion geschuldet. Und so wundert es nicht, dass theologische Argumente als Beweis für diese These herhalten mussten.

Lebten auf der anderen Seite der Erde Menschen, sinnierte die Intelligenz, wären diese nicht in der Lage, die Auferstehung Jesu zu sehen. Und Gott ließe es nicht zu, dass nicht alle Menschen gleichzeitig Zeuge dieses einzigartigen Ereignisses würden.

Wir sehen, Gott behielt stets den Überblick.

Kometen galten jahrtausendelang als steingewordener Ausdruck menschlicher Sünden. Aus diesem Grund glaubten die Menschen, Kometen brächten ihnen die Pest, Hungersnöte, Kriege sowie den Tod von Königen.

Im Mittelalter behaupteten französische Priester und Richter, auch Vieh könne vom Teufel besessen sein. Also wurden im ländlichen Frankreich Kühe und Schweine am Hals aufgehängt, bis der Tod eintrat, um ihnen den Teufel auszutreiben.

Da das Fleisch der betroffenen Tiere als sündig und verdorben galt, wurden die Kadaver nicht geschlachtet, sondern verbrannt. Die hungernden Bauern mussten mit ansehen, wie ihre Tiere getötet, aber dennoch nicht zu Fleisch verarbeitet wurden.

In unserer heutigen zivilisierten Welt könnte eine derartige Dummheit natürlich nicht mehr vonstattengehen. Allerdings wurde noch im Jahr 1916 ein Zirkuselefant, der durchgegangen war und drei Männer umgebracht hatte, gelyncht und mit Stahlseilen an einer Eisenbahnbrücke aufgehängt.

I m 17. Jahrhundert galten in Frankreich die sterblichen Über-
reste hingerichteter Mörder als Glücksbringer. Nach einer
Hinrichtung durchwühlten die Zuschauer die Überbleibsel
geköpfter und verbrannter Mörder auf der Suche nach einem
Talisman. Und ließen dabei die Tatsache völlig außer Acht,
dass ihre Beutestücke weder den Mördern selbst noch ihren
Opfern allzu viel Glück gebracht hatten.

Im Mittelalter, als man gemeinsam aus einer Schüssel zu essen pflegte, galt es als ungehobelt, einen halb abgeknabberten
Knochen wieder zurück in die Schüssel zu legen. Ebenso war
es unterste Schublade, auf den Tisch zu spucken oder sich mit
dem Tischtuch die Nase zu putzen.

W ährend in der westlichen Welt Messer und Löffel bereits
weithin bekannt waren, feierte die Gabel erst im 11. Jahrhundert ihre Premiere als Esswerkzeug. Bis dahin griff man
sich das Essen einfach mit den Fingern.

Einen Adligen erkannte man daran, dass er sich – im Gegensatz zum einfachen Bauern – vor dem Essen die Hände
wusch. Und dass er Fleisch, das ihm nicht schmeckte, nicht
einfach aus dem Mund nahm und wieder zurück in die
Schüssel legte.

Als eine Adlige aus Byzanz versuchte, die Gabel in der
venezianischen Gesellschaft salonfähig zu machen, löste sie
einen Skandal aus. Sie wurde als überkandidelt, ja geisteskrank angesehen.

Als sie tatsächlich krank wurde, erklärten Kirchenfürsten,
dies sei die Strafe Gottes für ihre Gabel-Sünde.

Im 16. Jahrhundert wusch sich ein echter italienischer Signore nach dem Toilettengang nicht die Hände, hätte dies doch den einfachen Leuten verraten, welches Geschäft er gerade erledigt hatte.

Im 19. Jahrhundert griffen Eltern im Mittleren Westen der USA immer wieder auf eine beliebte Methode zurück, um ihren Kindern das Stottern abzugewöhnen: Sie ohrfeigten ihre stotternden Sprösslinge mit einem Stück roher Leber.

Hätten die Kinder die Wahl gehabt, wäre es ihnen womöglich ohnehin lieber gewesen, die Leber um die Ohren zu bekommen, als sie essen zu müssen.

Was tun gegen eine Erkältung? Folgendes Rezept erfreute sich in den USA im 19. Jahrhundert besonderer Beliebtheit: Wer sich eine Erkältung zugezogen hatte und diese wieder loswerden wollte, atmete einfach durch eine schmutzige Socke.

Im Mittelalter glaubte man, dass Könige Kranke durch bloße Berührung heilen konnten. Im Jahr 1684 wurde in England eigens eine Messe für die Lahmen und Fußkranken abgehalten, die König Charles II. bei dieser Gelegenheit auf eben diese Weise kurieren sollte.

In der gewaltigen Menschenmenge brach jedoch ob der bevorstehenden königlichen Heilung eine derartige Hysterie aus, dass sieben der Rettungssuchenden für immer von ihren Leiden erlöst wurden – sie wurden zu Tode getrampelt.

I m prähistorischen Europa versuchten Schamanen, Epileptiker zu heilen, indem sie ihnen Löcher in den Schädel bohrten. Sie waren in dieser Kunst derart versiert, dass einige der Patienten den schweren Eingriff überlebten und sogar wiederkamen, um die Behandlung fortzusetzen.

Diese Behandlungsmethode – im Fachjargon spricht man von «Trepanation» oder «Schädelöffnung» – feierte im Jahr 1962 in den Niederlanden ein verblüffendes Comeback, als ein Arzt behauptete, man könne die Blutversorgung im Gehirn wiederherstellen, indem man Teile des Schädelknochens entferne. Die Reaktion der Holländer ließ nicht lange auf sich warten, der Mann wurde in ein Irrenhaus gesteckt.

Zwei englische Anhänger des holländischen Arztes führten Selbstversuche mit Elektrobohrern durch und entfernten Knochenstücke aus ihren Schädeln. Obwohl keiner der beiden eine medizinische Ausbildung hatte, überlebten sie die Operation und eröffneten später eine Kunstgalerie in London.

Im alten Rom war Zähneputzen verpönt. Um Zahnausfall vorzubeugen, spülten sich die Römer auf Rat ihres Zahnarztes stattdessen den Mund mit Urin aus.

I m 13. Jahrhundert versuchten sich deutsche Ritter an Denksportwettkämpfen, die so ernst genommen wurden wie Turniere und so gefährlich enden konnten wie Duelle. Schließlich wurde der Ritter getötet, der eine Rätselfrage nicht beantworten konnte.

Mit dieser Praxis wollte man möglicherweise eine grobe Auslese treffen und die ritterliche Spreu vom Weizen trennen, obwohl dies eigentlich gar nicht nötig war, gab es doch im Mittelalter mehr als genug andere Arten, auf die man ums Leben kommen konnte.

Im alten Europa glaubte man, der Bau einer Brücke forde-re das Schicksal heraus. Um die Götter sanft zu stimmen und die Brücke vor dem Einsturz zu bewahren, opferte man Kinder, die bei lebendigem Leib im Fundament der Brücke begraben wurden.

Im frühen Mittelalter waren Könige die einzigen Personen, denen es erlaubt war, ihren Geburtstag zu feiern. Einfache Leute feierten dagegen nur ihren Todestag – den Tag also, an dem sie von ihrem Leiden auf Erden erlöst werden und ein besseres Leben im Himmel antreten.

In urchristlicher Zeit konnte es sogar gefährlich werden, nach dem Geburtstag einer bestimmten Person zu fragen – Jesus. Heute feiern wir an Weihnachten die Geburt Christi. Aber im dritten Jahrhundert betrachtete es die Kirche als Sünde, die Geburt Jesu zu feiern. Und so galt die Frage nach dem genauen Geburtsdatum von Jesus Christus als Sakrileg.

Martin Luther war ein religiöser Führer protestantischer Gesinnung, der in seinen Predigten oft Partei für das einfache Volk ergriff. Er versuchte, die Not der Armen in einer Zeit zu lindern, als es gang und gäbe war, dass Adlige die einfachen Leute als Kanonenfutter verheizten. Die einzige Erlösung für die Armen lag in der Hoffnung auf ein besseres Leben im Himmel.

Die deutschen Bauern beriefen sich auf Luthers Thesen, verstanden diese jedoch völlig falsch, als sie im Jahr 1524 zu den Waffen griffen und Dutzende von deutschen Adligen abschlachteten.

Martin Luther versuchte, den aufständischen Bauern klarzumachen, dass «die Pflicht eines Christen darin besteht, sich in Geduld zu üben, und nicht, in den Kampf zu ziehen».

Die Bauern jedoch setzten ihr Massaker an den Reichen fort und beriefen sich dabei stets darauf, in Gottes Namen zu handeln. Gott selbst war nicht mit von der Partie, als die Armeen der deutschen Landesfürsten eingriffen und die Aufstände blutig niederschlugen. Tausende von Bauern wurden niedergemetzelt, bis kein Aufständischer mehr übrig war.

Im Paris des 15. Jahrhunderts war der Schauplatz öffentlicher Hinrichtungen ein beliebter Ort für ein Rendezvous. Dies zeigt, welche Mühen die Leute in Kauf zu nehmen bereit waren, um ihrer Liebsten nahe zu sein – in einer Zeit, als es noch keine Kinos gab.

Als einige afrikanische Stämme zum ersten Mal sahen, wie sich Europäer küssten, dachten sie, die Fremden seien Kannibalen. Die Knutscherei erinnerte sie an eine Schlange, die ihr Opfer ableckt, bevor sie es verspeist.

Ohrringe hatten ursprünglich den Zweck, böse Geister davon abzuhalten, durch die Ohren in den Kopf zu gelangen. Edelmetalle und Edelsteine dienten also der Verteidigung, nicht der Verzierung.

Die ersten Knöllchen wurden vor über 2000 Jahren in der Stadt Ninive (im heutigen Irak) ausgestellt. Wer seinen Pferdewagen auf der Straße des Königs abstellte, wurde mit dem Tod durch Pfählung bestraft.

Politessen waren damals strenger als heute.

Ein Unrecht hebt das andere nicht auf, dennoch kann ein Irrtum bisweilen zu etwas gut sein. Der griechische Astronom Ptolemäus berechnete die Größe der Erde – und irrte sich gewaltig. Seinen Berechnungen zufolge fiel die Erde wesentlich kleiner aus als in Wirklichkeit.

Ptolemäus hatte sich zwar verrechnet, trug aber seine Ergebnisse in so überzeugender Manier vor, dass man ihm glaubte. Bis heute wenden Manager, Prediger und Militärs diese Strategie erfolgreich an.

Hunderte von Jahren nach Ptolemäus verließ sich Kolumbus auf die ungenauen Berechnungen des Astronomen und war davon überzeugt, schnell nach Indien gelangen zu können, wenn er nach Westen segelte. Hätte Ptolemäus die Größe der Erde richtig berechnet, wäre Kolumbus sein Unterfangen zu gewagt erschienen, sodass er gleich zu Hause geblieben wäre. Wer hätte dann wohl Amerika entdeckt?

Dummheit am Bau zahlt sich aus. Der Architekt, der im 12. Jahrhundert den Turm von Pisa entwarf, irrte sich und ließ ein Fundament legen, das zu klein war, um dem Gewicht des Turms standzuhalten.

Trotz der Unsummen, die im Laufe der Jahrhunderte in das Bauwerk gesteckt wurden, um den Konstruktionsfehler zu beheben, bekommt der Turm Jahr für Jahr etwas mehr Schlagseite.

Aber Dummheit bringt eben manchmal auch unerwartete Vorteile mit sich. Abgesehen von seinem offensichtlichen Konstruktionsfehler, stellt der Schiefe Turm von Pisa als mittelalterlicher Glockenturm absolut keine Besonderheit dar. Wäre er nicht so schief geraten – man hätte ihn sicher längst abgerissen. Und er wäre nicht zu dem berühmten Wahrzeichen der Stadt geworden.

Als im 17. Jahrhundert das Menuett in der feinen französischen Gesellschaft eingeführt wurde, geschah dies, um
der Welt zu zeigen, wie graziös sich der französische Adel auf
dem Tanzparkett zu bewegen imstande ist.

Aber wie die Franzosen nun einmal sind, konnten sie nicht
einfach drauflos tanzen und Spaß haben. Sie verfeinerten den
Tanz so sehr, dass die Schrittfolge immer komplizierter wurde, und sorgten dafür, dass sie den Tanz schließlich besser
beherrschten als irgendwer sonst.

Französische Tanzlehrer arbeiteten weiterhin an der Ver-
feinerung des Menuetts, das ursprünglich als Volkstanz begonnen hatte, und veröffentlichten verschiedene Bücher über
die korrekte Form des Tanzes.

In einem dieser Bücher wird in einem langatmigen Kapitel
beschrieben, wie das Handgelenk richtig zu drehen ist, und
auf 60 Seiten wird erklärt, in welcher Weise sich der Mann zu
verbeugen hat.

Im 19. Jahrhundert wurde von einem echten Gentleman erwartet, alle 32 verschiedenen Krawattenknoten zu beherrschen.

Wer nur 28 verschiedene Knoten zu binden imstande war,
wurde mit großer Wahrscheinlichkeit von der feinen Gesellschaft geächtet. Allerdings war das Leben damals nicht so
schnelllebig – die Männer verbrachten schließlich den Großteil ihrer Zeit damit, Krawatten zu binden.

Als im 18. Jahrhundert in Frankreich hochhackige Schuhe in
Mode kamen, trugen die Damen aus der Oberschicht hohe
Absätze, um zu zeigen, dass sie reich genug waren, um sich
nicht mehr bewegen zu müssen. Gingen sie aus, wurden sie
stets von Dienern herumgetragen.

Während der Französischen Revolution waren hohe Absätze dann als elitär verpönt. Als Geste der Konterrevolution begannen Tänzerinnen später, auf den Zehenspitzen zu tanzen, um die hohen Absätze nachzuahmen.

Im späten 19. Jahrhundert wurde der natürliche Look in ganz Europa zum letzten Schrei in Sachen Mode. Frauen schminkten sich nicht länger und waren mit ihrem natürlichen Aussehen zufrieden.

Ein französisches Modemagazin war begeistert ob der neuen Make-up-Losigkeit und schrieb: «Es scheint sehr unwahrscheinlich, dass Rouge und Lippenstift jemals wieder in Mode kommen werden.»

Ein Großteil der Geschichte besteht aus Ereignissen, die einmal «sehr unwahrscheinlich» erschienen.

Frauen im alten Ägypten griffen auf eine frühe Form der Geburtenkontrolle zurück – eine empfängnisverhütende Creme, die ägyptische Priester aus Honig und Krokodildung herstellten. Man mag sich fragen, wie der erste ägyptische Giftmischer wohl die erste Frau davon überzeugen konnte, die Creme auszuprobieren.

Im 18. Jahrhundert erhielten in England Leute, die aus der Irrenanstalt entlassen wurden, einen offiziellen Ausweis, der sie berechtigte, um Lebensmittel zu betteln. Die Irrenhäusler mussten sich jedoch gegen andere Bettler behaupten, die gefälschte Ausweise benutzten und nur so taten, als seien sie verrückt, um aus dieser Regelung Profit zu schlagen.

KAPITEL 21

Bekloppte Ideen und die bekloppten Typen, die darauf hörten

※ ※ ※

Johnny Carson, in den 1970er Jahren der bekannteste Talkmaster in den USA, löste einmal mit einem schlechten Scherz eine regelrechte Panik in amerikanischen Badezimmern aus. In seiner Talkshow verkündete er, Toilettenpapier würde bald ganz «aus den Regalen der Supermärkte verschwinden».

Das stimmte natürlich nicht. Es gab ausreichend Vorräte an Klopapier in den USA. Aber die Zuschauer glaubten Carson mehr als ihren eigenen Augen.

Am Tag nach der Sendung setzte im ganzen Land ein derartiger Ansturm auf Toilettenpapier ein, dass mittags die Regale leer geräumt waren.

Es dauerte drei Wochen, bis die von der plötzlichen Nachfrage völlig überraschten Toilettenpapierhersteller die Regale wieder auffüllen konnten.

Warum sind wir so anfällig, Scharlatanen aufzusitzen? Liegt es an dem besonderen Charme, den Schnapsideen mitunter haben, oder vielleicht daran, dass die vernünftige Lösung oft so langweilig erscheint?

WIE KANN MAN BLOSS AUF DIESE VERRÜCKTEN HÖREN?

Wer krank ist, möchte seinem Arzt vertrauen können. Eigentlich kein Problem – vorausgesetzt, der Arzt versteht sein Handwerk und die Behandlung bringt keine Nebenwirkungen mit sich, die schlimmer sind als die Krankheit.

Was passiert nun, wenn der Arzt nur *glaubt*, die richtige Therapie zu kennen, diese jedoch mit dem gleichen Brustton der Überzeugung vertritt, als wüsste er, wovon er spricht? In diesem Fall kommt es darauf an, was Sie als Patient zu schlucken bereit sind.

Im Mittelalter empfahlen Ärzte ihren Patienten bei Magenbeschwerden, den Verdauungstrakt zu reinigen und zu diesem Zweck zwei Mal pro Tag ein Glas Wasser mit Tausendfüßlern zu trinken. Und siehe da – die Patienten folgten dem ärztlichen Rat.

☙ ☙ ☙

Im 19. Jahrhundert empfahlen Ärzte ihren Patienten in ganz Europa Wasserkuren für ihre Gesundheit. Die Oberschicht frequentierte mondäne Kurorte und ließ sich täglich mit Heilwassern behandeln. Und die Mittelschicht ging im Meer oder in Seen schwimmen.

Frauen sorgten sich um züchtige Bekleidung im Wasser. Strenge Sittlichkeitsnormen können zwar gefährliche Folgen haben, aber in der damaligen Zeit wurde vor allem eines großgeschrieben: Anstand.

So empfahlen die Ärzte ihren Patientinnen, doppellagige Badeanzüge zu tragen, die aus Flanellunterwäsche und einem darüberliegenden Rock und Pumphosen bestanden. Nackte Füße galten als erogene Zone, weshalb Frauen beim Baden Schuhe tragen mussten.

Die unerwünschte Nebenwirkung dieser züchtigen Kleidung ließ nicht lange auf sich warten: Viele Frauen ertranken bei dem Versuch, ihrer Gesundheit etwas Gutes zu tun, weil sich ihre Badebekleidung mit Wasser vollsog und so schwer wurde, dass sie unter Wasser gezogen wurden.

☙ ☙ ☙

Im 13. Jahrhundert verschrieben englische Mediziner ein bizarres Heilmittel gegen Malaria. Sie wiesen die Angehörigen von Malariakranken an, Holzsplitter von Galgenbäumen zu sammeln, an denen Verbrecher aufgeknüpft worden waren, und die Kranken damit einzureiben.

Im Jahr 2003 erlangte ein Wunderheiler aus Litauen zweifelhafte Berühmtheit, als er Kranke in von Gott gesegnetes Toilettenpapier einwickelte. Das göttliche Toilettenpapier sollte sie von ihren Krankheiten kurieren.

Warum Gott ausgerechnet Toilettenpapier als Heilmittel ausgewählt hatte, ist nicht überliefert.

Im antiken Griechenland glaubten die Menschen, Biertrinken verursache Lepra. Kein Grund zur Besorgnis – schließlich glaubte man auch, dass sich Epilepsie durch Flötenmusik heilen ließe.

Im frühen 20. Jahrhundert überzeugten englische Ärzte ihre Patienten, dass eine Deformation des Dickdarms die Ursache für zahlreiche Krankheiten sei. Hunderte von Patienten ließen sich daraufhin unnötigerweise den Darm entfernen, obwohl ihre Erkrankung gar nichts damit zu tun hatte.

Dr. Walter Freeman erfand eine Art Lobotomie-Schnelltest mit Hammer und Eispickel. In den 1950er Jahren bereiste er mit seinem sogenannten *Lobotomobil* das ganze Land und überzeugte andere Ärzte und deren Patienten, ihn sage und schreibe 20 000 dieser barbarischen Operationen ambulant durchführen zu lassen.

Nun treten Ärzte schon von Berufs wegen überzeugend auf, aber sie sind nicht die einzige Berufsgruppe, die leichtgläubige Menschen dazu bringt, verschrobenen Ideen zu folgen.

John Humphrey Noyes, der in Yale Theologie studiert hatte, gründete eine eigene Kirche, deren Ideen selbst in der heutigen Zeit als fortschrittlich gälten. Noyes rief seine Kirche der freien Liebe allerdings schon im Jahr 1835 ins Leben.

So gab es in der von ihm aus der Taufe gehobenen Glaubensgemeinschaft kein Privateigentum, und alle Mitglieder hatten mehrere Sexualpartner. Noyes predigte, dass Treue in der Ehe eine auf purem Eigennutz basierende Sünde sei, und verpflichtete seine Anhänger, alle Brüder und Schwestern in der Gemeinde gleichermaßen zu lieben. Dies bedeutete, dass niemand die Avancen eines anderen Gemeindemitglieds abweisen konnte.

Die Glaubensgemeinschaft hielt 25 Jahre lang, bevor sie an Eifersüchteleien zerbrach. Im Vergleich zur Durchschnittsdauer traditioneller monogamer Ehen ist dies jedoch eine ziemlich lange Zeit.

Eine weitere krude Theorie von Noyes besagte, dass Elternliebe als götzendienerisch abzulehnen sei, weshalb alle Kinder ihren Eltern nach der Geburt weggenommen wurden und bei Pflegeeltern aufwuchsen.

Ein Visionär namens Thomas Harris gründete im 19. Jahrhundert in England eine Religion, die er «Bruderschaft des neuen Lebens» nannte. Harris behauptete, Gott sei bisexuell. Um Gott näherzukommen, mussten die Anhänger erst einmal Pater Harris näherkommen, der es insbesondere auf junge Frauen abgesehen hatte.

Pater Harris tat dies jedoch nicht etwa zur eigenen Befriedigung, sondern weil er einen bisexuellen Gegenpart im Himmel hatte, einen Geist namens Lily Queen. Diese nun wollte ihren Geschlechtsgenossinnen Trost spenden, was auf Erden allerdings nur durch körperlichen Kontakt mit Pater Harris möglich war.

«Liegt ihr in seinen Armen», wurde den Frauen weisgemacht, «so werdet ihr auch von mir umarmt.»

Macht irgendwie Sinn, nicht wahr? Jedenfalls gab es genug Frauen, die sich überzeugen ließen, sodass sich Pater Harris nachts nie einsam fühlen musste.

Im 13. Jahrhundert führte der als Stephan von Vendome bekannte Hirtenjunge 50000 Kinder auf einem Kreuzzug quer durch Frankreich ans Meer und versprach ihnen, sie würden das Heilige Land von den Moslems befreien.

Warum sollten ausgerechnet unbewaffnete Kinder mit einem Kreuzzug den Erfolg haben, der schwerbewaffneten Rittern aus ganz Europa mitsamt ihren Truppen stets verwehrt geblieben war? Weil Kinder frei von Sünde sind, so der junge Stephan.

Die Kinder mögen zwar frei von Sünde gewesen sein, jedoch sollten an ihnen schlimme Sünden begangen werden. Als die jungen Kreuzzügler das Mittelmeer erreichten, das sich – laut Stephan – ihnen wie einst das Rote Meer für Moses auftun sollte, wurden sie auf Schiffe verschleppt und in Ägypten als Sklaven verkauft.

Die spanische Inquisition folterte und mordete nicht nur Tausende von Menschen im Namen Gottes, die Priester machten auch vor Tieren nicht halt. Die Kirche behauptete, Hexen lebten im Körper von Katzen, und ließ Tausende von Katzen töten.

Ein beliebter Zeitvertreib im Paris des 16. Jahrhunderts bestand darin, zur Feier der Johannisnacht Säcke voller Katzen, die die Gläubigen gefangen hatten, öffentlich zu verbrennen.

⚜ ⚜ ⚜

Im 18. Jahrhundert ertränkten englische Richter der Hexerei verdächtigte Frauen, um zu sehen, ob sie mit ihrem Verdacht richtiglagen. War die Frau eine Hexe, so die Überlegung, würde das Wasser ihren Körper abstoßen. Um ihre Unschuld zu beweisen, brauchte die Frau also nur zu ertrinken – unter den wilden Anfeuerungsrufen der Dorfbewohner, die sich zu diesem Spektakel zahlreich eingefunden hatten. Auf diese Weise wurden Tausende unschuldiger Frauen getötet.

Die Hexenverfolgung in England, Frankreich, Deutschland, Spanien, Italien und den amerikanischen Kolonien dauerte mehrere Jahrhunderte. Im Namen Gottes wurden Frauen, die als vom Teufel besessene Hexen ausgemacht worden waren, gefoltert, bis sie ein Geständnis ablegten, und anschließend getötet.

Leute, die den Mut hatten, sich für die Frauen einzusetzen und ein Ende der Folterungen und Morde im Namen des Friedensfürsten forderten, wurden selbst im Namen des Friedensfürsten gefoltert und ermordet.

⚜ ⚜ ⚜

Dies führt uns zum Militär, in dem Offiziere und Regierungsbeamte das Sagen haben, deren Autorität ebenfalls immer erst *nach* Eintritt der Katastrophe in Frage gestellt wird. «Was auch passiert», versicherte Frank Knox der Nation am 4. Dezember 1941, «die US-Marine wird nicht im Schlaf überrascht werden.»

Da Knox damals Marineminister der USA war, glaubten ihm alle. Und wurden drei Tage später prompt im Schlaf überrascht, als der Angriff der Japaner auf Pearl Harbor stattfand.

Im 19. Jahrhundert hatte Henry Christophe, König von Haiti, Angst vor einem Attentat. Um die Ergebenheit und Gehorsamkeit seiner Leibwächter zu testen, forderte der König sie auf, von einer Klippe in den sicheren Tod zu springen. Wer sich weigerte, wurde hingerichtet.

❀ ❀ ❀

Der Erste Weltkrieg machte auf schlimme Weise den Hang der Briten deutlich, Tapferkeit an den Tag zu legen und es damit dem Feind leicht zu machen.

In der Schlacht von Loos im Jahr 1915 wurden 10 000 unerfahrene britische Soldaten im Rahmen eines Frontalangriffs gegen die deutschen Stellungen verheizt. Die Befehlshaber hatten ihren Männern erzählt, sie würden ausgesandt, um die deutschen Verteidigungslinien auszukundschaften.

Tatsächlich jedoch ließ man die Soldaten direkt auf die Schützengräben der Deutschen zulaufen, deren Maschinengewehre in kürzester Zeit 8000 Briten niedermähten. Die Soldaten, die es schließlich bis zu den feindlichen Linien schafften, konnten den Stacheldraht nicht überwinden, hatte man sie doch nicht mit den notwendigen Schneidewerkzeugen ausgestattet.

Die deutschen Soldaten waren so schockiert über das Blutbad, dass sie nicht weiter auf die überlebenden britischen Soldaten schossen, als diese den Rückzug antraten.

❀ ❀ ❀

In der Schlacht an der Somme im Jahr 1916 befahl ein britischer Kommandeur den Frontalangriff gegen die feindliche Armee. Er erklärte seinen Offizieren, das deutsche Verteidigungsbollwerk sei durch einen Artillerieangriff zerstört worden – obwohl jeder sehen konnte, dass die deutschen Stellungen intakt waren.

Die britischen Truppen liefen direkt in das deutsche Maschinengewehrfeuer, und 20 000 Soldaten starben innerhalb der ersten 30 Minuten dieses sinnlosen Angriffs.

※ ※ ※

Die Bereitschaft mancher Leute, auch den dümmsten Ideen zu folgen, hat zu den seltsamsten Modeerscheinungen unserer Zeit geführt. Das war früher nicht anders.

Im Mittelalter breitete sich ein seltsamer Schuhfimmel in Europa aus: Modebewusste Männer trugen spitz zulaufende Schuhe, sogenannte *Schnabelschuhe*. Die Spitzen wurden im Laufe der Zeit immer länger und zudem zum Statussymbol. Klassenbewusste Adlige trugen schließlich Schuhe, deren Spitzen über einen halben Meter lang waren.

Einziger Nachteil: Es war unmöglich, in diesen Schuhen zu laufen. Und dies war einer der Hauptgründe für ihre Beliebtheit in der Oberschicht, bewies der Träger doch damit, so reich zu sein, dass er weder zu laufen noch zu arbeiten brauchte.

※ ※ ※

Je schriller die Schuhe, desto besser verkaufen sie sich. Manche Leute sind einfach verrückt, was ihre Füße angeht. Als zum Beispiel im Mittelalter die Mode der hochhackigen Schuhe aufkam, wurden diese nicht von Frauen, sondern von Männern getragen.

Europäische Adlige wollten durch hochhackige Schuhe ihre Überlegenheit den unteren Klassen gegenüber zur Schau stellen. Dann stellten sie fest, wie schwierig es war, sich mit den hohen Absätzen wie ein Mann zu bewegen. Ständig kippten sie förmlich aus den Latschen. All diesen Schwierigkeiten zum Trotz zog manch ein Adliger in hochhackigen Schuhen in den Kampf.

Als die Männer von dieser Marotte irgendwann genug hatten, überzeugten sie ihre Frauen, die hochhackigen Schuhe zu tragen, was schließlich zu unserem heutigen Status quo in Sachen Schuhmode führte.

⚜ ⚜ ⚜

Veronica Lake war im Zweiten Weltkrieg ein berühmter Filmstar, und so kopierten seinerzeit viele Frauen in ganz Amerika ihre originelle Frisur: Glatte lange Haare, die nach vorne gekämmt waren und verführerisch ein Auge bedeckten.

Viele dieser schick frisierten Frauen arbeiteten in Fabriken, um einen Beitrag zur Kriegsführung ihres Landes zu leisten. Dabei kam es zu einer ganzen Reihe schrecklicher Unfälle, wenn Frauen mit dem Lake-Look auf Maschinen trafen, die sich immun gegen jegliche Verführung zeigten. Um ebenfalls einen Beitrag für ihr Land zu leisten und berufstätige Frauen vor weiterer Unbill zu schützen, änderte Veronica Lake schließlich ihre Frisur.

⚜ ⚜ ⚜

Im Jahr 1835 kurbelte der Zeitungsverleger Richard Locke den Verkauf der *New York Sun* mit einer Artikelserie an, die von einem Wissenschaftler handelte, der mit einem hochmodernen Teleskop Leben auf dem Mond entdeckt hatte – Lebewesen, die halb Mensch, halb Fledermaus waren.

Wissenschaftler zweifelten die Artikel an, wussten sie doch nur zu gut, dass es keine wie auch immer gearteten Teleskope gab, um die Mondoberfläche genau zu untersuchen, geschweige denn, Lebewesen auf ihr zu erkennen. Aber die breite Masse glaubte die Zeitungsente, und so wurde die *Sun* zur beliebtesten Zeitung der Stadt.

Dann ging Locke noch einen Schritt weiter: Er brachte andere Zeitungen dazu, ihm sein Ammenmärchen abzukaufen und eigene Berichte über die nichtexistenten Mondbewohner zu drucken.

Im 18. Jahrhundert brachten holländische Seeleute den ersten Tee aus China mit. Die Holländer waren von dem neuen Getränk begeistert, schrieben sie ihm doch eine heilende Wirkung zu. Ein holländischer Arzt verschrieb seinen Patienten Tee – 200 Tassen pro Tag.

Beamte der amerikanischen Gesundheitsbehörde legten Eltern in den 1950er Jahren wärmstens ans Herz, die Tapeten im Kinderzimmer mit dem Schädlingsbekämpfungsmittel DDT zu streichen, um Fliegen fernzuhalten, die Krankheitserreger übertragen könnten.

Unvorhergesehene Nebenwirkung: Mehr Kinder erkrankten durch das DDT in der Tapete als durch die Krankheitserreger der Fliegen.

LEUTE, AUF DIE NIEMAND HÖRTE

Genauso wie Menschen manchmal Zeitgenossen folgen, denen sie besser nicht folgten, gibt es umgekehrt Menschen, die Leuten nicht folgen, denen sie besser folgen sollten.

Die Wasser- und Stromwerke von Los Angeles gaben eine Million Dollar für eine Werbekampagne aus, um die Einwohner ihrer Stadt davon zu überzeugen, dass man das Leitungswasser unbedenklich trinken kann. Aber sie konnten noch nicht einmal ihre eigenen Angestellten überzeugen: Während die Kampagne für das Leitungswasser lief, gaben die Mitarbeiter der Behörde insgesamt 88 000 Dollar für Mineralwasser aus.

Behauptet ein Präsident oder ein General, Gott stünde auf unserer Seite, wenn er das Land in einen weiteren blutigen Krieg führt, sind alle begeistert und hoffen, dass sich die Prophezeiung als wahr erweisen wird. Aber wer hört schon zu, wenn ein Soldat nach dem Beweis fragt, für wen Gott Partei ergriffen hat?

※ ※ ※

Der amerikanische Bürgerkrieg brachte die Führer der zwei Kriegsparteien in eine verzwickte Lage, behaupteten doch beide, Gott sei auf seiner Seite. Hier kämpften Amerikaner gegen Amerikaner, wie also konnte Gott beide Seiten gleichzeitig unterstützen?

Nach dem Ende des blutigen Krieges verfasste Edward Porter Alexander, General der Konföderierten, dem es zu verdanken war, dass die Südstaaten fast gewonnen hätten, einen Bericht über seine Kriegserlebnisse, der vielen ein Dorn im Auge war: «Man sagt üblicherweise, dass die Vorsehung nicht auf unserer Seite war, aber dieser Theorie kann ich mich ganz und gar nicht anschließen. Die Vorsehung scherte sich einen feuchten Kehricht um den ganzen Schlamassel. Und falls doch, war es ausgesprochen dumm von der Vorsehung, diesen blutigen und grausamen Krieg nicht eher als in – den von ihr vorgesehenen – vier Jahren zu beenden. Es war ein Fehler, zu glauben, es sei möglich, einen Sieg durch etwas anderes zu erringen als unsere eigenen Anstrengungen.»

※ ※ ※

Daniel Marsh, Präsident der Boston University, machte eine Voraussage, der niemand Beachtung schenkte: «Wenn der Fernsehboom mit der heutigen Fülle von Sendungen so weitergeht, wird aus uns eine Nation von Dummköpfen werden.»

Beängstigend an dieser Voraussage ist, dass Marsh dabei nicht etwa unsere Zukunft im Sinn hatte, sondern sie bereits im Jahr 1950 machte.

Regierungsbeamte hörten nicht auf die Schreckensnachrichten, die während des Vietnamkriegs eingingen und die

Fehler der amerikanischen Kriegsführung entlarvten. Der Krieg hätte früher beendet werden können, hätte man sich nur das inoffizielle Motto der Marines zu Herzen genommen: «Wir sind die Unwilligen, die von Unfähigen geführt werden und das Unnötige für die Undankbaren erledigen.»

AMERIKA VON AUSSEN BETRACHTET

Amerikaner hören es nicht gerne, wenn ihr Land von Nicht-Amerikanern kritisiert wird. Dabei verpassen sie einiges:

Der irische Schriftsteller Oscar Wilde: «Natürlich ist Amerika schon vor Kolumbus entdeckt worden; und zwar oft. Es wurde nur immer vertuscht.»

Der englische Schriftsteller Samuel Johnson: «Amerikaner sind eine Bande von Sträflingen, die dankbar für alles sein sollten, was wir ihnen erlauben – vom Gehenktwerden einmal abgesehen.»

Der französische Politiker Georges Clemenceau: «Amerika ist die einzige Nation in der Geschichte, die auf wundersame Weise direkt von der Barbarei in die Degeneration übergegangen ist – ohne das übliche Zwischenstadium der Zivilisation.»

Der irische Schriftsteller und Dramatiker George Bernard Shaw: «Ich habe gesagt, der hundertprozentige Amerikaner ist zu neunundneunzig Prozent ein Idiot. Und dennoch lieben sie mich.»

Der amerikanische Schriftsteller H. L. Mencken: «Man kann die Intelligenz der amerikanischen Öffentlichkeit gar nicht unterschätzen.»

Der englische Autor Quentin Crisp: «In England ist das System sozial, die Menschen jedoch aggressiv. In Amerika dagegen sind die Menschen freundlich und das System ist brutal.»

Der britische Historiker Arnold Toynbee: «Amerika ist ein

großer, gutmütiger Hund in einem sehr kleinen Zimmer. Jedes Mal, wenn er mit dem Schwanz wedelt, fällt ein Stuhl um.»

Der britische Fahrraddesigner Mike Burrows über eine Reise durch die USA: «Marin County in Kalifornien war wunderbar. Die Landschaft malerisch, die Leute freundlich und nett. In der ganzen Stadt nur nette, freundliche Leute. Ich bin überzeugt, es gibt ein Gesetz, das dummen und unfreundlichen Leuten verbietet, sich an diesem Ort anzusiedeln. Als ich kurze Zeit später nach Las Vegas kam, wusste ich auf einmal, was mit all diesen Leuten geschehen war.»

Der britische Journalist Simon Hoggart: «In New York zu leben ist, wie zu vorgerückter Stunde auf einer coolen Party zu sein. Du bist müde und hast schon ewig Kopfschmerzen. Aber du kannst nicht einfach gehen, schließlich würdest du die Party verpassen.»

KAPITEL 22

Intelligente Idioten: Wenn sich das Gehirn langsam verabschiedet

Als Student habe ich meinen Professoren am College gesagt, dass ich die Geschichte der menschlichen Dummheit studieren wolle. Sie meinten, dies sei nicht sehr intelligent. Ich antwortete: «Genau das ist der Punkt.»

Ich wollte wissen, ob sich Intelligenz und Fortschritt der menschlichen Rasse immer weiterentwickeln, bis wir irgendwann der Elite des Universums angehören. Oder sind wir einfach nur die selbstverliebteste Spezies, die es je gegeben hat?

Und selbst wenn wir in mancherlei Hinsicht immer intelligenter werden: Bedeutet dies notwendigerweise, dass wir immer weniger dumm sind? Oder breitet sich unser Gehirn gleichzeitig in zwei Richtungen aus, und die Dummheit wächst in gleichem Maße wie die Intelligenz?

Wäre dies der Fall, müssten mehr intelligente Menschen durch idiotische Auftritte von sich reden machen. Suchen wir also nach Beweisen.

Eine Frau aus Florida galt als Genie, wurde ihr doch ein Intelligenzquotient von 189 bescheinigt. Allerdings war sie von der Angst besessen, an Magenkrebs zu sterben. Sie kam zu dem Schluss, 15 Liter Wasser pro Tag zu trinken sei das probate Mittel, um dem Magenkrebs vorzubeugen. In gewisser Weise ging ihre Rechnung auf. Sie starb mit 29 Jahren – an Nierenversagen.

Thomas Edison war Amerikas größter Erfinder und hielt rekordverdächtige 1093 Patente. Ja, er erfand sogar die Formel für Erfindungen: Ein Teil Inspiration und neunundneunzig Teile Schweiß.

Aber als Edison im Jahr 1877 den ersten Phonographen baute, war ihm die Bedeutung seiner Erfindung überhaupt nicht bewusst. Es kam ihm nicht im Entferntesten in den Sinn, dass er damit den Grundstein für eine gigantische Musikindustrie gelegt hatte. Seiner Ansicht nach würden die Menschen den Phonographen zur Aufzeichnung von Nachrichten benutzen, die dann von einem zentralen Büro zum anderen gesendet werden könnten. Ähnlich also der Art und Weise, wie die Menschen im ausgehenden 19. Jahrhundert Telegramme versandten.

Erst ganze sechzehn Jahre später konnte die Öffentlichkeit Edison davon überzeugen, dass der Phonograph eine Zukunft in der Musik haben würde.

Ein kleiner Junge im englischen Southampton sah sich gezwungen, eine Schule zu besuchen, die dreißig Minuten von seinem Wohnort entfernt lag. Zuvor hatte die Stadtverwaltung befunden, dass er zu weit weg von einer anderen Schule lebte, die sich nur eine Straße weiter befand.

Wie konnte der Junge so nah und doch so fern sein? Er lebte im 13. Stock eines Wohnhauses. Rechnete man die anfallenden Höhenmeter hinzu, gehörte seine Wohnung nicht mehr zu diesem Schulbezirk.

Seine Mutter empörte sich: «Das ist ja der reinste Schwachsinn. Absolut idiotisch und lächerlich.»

Gut möglich, aber schließlich reden wir hier von städtischen Bürokraten.

Dann war da noch der Outfielder Mickey Rivers, einer der großen Freigeister des Baseballs. Als Reggie Jackson, sein Teamkollege bei den Yankees, mit einem IQ von 160 prahlte, fragte ihn Rivers: «160 von wie viel? Von 1000?»

Rechtsanwälte und Richter werden ob ihrer Intelligenz bewundert, da die einzigen Menschen, die ihre Fähigkeiten wirklich einzuschätzen wissen, andere Anwälte oder Richter sind.

Der Anwalt Thurman Arnold wurde zum Richter am US-Bundesberufungsgericht ernannt. Er lehnte die Position ab und kehrte in seine Kanzlei zurück. Warum wohl? «Ich spreche lieber mit einem Haufen Idioten als ihnen zuzuhören», erklärte Arnold.

Vielleicht stehen Sie kurz vor Ihrem Abitur und denken daran, Jura zu studieren. Aber Sie haben Angst davor, dass das Studium zu hart wird und das Abschlussexamen nicht zu schaffen ist. Halten Sie es in diesem Fall einfach mit den Worten des Schriftstellers Calvin Trillin, der einst anmerkte: «Wenn das Jurastudium so schwer ist, warum gibt es dann so viele Anwälte?»

Um die dubiose Bewertung der Fähigkeiten unserer Anwälte zu überprüfen, sollten wir auch die Meinung des russischen Schriftstellers Anton Tschechow einholen: «Anwälte rauben dich nur aus, während Ärzte dich erst ausrauben und dann auch noch töten.»

*E*in pakistanischer Betrüger überzeugte die britischen Behörden davon, dass er Mediziner sei und 1992 seine Zulassung als Arzt bekommen habe. Bevor er festgenommen wurde, verschrieb er seinen Patienten das Trinken von Shampoo, die Einnahme von Schlaftabletten alle sechs Stunden sowie das Schlucken von Zäpfchen. Was sie auch machten.

Fachleute gehen davon aus, dass einer von fünfzig Medizinern ein absoluter Scharlatan ist, der über keinerlei medizinische Ausbildung verfügt. Viele dieser Betrüger praktizieren jahrelang und fliegen nicht auf, weil sie ihre Patienten genauso effizient behandeln wie echte Ärzte. Entweder es gibt sehr intelligente Betrüger oder es ist gar nicht so schwer, Arzt zu werden, wie es uns die medizinischen Fakultäten oft glauben machen wollen.

*M*ehrere Chirurgen an einem Krankenhaus in Südkalifornien bereiteten sich auf eine Operation vor, bei der einem Kind ein Gehirntumor entfernt werden sollte. Aber als sie den Schädel des Kindes geöffnet hatten, war der Tumor nirgendwo zu sehen.

Erst dann stellten sie fest, dass sie die falsche Seite des Kopfes aufgemeißelt hatten. Sie versorgten die Wunde und öffneten die andere Seite.

Im Jahr 1994 operierte ein Chirurg in Nordkalifornien einen Patienten an einem Aneurysma, als er mitten in der Operation sein Besteck zur Seite legte. Warum? Der Arzt wollte endlich mittagessen gehen. Er ließ den anästhesierten Patienten allein auf dem OP-Tisch zurück, während er und die Krankenschwestern zu Mittag aßen, kehrte anschließend zurück und brachte die Operation zu Ende.

Sie haben sicher alle schon die Großstadtlegende über den Chirurgen gehört, der eine Klammer oder einen Schwamm im Körper eines Patienten vergaß, bevor er ihn wieder zunähte. Erfindung oder Wahrheit?

Eine im Jahr 2003 im *New England Journal of Medicine* veröffentlichte Studie ergab, dass Chirurgen etwa 1500-mal pro Jahr Objekte im Körper eines Patienten vergessen.

Wozu sind Ärzte im Namen der Wissenschaft fähig? Zu allem, was man ihnen nicht anhängen kann.

John Hunter, Englands bekanntester Chirurg im 18. Jahrhundert, wollte die Auswirkungen von Geschlechtskrankheiten auf den menschlichen Körper untersuchen. Also spritzte er sich selbst Syphiliserreger. Und starb daran.

Wissenschaft ist eine Art zu denken, die von Menschen bevorzugt wird, die sich beim Bestehen von Prüfungen hervorgetan haben. Und die in der Regel auch ziemlich schlau sind, wenn die Herstellung von Giften gefragt ist, die die Natur nicht in ausreichenden Mengen hervorbringt.

Intelligente Menschen sagen zum Beispiel: Wir zerstören die Luft, das Wasser, das Land und alles, was darauf lebt. Lasst uns damit aufhören. Wissenschaftler sagen: Lasst uns ein paar neue Methoden entwickeln, um alles zu zerstören – nur für den Fall, dass die Methoden, die wir vergangene Woche ausgetüftelt haben, der Aufgabe nicht gewachsen sind. Dann erst hören wir auf. Oder wie sich der Schriftsteller Marcel Pagnol ausdrückte: «Vor Ingenieuren sollte man sich in Acht nehmen. Sie beginnen damit, eine Nähmaschine zu bauen, und am Ende wird ein Atombombe daraus.»

Führen kluge Wissenschaftler dämliche Forschungsprojekte durch? Sobald wir die finanziellen Mittel für eine Studie über «IQ-Abweichungen bei dämlichen Forschungsprojekten» genehmigt bekommen, können wir diese Frage beantworten. In der Zwischenzeit werden Sie sich bei den folgenden Studien vielleicht fragen: Warum muss ich das hier alles wissen?

1. Im Jahr 1981 führten türkische Wissenschaftler eine Studie durch, bei der Mäusen Discomusik vorgespielt wurde. Haben die Forscher womöglich versucht, Mäuse in kleine John Travoltas zu verwandeln? Nein, sie wollten herausfinden, ob Discomusik Mäuse homosexuell macht. Genau dies stellten sie dann auch fest.

2. Wissenschaftler in Großbritannien benötigten drei Jahre, um herauszufinden, ob Fische Schmerzen empfinden, wenn sie an der Angel hängen. Ihre Studie führte weder dazu, dass ein fischfreundlicherer Angelhaken entwickelt wurde, noch hat sie die Fische gelehrt, den Köder zu verschmähen. Aber die dreijährige Studie ergab eindeutig, dass Wissenschaftler zu viel Zeit haben.

3. Ein Lehrer an einer kalifornischen Schule wollte seinen Schülern zeigen, dass die Nahrung der Menschen etwas mit kulturellen Gewohnheiten zu tun hat. Also stellte er sich im Jahr 1993 vor seine Biologieklasse und aß lebende Mäuse.

4. Im Jahr 2006 kündigten japanische Forscher die Art von wissenschaftlichem Durchbruch an, von dem bis dato niemand wusste, dass er überhaupt erzielt werden musste. Sie entwickelten ein Verfahren, mit dem man aus Kuhdung Vanille gewinnen kann.
   Während sie sich ausreichend mit Rohmaterial eingedeckt hatten, blieb es ein Rätsel, wer ihr Produkt schließlich kaufen – oder anderen vom eigenen Kauf erzählen – sollte.

Der Psychologe Carl Jung: «Manchmal existiert eine derartige Diskrepanz zwischen dem Genie und seinen menschlichen Qualitäten, dass man sich fragen muss, ob ein bisschen weniger Talent nicht sehr viel nützlicher gewesen wäre.»

Isaac Cline, Direktor des Meteorologischen Instituts in Texas, hätte als Wissenschaftler im Sinne der jungianischen Vorsichtsmaßnahmen eine gute Figur abgegeben. Im Jahr 1891 versicherte Cline den Menschen von Galvestone, sie bräuchten keine Angst vor einem Wirbelsturm zu haben, obwohl die Hafenstadt nur 2,4 Meter über dem Meeresspiegel erbaut wurde und über keine Deiche verfügte.

«Es ist keinem Zyklon möglich, einen Sturm zu entfachen, der die Stadt materiell schädigen könnte», versicherte der Wissenschaftler und erklärte, dass die Sorge der Menschen schlicht «eine absurde Wahnvorstellung» sei.

So wurden keine Deiche gebaut. Am 8. September 1900 vernichtete ein Wirbelsturm Galveston und tötete dabei 8000 seiner von absurden Wahnvorstellungen geplagten Bewohner.

Sobald Sie zum Experten auf einem beliebigen Feld der Wissenschaft avanciert sind, werden automatisch viele Ihrer Annahmen widerlegt. Oder wie der Wissenschaftler Arthur C. Clarke dies einmal ausdrückte: «Wenn ein anerkannter, aber älterer Wissenschaftler behauptet, etwas sei möglich, dann hat er wahrscheinlich recht. Sagt er dagegen, etwas sei unmöglich, dann hat er vermutlich unrecht.»

Haben Sie alle Anweisungen befolgt und das Ding funktioniert trotzdem nicht? Sie denken unweigerlich: Das Handbuch sollte mit einem eigenen Benutzerhandbuch geliefert werden.

Was haben die sich eigentlich dabei gedacht? Es muss doch einen einfacheren Weg geben, dies hier zu erledigen.

Unsere Erfindungen basieren auf den Fehlern, die bei vorangegangenen Erfindungen gemacht wurden. Das neue, verbesserte Modell enthält ausreichend Fehler, um eine neue Runde von Erfindungen einzuläuten und noch mehr fehlerhafte Produkte herzustellen. Erfinder werden mit Dingen reich, die nie wirklich einwandfrei funktionieren, die Kunden tauschen lediglich alte Frustrationen gegen neue ein. Optimismus ist eben nur schwer totzukriegen.

Oft hängt der Fortschritt von jemandem ab, der ihn zunächst einmal vermasselt. Versagen ebenfalls. Je dicker das Handbuch, desto schlechter das Gerät. Sie haben das Produkt vermasselt und setzen jetzt auf Sie, um ihren Fehler auszugleichen.

Wissenschaftler und andere Menschen mit imposanten Urkunden an den Wänden sollten an folgende Mutmaßung des Lehrers Stanley Gam denken: «Würden die Aborigines einen Intelligenztest ausarbeiten, fiele wahrscheinlich die gesamte westliche Zivilisation durch.»

Das haben Sie vermutlich auch schon einmal jemanden fragen gehört: Wenn du so intelligent bist, warum bist du dann nicht reich? Leider funktioniert dies nicht so. Intelligenz bietet keinen Schutz vor Armut. Oder wie der Ökonom Walter Bagehot dies einst ausdrückte: «Eine Menge dummer Menschen besitzen eine Menge dummes Geld.»

Nehmen wir einmal den Fall Mark Twain, der vermutlich klügste Amerikaner, den es je gegeben hat. Twain hat mit seinen Büchern und seinen Vortragsreisen eine Menge Geld gemacht. Er verlor aber den Großteil bei einer Reihe von geschäftlichen Investitionen, die sich nie auszahlten.

Twains größtes finanzielles Fiasko war der Versuch, sich im hohen Alter von den Vortragsreisen zurückzuziehen. Er hatte das Angebot vorliegen, sein Geld in Alexander Graham Bells neues Telefonunternehmen zu investieren, lehnte es jedoch ab und verpulverte sein Geld stattdessen in einer neuen Art von Setzmaschine. Das Unternehmen ging bankrott, und Twain musste wieder auf Vortragsreisen gehen, um überleben zu können.

Selbst Menschen, die etwas von Geld verstehen, tun dies nicht wirklich. Oder wie der Schriftsteller George Bernard Shaw anmerkte: «Wenn man alle Ökonomen Kopf an Fuß nebeneinanderlegen würde, kämen sie zu keinem eindeutigen Ergebnis.»

Im Jahr 2005 fanden Forscher der Royal Economic Society in Großbritannien heraus, dass der Einsatz von Computern die Leistungen der Schüler in Mathematik und Lesen nicht zu steigern imstande ist. Was vermutlich daran liegt, dass Computer eher für den Chatraum, zum Anhören von Musik, Betrachten von Videos, Pornographie und dem Austausch von Gerüchten verwendet werden als für irgendetwas, das auch nur im Entferntesten mit Schule zu tun hat.

Britische Wissenschaftler untersuchten das Verhalten von Schweinen und kamen zu dem Ergebnis, dass eine aggressive Persönlichkeit die Produktion von Stresshormonen bei Schweinen anregt und sie zu schlechteren Eltern macht. Wir sollten uns also schnellstens darum bemühen, die Schweine zu beruhigen. Worauf warten Sie noch?

Dann ist da noch die merkwürdige Art von Untersuchungen, die Resultate hervorbringen, die man eigentlich zum Gegenstand von Untersuchungen machen und zu vermeiden bestrebt sein sollte. Im Jahr 2005 haben Wissenschaftler bekannt gegeben, dass sie eine Pille erfunden haben, mit der sich Betrunkene betrunkener fühlen und länger betrunken bleiben.

Können Sie sich denken, welches Land die Lorbeeren für diesen Fortschritt auf dem Gebiet des wissenschaftlich verlängerten Rausches einheimst? Ja, genau, Russland. Ob auf dem Beipackzettel wohl darauf hingewiesen wird, die Pillen nicht in Verbindung mit Alkohol einzunehmen?

Eine teure Universitätsausbildung kann sich auch dadurch auszahlen, dass man lernt, ein besserer Lügner zu werden. Eine Studie hat ergeben, dass 50 Prozent der Studenten, die nicht zur Wahl gehen, versichern, ihren Stimmzettel abgegeben zu haben. Von den Menschen, die keine Universität besucht haben, behaupten dies nur 20 Prozent.

Große Professoren lehren ihre Studenten das Denken. Klappt dies nicht, lehren die Universitäten zumindest, wie man sich nachdenklich gibt. Der Schriftsteller William Gerhardie merkte dazu an: «An den Universitäten gibt es so viele Dummköpfe wie anderswo auch. Aber ihre Dummheit hat zugegebenermaßen eine eigene Note – die einer Universitätsausbildung, wenn man so will. Sprich: erlernte Dummheit.»

Oder der Historiker Daniel Boorstin: «Das größte Hindernis, das es zu überwinden gilt, ist nicht die Ignoranz, sondern die Illusion von Wissen.»

Der Philosoph Bertrand Russell gab zu bedenken: «Der Mensch wird unwissend geboren, nicht dumm. Dumm wird er erst durch die Erziehung.»

Niemand ist überrascht, wenn ein Athlet, der sich mit einem Spitznamen wie Daffy oder Dizzy schmückt, einen dummen Spielzug fabriziert. Aber wir erwarten mehr von den Schiedsrichtern. Sie müssen in der Lage sein, auch unter Druck die richtige Entscheidung zu treffen. Oder sollten zumindest wissen, was sie auf dem Feld zu suchen haben. Dies funktioniert allerdings nicht immer.

Bei der Olympiade 1932 stellten Kampfrichter einen Weltrekord für Unaufmerksamkeit auf. Als Jules Noel aus Frankreich den olympischen Rekord im Diskuswerfen brach, wurde sein Rekordwurf annulliert, obwohl Noel gegen keine Regel verstoßen hatte.

Während Noel sich auf den Wurf vorbereitete, drehten sich die Kampfrichter um, die eigentlich dem Diskuswettbewerb beiwohnen sollten, um zu sehen, warum beim Stabhochsprung eine derartige Aufregung war. So verpassten sie den Wurf von Noel und disqualifizierten ihn anschließend.

Der herausragende Cellist Yo-Yo Ma legte sein Konzertcello in den Kofferraum eines Taxis, als er von einem New Yorker Hotel zur Probe fuhr. An der Konzerthalle vergaß Ma das 266 Jahre alte Cello im Wert von 2,5 Millionen Dollar im Wagen.

«Ich habe etwas wirklich Dummes gemacht», gab Ma zu. «Ich habe es einfach vergessen.» Wenn Sie also eher zur vergesslichen Sorte gehören, wünschen wir Ihnen so viel Glück wie Yo-Yo Ma damals beschieden war. Die Polizei suchte das Taxi und fand Mas Cello unversehrt im Kofferraum.

Die Kuratoren im Museum of Modern Art in Manhattan sind hochqualifizierte Fachleute und zählen zu den führenden Kunstkennern der Welt. Aber es war ein Kunststudent, der sie im Jahr 1961 auf einen dummen Fehler hinwies: Sie hatten ein Gemälde von Matisse, *Le Bateau*, verkehrt herum aufgehängt.

Über 100 000 Besucher bewunderten das Gemälde 47 Tage lang, bevor dem Kunststudenten das Missgeschick auffiel.

A ls Harold Macmillan Premierminister von England war, wurde seine Politik in der Presse häufig kritisiert. Aber er war überrascht, als er in einem Brief des Herausgebers direkt angegriffen wurde, stammte dieser doch aus der Feder seines eigenen Sohnes Maurice, der damals Mitglied im britischen Unterhaus war.

In seiner Antwort ließ sich Macmillan sen. darüber aus, dass sein Sohn über «Intelligenz und Unabhängigkeit verfügt. Wie er dazu gekommen ist, kann ich allerdings nicht sagen.»

M anchmal sind es intelligente Politiker, die Gesetze verabschieden, welche keinerlei Sinn machen. Dies gilt insbesondere für England, wo ein Abschluss in Oxford oder Cambridge oft die Voraussetzung dafür ist, in die Politik zu gehen. Während der Amtszeit von Königin Elisabeth hat der englische Gesetzgeber drei verblüffende Gesetze verabschiedet:

1. Die Regierung hielt die Bevölkerung an, drei Mal in der Woche Fisch zu essen, weil die Fischereiindustrie Geld benötigte.
2. Die Regierung verabschiedete ein weiteres Gesetz, das den Bürgern das Tragen von Hüten auferlegte. Damit wollte sich die Regierung nicht etwa in das Modebewusstsein der Allgemeinheit einmischen, sondern das Geschäft für

die Filzmacher ankurbeln, das zuletzt stark zurückgegangen war.

3. In einem dritten Gesetz wurde den Bürgern verboten, spätabends in einer Taverne zu trinken, es sei denn, man war Spion.

Die Franzosen brauchen sich nicht hinter den Briten zu verstecken, was absurde Gesetze angeht. In den 1840er-Jahren verabschiedete die französische Regierung ein Gesetz, wonach Kriminelle nicht zwischen Sonnenuntergang und Sonnenaufgang verhaftet werden durften. Will heißen: in den Stunden, in denen die meisten Straftaten verübt werden.

Als Veteran des staatlichen Regierungsdschungels hat Senator Eugene McCarthy seine ganz persönliche Sichtweise über den Politikbetrieb in Washington: «Das Einzige, was uns vor der Bürokratie rettet, ist ihre Ineffizienz.»

Dies ist eine schöne Umschreibung, um über die eigene Regierung zu sagen, das Beste an ihr sei ihre Unfähigkeit, die Ziele zu erreichen, die sie sich gesteckt hat.

Der Universitätsprofessor Bergen Evans hielt mit seiner Meinung über unsere Regierungsvertreter nicht hinterm Berg: «Schon Parlamentarier, die nur über eine durchschnittliche Intelligenz verfügen, heben sich vom Rest ihrer Kollegen ab.»

Der Anwalt Clarence Darrow: «Als ich ein kleiner Junge war, hat man mir gesagt, dass jeder Präsident der Vereinigten Staaten werden kann. Heute fange ich es langsam an zu glauben.»

Als im Jahr 1913 das Kreuzworträtsel erfunden wurde, begann sein unaufhaltsamer Siegeszug rund um die Welt. Besonderer Beliebtheit erfreute sich der neue Rätselspaß in den USA und England, was eine enorme Steigerung der Verkaufszahlen von Wörterbüchern mit sich brachte. Allerdings benötigten die Verleger schlappe siebzehn Jahre, bis sie das Wort «Kreuzworträtsel» in die Wörterbücher aufnahmen. Bis dahin behaupteten sie einfach, dass dieses Wort schlichtweg nicht existiere.

Professor William Spooner brachte oft Wörter durcheinander, was uns so manch vergnüglichen Schüttelreim bescherte. Aber Spooner war ein ernsthafter Universitätsgelehrter, auch wenn er einen seiner Studenten einmal fragte: «Warst du das oder dein Bruder, der im Krieg umgekommen ist?»

Zerstreutheit scheint eine der merkwürdigen Begleiterscheinungen von Intelligenz zu sein.

Oliver Wendell Holmes Jr., Richter am Obersten Gerichtshof der Vereinigten Staaten, fuhr mit der Bahn, als der Schaffner ihn um seine Fahrkarte bat. Holmes durchsuchte erfolglos seine Taschen.

Der Schaffner versicherte dem Richter, er könne die Fahrkarte einschicken, sobald er sie gefunden habe.

«Die Frage ist nicht, wo mein Fahrschein ist», gab Holmes zurück, «sondern wo ich eigentlich hinfahre!»

Im 13. Jahrhundert erklärte der heilige Thomas von Aquin, einer der klügsten Köpfe seiner Zeit, warum die Erde sich unmöglich um die eigene Achse drehen könne: «Eine kreisförmige Bewegung wäre ein Akt der Gewalt und wider die Natur»,

und dies könne nicht funktionieren, weil «keine Form von Gewalt ewig Bestand hat.»

Der Geiger Ruggiero Ricci wusste, dass es mit Einschränkungen verbunden ist, ein Meister seines Fachs zu sein: «Ein Fachmann ist jemand, der alles andere schlechter macht.»

Bei einem Treffen des Dill Pickle Clubs forderte der eigenwillige Dichter Maxwell Bodenheim den exzentrischen Schriftsteller Ben Hecht zu einem Rededuell heraus, in dessen Verlauf die Frage «Sind die Menschen, die an literarischen Diskussionsrunden teilnehmen, Schwachköpfe?» diskutiert werden sollte.

Hecht ließ sich nicht lange bitten und blickte ins Publikum. «Die Bejahung dieser Frage sei einmal dahingestellt», antwortete er schließlich.

Bodenheim schaute die Clubmitglieder an, drehte sich zu Hecht um und meinte: «Sie haben recht!»

Die meisten Künstler betrachteten Suppendosen unter dem Aspekt: Hm, Hühnersuppe oder Tomatensuppe, wonach ist mir heute? Andy Warhol aber dachte beim Anblick einer Suppendose: Damit kann man eine Menge Geld machen.

Der Schriftsteller Gore Vidal schaute sich Warhols Bilder von Suppendosen an und nannte ihn «ein Genie mit dem IQ eines Idioten.»

Experten untermauern ihre Meinungen gerne mit Statistiken, da die Menschen Zahlen in der Regel nicht in Frage stellen. Wenn Zahlen lügen, machen sie dies jedoch sehr überzeugend.

Der Schriftsteller William Irwin merkte dazu an: «Statistiken beweisen, dass nur wenige derer überleben, die sich die Gewohnheit zu eigen gemacht haben, Nahrung zu sich zu nehmen.»

Oder wie sich der Krimiautor Rex Stout ausdrückte: «Es gibt zwei Arten von Statistiken: Die eine liest man nach, die andere denkt man sich aus.»

Zum Schluss eine Warnung des Philosophen Ralph Waldo Emerson: «Nicht auszudenken, wenn der große Gott einen Denker auf diesem Planeten loslässt.»

KAPITEL 23

Die ganz alltägliche Dummheit: Hohe Gebilde, die erdacht wurden, um rechtschaffene Menschen einzuschüchtern

◎ ◎ ◎

Irische Ärzte stießen im Jahr 2005 auf ein neuartiges medizinisches Problem: Bekommen Patienten eine Spritze in den Allerwertesten verabreicht, erhalten sie in vielen Fällen nicht die angemessene Dosis der Medikation, ist ihr Gesäß doch mit einer derartigen Fettschicht gesegnet, dass die Nadel das darunterliegende Muskelgewebe nicht erreicht.

Der Alltag hat seine Tücken. Die an manchen Tagen auch nur alltäglich sind. Forciert man jedoch das unserem Alltag innewohnende Dummheitspotenzial – und viele Menschen tun dies mit dem größten Vergnügen freiwillig –, wird plötzlich jeder Tag zu einem großen Abenteuer.

◎ ◎ ◎

Wenn Sie 1898 zufällig in London waren, haben Sie vielleicht H. Cecil Booth dabei beobachtet, wie er mit seinen Lippen Staub von den gepolsterten Rückenlehnen der Restaurantstühle saugte.

Vernünftigerweise hätten Sie den Mann für verrückt gehalten. Aber das war er nicht. Nun, vielleicht war er auch verrückt, aber er war vor allem ein Wissenschaftler, der die Wirkung eines Saugmechanismus auf Staubablagerungen untersuchte.

Diese Experimente führten im Jahr 1901 zu Booths Erfindung des Staubsaugers. Der Mann musste eine Menge Staub schlucken, bis es schließlich so weit war.

Booths erster Staubsauger war ein riesiges, schwerfälliges Gerät, das mit einem Pferdewagen durch die Straßen transportiert und von mehreren Personen bedient werden musste.

Trotzdem wurde Booths Staubsauger zu einer Sensation, nachdem er eingesetzt wurde, um die Teppiche für die Krönung von König Edward VII. in der Westminster Abbey zu reinigen.

Wohlhabende englische Frauen heuerten Booths Staubsaugertruppe an und ließen nach ihren wilden Partys ein wüstes Schlachtfeld zurück, um mit ihren Freunden dabei zuzusehen, wie die Teppiche gereinigt wurden. Damals wussten sich die Menschen eben noch zu unterhalten.

Im Jahr 1855 eröffnete in Paris die erste Reinigung der Welt. Ein ganz normaler Arbeitstag sah damals so aus, dass zunächst alle Kleidungsstücke einzeln aufgetrennt, in einer Mischung aus Terpentin und Öl eingeweicht und nach dem Trocknen mit einem neuen Faden wieder zusammengenäht wurden. Alternativ konnte man seine Klamotten aber auch einfach waschen lassen.

Wenn Sie in letzter Zeit im Supermarkt waren, dürften Sie dem anonymen Verfasser folgenden Artikels über Kaufkraft ganz und gar beipflichten:

«Vor dem Krieg ging ich mit dem Geld in der Hosentasche zum Markt und trug den Einkauf in einem Korb nach Hause. Jetzt trage ich das Geld im Korb und den Einkauf in der Hosentasche.»

Der Haken an der Sache ist, dass sich der Verfasser auf den amerikanischen Bürgerkrieg bezog.

Essensreste können tödlich sein. Im Jahr 2004 stritt sich ein Mann in Massachusetts mit seinen Verwandten über die Reste des Erntedankfestmahls. Sie empörten sich, dass er die Truthahnreste mit den Fingern abnagen und nicht zu Messer und Gabel greifen wollte. Daraufhin nahm der hungrige Mann das Tranchiermesser und tötete zwei seiner Verwandten. Wie schön, dass sich die Familien an den Feiertagen näherkommen.

☺ ☺ ☺

Wo wir gerade von Essen reden – vergessen wir nicht, was der Schriftsteller Samuel Butler einmal gesagt hat: «Der Mensch ist das einzige Tier, das ein freundschaftliches Verhältnis zu seinen potenziellen Opfern pflegt, bis es sie frisst.»

☺ ☺ ☺

Wie ungewöhnlich das Gewöhnliche manchmal sein kann, beweist ein einfacher Blick in die Vergangenheit. Im viktorianischen England gebot es die Bibliotheksetikette, dass von Frauen geschriebene Bücher nicht auf dasselbe Regal wie Bücher von männlichen Verfassern gestellt werden durften. Eine Ausnahme gab es jedoch – wenn die betreffenden Autoren miteinander verheiratet waren.

Die Menschen im viktorianischen Zeitalter fanden selbst Klaviere zu gewagt. Nicht etwa die Musik, die darauf gespielt wurde, sondern das Instrument selbst. So wurden in ehrbaren englischen Haushalten Röcke über das Klavier gehängt, um dessen nackte Beine zu verdecken.

☺ ☺ ☺

Als King Gillette im Jahr 1903 den Nassrasierer erfand, verkaufte er gerade einmal 51 Rasierer und 168 Klingen. Gillette musste miterleben, wie die Männer die Klingen wegwarfen und behaupteten, die Rasierer würden nichts taugen.

Gillette-Klingen waren in recht steifes Wachspapier einge-
wickelt, damit sich Händler und Käufer nicht schnitten. Die
reklamierenden Kunden wussten allerdings nicht, dass sie
die Sicherheitsverpackung vor der Rasur entfernen mussten.
Ein paar einfache Anweisungen genügten schließlich, um
Gillettes Unternehmen zu retten – und sein Vermögen.

◉ ◉ ◉

Im Jahr 1797 erfand der englische Herrenausstatter John
Hetherington den Zylinder. Als er seine Kreation zum ersten Mal in den Straßen Londons trug, löste er einen Tumult
aus.

Er wurde von der Polizei mit einer Geldbuße belegt, weil er
ein «hohes Gebilde trug, das erdacht wurde, um rechtschaffene Menschen einzuschüchtern». Wahrscheinlich wurde der
Zylinder deshalb so beliebt.

Übrigens schuf Hetherington damit nicht nur einen neuen
Modestil, sondern zeichnete auch verantwortlich für die Erfindung der Modepolizei.

◉ ◉ ◉

Ihre Kleidung schockierte ihre Eltern. Kirchliche Würden-
träger verurteilten ihre Art, sich zu kleiden, als obszön, insbesondere die engen Strumpfhosen, die den Blick auf Beine
und Gesäß freigaben.

Natürlich sprechen wir von italienischen Jugendlichen im
14. Jahrhundert, und die schockierenden Beinkleider wurden
von Jungen und nicht etwa von Mädchen getragen.

◉ ◉ ◉

Die Erfindung der Blechdose im Jahre 1810 war ein echter
Durchbruch und erleichterte die Vorratshaltung und den
Transport von Nahrungsmitteln erheblich, was insbesondere
für eine Armee im Feld von Nutzen war.

Aber es gab ein großes Problem mit den Blechdosen: Erst 48 Jahre später sollte der Dosenöffner erfunden werden.

Bis dahin mühten sich die Soldaten mit Messern und Bajonetten ab, um die Dosen zu öffnen. Half dies nicht, schossen sie Löcher in die Dosen, bis sie an deren Inhalt kamen. Ein Nahrungsmittelproduzent versah seine Blechdosen mit der Aufschrift: «Deckel mit Hammer und Meißel öffnen.»

☉ ☉ ☉

In den glorreichen Zeiten des römischen Imperiums veranstalteten reiche Lüstlinge ausschweifende Partys mit opulenten Festmahlen. Damit ihre Gäste den Dutzenden von Gängen auch gewachsen waren, stattete der zuvorkommende römische Gastgeber ein Zimmer seiner Villa für das «vornehme Durchspülen» aus. Dieses Zimmer wurde das Vomitorium genannt.

☉ ☉ ☉

Warum drucken Hersteller eigentlich derart dämliche Warnungen auf ihre Produkte?

Weil es irgendwann irgendjemand irgendwo tatsächlich fertiggebracht hat, etwas zu tun, von dem man gemeinhin annehmen sollte, niemanden ausdrücklich davor warnen zu müssen. Hier ein paar Gewinner dieser Verlierer:

Auf einer Klobürste: «Nicht für die Körperpflege geeignet».

Auf einem Roller für Kinder: «Achtung: Dieses Produkt bewegt sich, wenn es benutzt wird.»

Auf einem Fertiggericht: «Muss gekocht werden, bevor es gegessen wird.»

Auf einer Verpackung für einen Snack: «Plastik vor dem Essen entfernen.»

Auf einer Fernbedienung: «Nicht spülmaschinenfest».

Auf einem Niederschlagsmesser: «Geeignet für die Nutzung unter freiem Himmel.»

Auf einer Streichholzschachtel: «Vorsicht: entzündlicher Inhalt».

Und zu guter Letzt der Beweis, dass unser Herz doch am rechten Fleck sitzt, wenn man dies von unserem Gehirn schon nicht behaupten kann. Folgendes Etikett zierte eine Packung Rattengift: «Warnung: Bei Laborversuchen hat die Einnahme dieses Mittels dazu geführt, dass die Mäuse Krebs entwickeln.»

◎ ◎ ◎

Friedrich der Große von Preußen hielt seine Soldaten dazu an, Knöpfe auf die Ärmel ihrer Mäntel zu nähen. Viele Militärführer fühlten sich genötigt, ihre Armeeuniform neu zu gestalten – eine Fähigkeit, die Generälen oftmals besser liegt als die Strategieplanung. Aber Friedrich hatte dabei etwas ganz anderes im Sinn.

Er konnte es einfach nicht mehr ertragen, wie sich seine Soldaten die Nase an den Ärmeln abwischten. Er hoffte, die Knöpfe würden dieser ekelerregenden Angewohnheit Einhalt gebieten.

Aus diesem Grund also haben Herrenjacken manchmal Knöpfe, die nicht zu knöpfen sind. Elegant, modern und garantiert popelfrei.

◎ ◎ ◎

Haben Sie jemals ein Schuhtagebuch geführt? Francis Henry Egerton, achter Graf von Bridgewater und Zeitgenosse des 19. Jahrhunderts, war so frei. Er trug jeden Tag ein anderes Paar Schuhe, die ein Diener in chronologischer Reihenfolge aufzustellen hatte.

Die Diener hatten strikte Anweisung, die Schuhe niemals zu reinigen, damit der Graf anhand seines Schuhwerks eruieren konnte, wie das Wetter an dem Tag gewesen sein musste, als er diese Schuhe trug.

Sieben von zehn Amerikanern, die Joggingschuhe besitzen, benutzen diese nicht zum Joggen.

Judith Martin, ob ihrer Benimmregelkolumne in einer Zeitung als *Miss Manners* bekannt, erhielt einen Leserbrief mit der Frage: «Sehr geehrte Miss Manners: Wie läuft man in Schuhen mit hohen Absätzen?»

Ihr Rat? «Liebe Leserin: Links, rechts, links, rechts, links, rechts.»

☉ ☉ ☉

In der Welt der Mode legen die Franzosen die Trends fest, die Amerikaner brechen sie und die Engländer schauen höflich in die andere Richtung.

Oder wie die Schriftstellerin Margaret Halsey anmerkte: «Die Schuhe von Engländerinnen sehen aus, als ob sie von jemandem gefertigt wurden, der zwar schon oft gehört hat, was Schuhe wohl sein sollen, selbst aber nie welche gesehen hat.»

☉ ☉ ☉

Im Jahr 1669 wurden spitze Tafelmesser in Frankreich verboten. Kardinal Richelieu war empört über den Anblick ungehobelter Gäste, die mit den Messerspitzen ihre Zähne reinigten. Aus diesem Grund benutzen wir bis heute am Tisch abgerundete Messer.

☉ ☉ ☉

Zwei Arten von Büchern bilden in Ihrer örtlichen Buchhandlung eine Art Symbiose: Kochbücher und Diätbücher.

Zunächst kochen Sie sich ein paar köstliche Gerichte, was Sie gleichermaßen mit Glücks- und Schuldgefühlen erfüllt. Und anschließend bestrafen Sie sich mit der nächsten Diät.

Diesem Dilemma können Sie begegnen, indem Sie Ihre Einstellung statt Ihrer Zutatenliste ändern. Wie die Kolumnistin Erma Bombeck einmal meinte: «Lassen Sie mich es so sagen: Meinem Leibesumfang nach müsste ich ein 27 Meter hoher Mammutbaum sein.»

Diätbücher erweisen sich in der Regel für diejenigen, die das Buch geschrieben haben, von größerem Nutzen als für die, die es lesen. Oder, wie der Schriftsteller Leonard Louis Levinson anmerkte: «Amerikaner sind Menschen, die über afrikanische Medizinmänner lachen und 100 Millionen Dollar für nutzlose Schlankheitsmittel ausgeben.»

◎ ◎ ◎

Als Jules Leotard noch ein Baby war, hielten ihn seine Eltern kopfüber von einem Trapez, damit er aufhörte zu weinen. Zugegeben, ein etwas ungewöhnlicher Erziehungsansatz, der allerdings einen interessanten Effekt hatte: Der junge Leotard wurde im 19. Jahrhundert zum bekanntesten Seiltänzer Europas. Er hat auch das Kostüm erfunden, das nach ihm benannt wurde.

◎ ◎ ◎

Filmregisseur Alfred Hitchcock hatte großen Erfolg, als er mit seiner eigenen Fernsehshow, *Alfred Hitchcock Presents*, auf Sendung ging. Er wurde für die mysteriösen Kriminalfälle bekannt, die er präsentierte – und für seinen Sarkasmus.

«Das Fernsehen», behauptete Hitchcock, «hat viel für die Psychiatrie getan, indem es nicht nur über diese Disziplin informierte, sondern auch dazu beitrug, sie unerlässlich zu machen.»

◎ ◎ ◎

Vergleichen Sie doch einmal Inhalt und Darstellung, wenn Sie das nächste Mal Nachrichten schauen, und überlegen Sie, ob Sie dem Nachrichtensprecher David Brinkley beipflichten würden, der sagte: «Das Einzige, was bei den Fernsehnachrichten sehr gut funktioniert, ist, dass wir den Zuschauern den Inhalt immer spannend darstellen, unabhängig davon, ob es etwas zu berichten gibt oder nicht.»

Medienmogul Ted Turner: «In den Vereinigten Staaten leben einige der dümmsten Menschen der Welt. Ich möchte, dass Sie wissen, dass wir das wissen.»

Besteht eigentlich die Hoffnung, dass das Fernsehen jemals besser werden wird? Der Kolumnist Clive Barnes verneint dies: «Das Fernsehen ist die erste wahrhaft demokratische Kultur. Die erste Kultur, die jedem zur Verfügung steht und sich ausschließlich nach den Wünschen der Menschen richtet. Das Erschreckende daran sind die Wünsche der Menschen.»

Der Zukunftsforscher Richard Adler: «Das gesamte Fernsehen ist Kinderfernsehen.»

Auch die Schriftstellerin Barbara Ehrenreich sieht das Fernsehen eher kritisch: «Wir lieben das Fernsehen, weil es uns eine Welt zeigt, in der es kein Fernsehen gibt.»

Macht Fernsehen dumm? Oder muss man einfach dumm sein, um den Fernseher jeden Tag einzuschalten?

Studien haben gezeigt, dass der Durchschnitts-Amerikaner Tag für Tag sieben Stunden fernsieht. Mit beträchtlichem Spielraum nach oben. Wer es darauf anlegt, kann diese Stundenzahl sogar verdoppeln.

Sähe jeder Mensch täglich vierzehn Stunden fern, gäbe es nur noch halb so viele Staus. Die Ausbreitung von sexuell übertragbaren Krankheiten würde eingedämmt, ist Fernsehsex doch Safer Sex. Ein Leben vor der Glotze: wie im richtigen Leben, nur sicherer.

◎ ◎ ◎

Während das Fernsehen weiter unser Leben bestimmt, sollten wir nicht vergessen, was uns fehlen würde, wenn wir kein Fernsehen hätten. Johnny Carson, der bekannteste Talkshowmaster aller Zeiten, nannte einen der Hauptvorteile der Flimmerkiste: «Wir haben es dem Erfinder des Fernsehens, Philo T. Farnsworth, zu verdanken, dass wir heute nicht mehr ausschließlich Radiokost aus der Konserve zu uns nehmen müssen.»

◎ ◎ ◎

Als 1857 das Toilettenpapier erfunden wurde, wollten die Amerikaner es zunächst nicht so recht kaufen, waren sie doch bis dato für diese Zwecke ganz zufrieden mit Zeitungspapier.

◎ ◎ ◎

Im Mittelalter galt es in England als unmännlich, auf einer Matratze oder einer weichen Unterlage zu schlafen. Echte Männer, so die Briten, schlafen in voller Montur auf dem Boden. Das macht sie zu besseren Kämpfern. Allerdings fiel es ihnen schwer zu erklären, warum die hartgebetteten Engländer mehrere Kriege gegen die weichgebetteten Franzosen verloren.

Ein echter Mann zu sein war wohl nirgendwo auf der Welt jemals einfach. In Italien galten Männer im 16. Jahrhundert als verweichlicht, wenn sie mit einer Gabel aßen.

Also, Jungs, wenn eure Mutter das nächste Mal mit euch schimpft, weil ihr mit den Fingern esst – sagt ihr einfach, dass ihr ein echter Mann werden wollt.

Wenn Sie keine Freunde haben, stellt Ihnen ein Unternehmen in Thailand namens *Anything You Can Think Of* professionelle Trauernde zur Verfügung, die bei Ihrem Begräbnis um Sie weinen.

Begleitet Sie allerdings niemand sonst auf Ihrem letzten Weg, würde nie jemand erfahren, dass Sie betrauert wurden. Und zudem könnten Sie sich auch nicht mehr über den Service beschweren.

Das Unternehmen verleiht auch Personen, die mit Ihren Feinden diskutieren oder ihnen eine Ohrfeige verpassen.

Denis Thatcher war mit der Premierministerin von England, Margaret Thatcher, verheiratet. Als ein Reporter ihn fragte, wer in seiner Familie die Hosen anhat, antwortete er: «Ich. Ich wasche und bügle sie auch.»

AT&T war in den 1960er Jahren seiner Zeit weit voraus, als das Unternehmen den Versuch unternahm, seinen Kunden das Bildtelefon zu verkaufen. Allerdings hatte die Geschichte dann doch den ein oder anderen kleinen Haken.

So war man gezwungen, sich in eine AT&T-Zweigstelle zu bemühen, um das Telefon zu benutzen. Und die Person, die

man anrufen wollte, musste sich zu einem verabredeten Zeitpunkt in eine andere Zweigstelle begeben. Man hatte seinen
Anruf also zu reservieren. Und einen hohen Preis dafür zu
zahlen.

Wer konnte diesem verlockenden Angebot schon widerstehen? So gut wie jeder.

⊘ ⊘ ⊘

Steckt hinter der wahnsinnigen Ausbreitung unserer Vor-
städte eigentlich Methode? Der Schriftsteller Bill Vaughn
ist davon überzeugt: «Die Vorstadt ist der Ort, wo die Stadt-
entwickler erst die Bäume mit Bulldozern ausreißen und anschließend die Straßen nach ihnen benennen.»

⊘ ⊘ ⊘

Der Tod ist jedermanns ganz normale Tragödie. Aber für einige wenige Menschen – wie etwa den Filmschauspieler John
Barrymore – ist der Tod eher eine Art Unannehmlichkeit, die
eine gute Party jäh unterbricht.

«Die Guten sterben jung», sagte der unverbesserliche Le-
bemann, «denn sie sehen keinen Sinn darin, weiterzuleben,
wenn sie dafür gut sein müssen.»

Der Dichter Oliver Herford verfolgte einen etwas anderen
Ansatz, als er erklärte, dass «nur die Jungen gut sterben».

Leben und Tod wurden jedoch von dem Dichter Carl Sand-
burg wohl am besten beschrieben, der da meinte: «Heutzutage
muss man schon ein Optimist sein, um die Augen zu öffnen,
wenn man morgens aufwacht.»

⊘ ⊘ ⊘

Was wären wir ohne die moderne Medizin? Medikamente können die Menschen heute so lange am Leben erhalten, dass sie zum gebrechlichen Gefangenen ihres
eigenen Alters werden. Altenheime werden wie Gefängnis-

se geführt, die die Insassen nicht verlassen und wo sie sich nicht über das schlechte Essen beschweren dürfen, sondern von gestresstem Wachpersonal beschimpft und mit Psychopharmaka ruhiggestellt werden, sodass die Alten leicht mit kriminellen Psychopathen zu verwechseln sind.

Man möchte ja wahrlich nicht vermuten, dass Hosentaschen Ärger hervorrufen können. Aber die Menschen sind einfach nicht davon abzubringen, die falschen Dinge in ihre Taschen zu stecken.

Während eines Baseballspiels im Jahr 1889 betrat einer der Spieler mit ein paar Gewehrpatronen in der Hosentasche das Feld. Ein verunglückter Schlag traf sein Bein, prompt explodierte seine Hose.

Ein paar Jahrzehnte später, ebenfalls während eines Baseballspiels, bewachte Casey Stengel die dritte Base für die Brooklyn Dodgers. Er zeigte Tony Cuccinello an, dass er auf die Base rutschen sollte. Tony jedoch ignorierte Stengels Signal und kam stehend rein.

Nachdem er abgeschlagen wurde, hatte Tony eine gute Entschuldigung parat.

«Ich konnte nicht reinrutschen, Casey», erklärte er, «sonst wären alle Zigarren in meiner Tasche kaputtgegangen.»

Vor einem Eishockeyspiel im Jahr 1930 steckte sich ein Torhüter eine Streichholzschachtel in seine Montur, bevor er das Eis betrat. Ein knallharter Schlagschuss setzte die Zündhölzer in Brand, und der Goalie fing Feuer.

Bei einem Überfall auf ein Restaurant in Newport, Rhode Island, zeigte sich im Jahr 1975 ein weiteres Mal, welche Gefahr von Taschen ausgehen kann, war der Räuber doch offenbar Anfänger und so nervös, dass er sich mit der Hand das Geld in die Taschen stopfte, in der er die Pistole hielt. Die Knarre ging los, und der Mann tötete sich selbst.

◎ ◎ ◎

Sie suchen nach einem passenden Geburtstagsgeschenk für Ihre Kuschelratte? Nun, lebten Sie in der Nähe von La Verne, Kalifornien, könnten Sie ihrem geliebten Haustier eine Wellnessbehandlung in Katies Pet Depot schenken. Dort wird die Ratte gebadet, gegen Flöhe und Milben behandelt und bekommt zudem die Krallen gestutzt.

◎ ◎ ◎

Der französische Modedesigner Pierre Balmain meinte einst: «Einen Nerz trägt man am besten so, als trüge man einen Stoffmantel. Und mit einem Stoffmantel sieht man am besten aus, wenn man ihn trägt wie einen Nerz.»

◎ ◎ ◎

Im Jahr 2005 begann die nordkoreanische Haarpolizei, Männer, deren Haare zu lang waren, mit der Nennung von Namen und Adresse im Fernsehen bloßzustellen.

Wie lang war aber zu lang? Alles über fünf Zentimeter. Kim Jong-il, der nordkoreanische Diktator, der seinerseits mit Haartolle und Koteletten auftritt, gestand älteren Männern zweieinhalb Zentimeter extra für ihre Haarpracht zu.

◎ ◎ ◎

Manche Menschen kommen durch harte Arbeit und Talent nach oben. Andere haben keinerlei Erklärung für ihren Aufstieg. Kaugummihersteller Frank Fleer dachte, er hätte das große Los gezogen, als er im frühen 19. Jahrhundert die Produktion von Kaugummi aufnahm und sein Produkt den Kindern als «Blibber-Bubble» verkaufte. Aber der Kaugummi geriet nicht nur bei Kindern zum Flop.

Im Jahr 1928 versuchte es Fleer dann mit der Produktlinie «Dubble Bubble». Die gleiche Idee, der gleiche Kaugummi. War «Blibber-Bubble» noch ein Misserfolg gewesen, so schlug «Dubble Bubble» wie eine Bombe ein.

◎ ◎ ◎

D ie Menschen essen zweimal zu viel», erklärte der Erfinder Thomas Edison. «Und sie schlafen zweimal zu lange.»

Zu den bekannten Persönlichkeiten, die nur etwa vier Stunden pro Nacht schliefen, gehören unter anderem: Napoleon Bonaparte während seiner Zeit als General, der britische Premierminister Winston Churchill, der Schriftsteller und Wissenschaftler Isaac Asimov, der Maler Salvador Dalí, der Erfinder Benjamin Franklin und natürlich auch Edison selbst.

◎ ◎ ◎

In seinem Buch *Gullivers Reisen* setzt sich der irische Schriftsteller Jonathan Swift mit der Absurdität des Lebens auseinander. Er praktizierte diese Absurdität auch – etwa mit seinen bewegungsintensiven Essgewohnheiten. Swift nahm seine Mahlzeiten zu sich, während er im Haus umherging, um bereits beim Essen Gewicht zu verlieren.

◎ ◎ ◎

N achdem die Duschszene in *Psycho* die amerikanische Badezimmerprüderie in ihren Grundfesten erschüttert hatte, schrieb ein Mann an Alfred Hitchcock und beschwerte sich, dass seine Frau sich nicht mehr duschen oder baden wollte.

«Mein Herr», antwortete ihm der Regisseur, «haben Sie

schon in Erwägung gezogen, Ihre Frau in die Reinigung zu geben?»

Im frühen 19. Jahrhundert machten modebewusste Frauen die Dauerwelle in den Schönheitssalons der großen Städte bekannt. Um sich eine Dauerwelle machen zu lassen, musste eine Frau zehn Stunden lang still sitzen, während ihr Haar in Asbeströhren geklebt und anschließend unter einem Eisenhelm bedampft wurde. Wann saß eine modebewusste Frau das letzte Mal so lange für etwas still da?

Studien haben gezeigt, dass nur eine von zehn Büroklammern dazu benutzt wird, Papier zusammenzuhalten. Die meisten anderen verschwinden in irgendwelchen Spalten oder werden eingesetzt, um Zähne, Fingernägel oder Ohren zu reinigen oder auch die Krawatte am Hemd festzumachen. Am Rest wird herumgespielt, um nervöse Spannungen zu lösen, und so entstehen Spielchips, Waffen oder einfach Müll.

Es ist bezeichnend für die Komplexität unserer Gesellschaft, dass selbst der einfachste Gegenstand seinen Zweck nicht erfüllt.

Folgender Leitfaden des Politikers John Foster Dulles dürfte Ihnen helfen, das Leben besser zu verstehen. «Erfolg misst man nicht daran, ob Sie ein schweres Problem lösen mussten, sondern ob es sich um das gleiche Problem handelt, mit dem Sie schon letztes Jahr zu kämpfen hatten.»

Für viele Menschen bedeutet die morgendliche Dusche eine kleine Auszeit vor den Anforderungen des Tages. Das ist Geschichte.

Inzwischen gehört die Dusche zu den Überraschungsmomenten, die dazu angetan sind, Ihnen den Tag zu versauen. Einer Studie zufolge, die an der Wake Forest University durchgeführt wurde, kann zu langes Duschen die Absorption von winzigen Manganmineralien fördern, die in vielen Rohren zu finden sind. Und eine Überdosis Mangan kann zu Gehirnschäden führen.

Meine Vermutung ist jedoch, dass die Lektüre über die in Ihrer Dusche lauernde Mangangefahr zu Gehirnschäden führt.

☺ ☺ ☺

Wollten die Sowjets während des Kalten Krieges etwa unsere 10-Cent-Stücke unterwandern?

Der Künstler John Sinnock entwarf im Jahr 1946 für die amerikanische Münzprägeanstalt das 10-Cent-Stück *Roosevelt dime*. Er war einer der wenigen Münzdesigner, die ihr Werk signierten, und so hinterließ er seine Initialen auf der Münze.

Zu jener Zeit hatten die Amerikaner derart Angst vor der sowjetischen Bedrohung, dass sich das Gerücht verbreitete, die Initialen stünden für den russischen Diktator Joseph Stalin.

☺ ☺ ☺

In gleicher Weise, wie wir uns den Gewohnheiten des Alltags anpassen, werden wir gezwungen, uns weiterzuentwickeln und uns dann vermutlich an die Gewohnheiten des Lebens nach dem Tode anzupassen.

Der Schriftsteller Noël Coward meinte: «Es gibt keine verlässliche Garantie, dass das Leben nach dem Tode weniger ermüdend sein wird als unseres hier.»

KAPITEL 24

Was haben Sie gesagt? Lebenszeichen, die nach Intelligenz schreien

🐚 🐚 🐚

Dummheit durchläuft, ähnlich wie Trauer und Minigolf, verschiedene Stationen. Zunächst einmal ist da die Erkenntnis, dass die Menschen, die Ihnen versichern, dass alles gut läuft, entweder Idioten sind oder Ihnen etwas verkaufen wollen.

Anschließend sind Sie davon überzeugt, dass die Intelligenz keine Chance hat. Man kann der eigenen Dummheit nicht entrinnen.

Dann denken Sie: Das bin nicht ich. Die Welt ist verrückt geworden. Was kann ich tun?

Aber wenn Sie sich zusammenreißen, dann wartet vielleicht ein kleines Licht am Ende des Tunnels: Die Hoffnung, dass sich die Intelligenz entgegen aller Voraussicht durchsetzen wird.

Ich habe einige scharfsinnige Menschen eingeladen, um uns durch diese Stadien zu begleiten.

ALLE VERRÜCKT, STÄNDIG

Der Komiker Bill Cosby: «Den Weisen muss man kein Wort erklären. Es sind die Dummen, die Rat brauchen.»

Der Schriftsteller M. H. Alderson: «Wenn Sie es beim ersten Mal nicht schaffen, sind Sie Durchschnitt.»

Komikerin Lily Tomlin: «Die Dinge werden noch sehr viel schlimmer werden, bevor sie schlimmer werden.»

❧ ❧ ❧

Der Philosoph Ralph Waldo Emerson: «In jedem Werk eines Genies erkennen wir unsere zurückgewiesenen Gedanken.»

❧ ❧ ❧

Der Wissenschaftler Arthur C. Clarke: «Es muss erst noch erwiesen werden, dass Intelligenz einen Wert für das Überleben darstellt.»

❧ ❧ ❧

Der Anthropologe Desmond Morris: «Wir halten uns gerne für gefallene Engel. In Wirklichkeit sind wir auferstandene Affen.»

❧ ❧ ❧

Der Philosoph Miguel de Unamuno: «Was den Menschen vom Tier unterscheidet, ist vermutlich eher das Gefühl als der Verstand. Ich habe eine Katze öfter ihre Vernunft einsetzen sehen als lachen oder weinen. Vielleicht lacht oder weint sie innerlich. Aber dann ist es möglicherweise auch so, dass ein Krebs innerlich mathematische Gleichungen zweiten Grades löst.»

❧ ❧ ❧

Der Dichter Joseph Brodsky: «Das Leben, das wirkliche Leben ist ein Kampf – und zwar nicht zwischen Gut und Böse, sondern zwischen Böse und Schlimmer.»

❧ ❧ ❧

Der Philosoph Emile Alain: «Nichts ist gefährlicher als eine Idee, wenn es die einzige ist, die Sie haben.»

ⓢ ⓢ ⓢ

Der Wissenschaftler J. Robert Oppenheimer: «Der Optimist denkt, dass dies die beste aller möglichen Welten ist. Der Pessimist weiß es.»

ⓢ ⓢ ⓢ

Der Schriftsteller Bertolt Brecht: «Der Lachende hat die furchtbare Nachricht nur noch nicht empfangen.»

KEIN AUSWEG

Der Schriftsteller Logan Pearsall Smith: «Mein ganzes Leben lang habe ich Lastwagen voller Informationen in diese Leere gegossen, die ich meine Seele nenne – wie in einen Abgrund ohne Boden.»

ⓢ ⓢ ⓢ

Der Romancier Alexandre Dumas: «Mir sind die Bösen lieber als die Dummen. Die Bösen nehmen sich ab und zu wenigstens eine Auszeit.»

ⓢ ⓢ ⓢ

Der deutsche Kanzler Konrad Adenauer: «Angesichts der Tatsache, dass Gott die Intelligenz des Menschen begrenzt hat, scheint es unfair, dass er nicht auch seine Dummheit limitierte.»

ⓢ ⓢ ⓢ

Der Musiker Frank Zappa: «Es ist nicht erforderlich, sich den Untergang der Welt im Feuer oder ewigen Eis vorzustellen. Es gibt zwei andere Möglichkeiten: eine ist Papierkram und die andere Nostalgie.»

Der Herzog von Wellington: «Es gibt nichts Dümmeres auf der Welt als einen galanten Offizier.»

᧽ ᧽ ᧽

Der Dramatiker Sean O'Casey: «Die Welt ist eine Bühne, und die meisten von uns haben ihren Text nicht gelernt.»

᧽ ᧽ ᧽

Der österreichische Schriftsteller Karl Kraus: «Das Geheimnis des Demagogen liegt darin, sich selbst so dumm wie sein Publikum zu machen. Dann glauben sie, dass sie so klug sind wie er selbst.»

᧽ ᧽ ᧽

Der Philosoph John Stuart Mill: «Die Konservativen sind nicht unbedingt dumm, aber die meisten dummen Menschen sind konservativ.»

᧽ ᧽ ᧽

Die Kolumnistin Molly Ivins: «Wenn man alle Dummköpfe aus der Gesetzgebung herausnehmen würde, würden sie keine repräsentative Größe mehr darstellen.»

᧽ ᧽ ᧽

Der Schriftsteller George Bernard Shaw: «Wenn ein dummer Mann etwas tut, das ihn eigentlich beschämt, erklärt er danach immer, dass es seine Pflicht war.»

᧽ ᧽ ᧽

Der Calvin-&-Hobbes-Karikaturist Bill Watterson: «Das sicherste Zeichen dafür, dass es irgendwo im Weltall intelligentes Leben gibt, ist die Tatsache, dass es nie versucht hat, Kontakt mit uns aufzunehmen.»

Der Schriftsteller Anatole France: «Wenn fünfzig Millionen Menschen etwas Dummes sagen, bleibt es dennoch dumm.»

ə ə ə

Der Schriftsteller Jonathan Swift: «Wenn ein wahres Genie geboren wurde, erkannte man es daran, dass alle Dummköpfe sich dagegen verbündeten.»

ə ə ə

Der Filmemacher John Sayles: «Man muss die Sprache nicht können, um ausländische Fernsehsendungen zu sehen. Dummheit ist eine universelle Sprache.»

ə ə ə

Die Anthropologin Ashley Montagu: «Die Menschen sind die einzigen Kreaturen, die in der Lage sind, sich im Namen der Vernunft unvernünftig zu verhalten.»

ə ə ə

Der Schriftsteller Thornton Wilder: «99 Prozent der Menschen auf der Welt sind Dummköpfe, und beim Rest von uns besteht eine hohe Ansteckungsgefahr.»

ə ə ə

Der Biologe Lewis Thomas: «Es ist ja schön, sich seines Bewusstseins bewusst zu sein, ja sogar stolz darauf zu sein, aber versucht niemals, es zu manipulieren. Ihr seid diesem Job nicht gewachsen.»

ə ə ə

Der Schriftsteller Tom Vernon: «In einem Dorf darf man ruhig dumm sein. Wenn man die Dummheit jedoch in die Stadt bringt, dann wird man vom Verkehr überrollt.»

Der Karikaturist Jules Feiffer: «Mit 16 war ich dumm, verwirrt und unentschieden. Mit 25 war ich weise, selbstbewusst, einnehmend und durchsetzungsfähig. Mit 45 bin ich dumm, verwirrt, unsicher und unentschieden. Wer hätte gedacht, dass die Reife nur eine kurze Unterbrechung während der Pubertät darstellt?»

ॐ ॐ ॐ

Der Schriftsteller Marcel Proust: «Sobald er nicht mehr verrückt war, wurde er einfach dumm. Es gibt Krankheiten, die wir nicht zu heilen versuchen sollten, denn nur sie allein bewahren uns vor anderen, schlimmeren.»

ॐ ॐ ॐ

Der Schriftsteller Charles Bukowski: «Fast jeder wird als Genie geboren und als Idiot beerdigt.»

ॐ ॐ ॐ

Aus einem anonymen Gedicht aus dem Jahre 1929: «Schau dir den glücklichen Dummkopf an. Ihm ist alles einerlei. Ich wünschte, ich wäre ein Dummkopf. Mein Gott, vielleicht bin ich einer.»

KINDER EINES DURCHGEKNALLTEN GOTTES

Wenn wir nach Gottes Ebenbild geschaffen sind, woher kommen dann all die Idioten und Wahnsinnigen? Anders gefragt: Machen die Götter uns verrückt, oder brauchen wir dafür einen Psychiater?

ॐ ॐ ॐ

Der Psychologe R. D. Laing: «Der Wahnsinn ist eine perfekte, rationale Anpassung an eine wahnsinnige Welt.»

ॐ ॐ ॐ

Hollywood-Mogul Samuel Goldwyn: «Jeder, der zu einem Psychiater geht, sollte seinen Kopf untersuchen lassen.»

❧ ❧ ❧

Der Schauspieler Wally Cox: «Als ich noch ein Kind im Mittleren Westen war, hatte ich immer Einsen in der Schule. Dann habe ich dreizehn Jahre auf der Couch eines Therapeuten verbracht, um dafür zu zahlen.»

❧ ❧ ❧

Der Psychiater Carl Jung: «Zeigt mir einen gesunden Menschen, und ich werde ihn für euch kurieren.»

❧ ❧ ❧

Der Schriftsteller Jerome Lawrence: «Ein Neurotiker ist ein Mensch, der ein Luftschloss baut. Ein Psychotiker ist der Mensch, der darin lebt. Ein Psychiater ist der Mensch, der die Miete kassiert.»

❧ ❧ ❧

Der Philosoph Michel de Montaigne im 16. Jahrhundert: «Der Mensch ist mit Sicherheit verrückt. Er kann nicht das kleinste bisschen selber schaffen, Götter aber gleich zu Dutzenden.»

❧ ❧ ❧

Der Schriftsteller G. K. Chesterton: «Es ist ein Akt des guten Glaubens, zu versichern, dass unsere Gedanken irgendeinen Bezug zur Realität haben.»

❧ ❧ ❧

Der Psychologe Havelock Ellis: «Der Ort, an dem der Optimismus zu voller Blüte gelangt, ist die Irrenanstalt.»

AUF ZUM LICHT

Die Wissenschaftlerin Celia Green: «Das Erstaunliche an der menschlichen Seele ist ihre Vielfalt an Begrenzungen.»

⊚ ⊚ ⊚

Der Geschäftsmann Charles Wilson: «Kein Plan kann einen dummen Menschen davon abhalten, das Falsche zur falschen Zeit am falschen Ort zu tun. Aber ein guter Plan sollte eine Anhäufung verhindern können.»

⊚ ⊚ ⊚

Der Philosoph und Staatsmann Francis Bacon: «Wenn ein Mann etwas mit Bestimmtheit angeht, endet er im Zweifel. Aber wenn er damit zufrieden ist, mit Zweifeln zu beginnen, dann endet er mit Sicherheit.»

⊚ ⊚ ⊚

Der Philosoph Alfred North Whitehead: «Es erfordert eine sehr ungewöhnliche Seele, die Analyse des Offensichtlichen zu übernehmen.»

⊚ ⊚ ⊚

Der Mathematiker Jacob Bronowski: «Es ist die Seele der Wissenschaft, eine unsachliche Frage zu stellen. Dann ist man auf dem Weg zu einer sachbezogenen Antwort.»

⊚ ⊚ ⊚

Der Physiker Wernher von Braun: «Grundlagenforschung ist das, was ich tue, wenn ich nicht weiß, was ich tue.»

⊚ ⊚ ⊚

Der Biologe Thomas H. Huxley: «Alle großen Fortschritte in den Naturwissenschaften zeichnen sich durch die rigorose Ablehnung von Autorität aus.»

҉ ҉ ҉

Der Humorist und Karikaturist Kin Hubbard: «Intelligente Menschen stehen immer auf der ungeliebten Seite von allem.»

҉ ҉ ҉

General Douglas MacArthur: «Die Welt ist eine kontinuierliche Verschwörung gegen die Mutigen. Das war schon im Altertum so: Das Brüllen der Menge auf der einen Seite und die Stimme deines Gewissens auf der anderen.»

҉ ҉ ҉

Der Psychiater Thomas Szasz: «Die Dummen vergessen oder vergeben nie. Die Naiven vergeben und vergessen. Die Weisen vergeben, aber vergessen nicht.»

Der Schriftsteller Gene Fowler: «Die Menschen sind nicht gegen dich. Sie sind einfach nur für sich selbst.»

Der Diplomat Abba Eban: «Die Menschen und Nationen verhalten sich erst dann weise, wenn alle anderen Alternativen ausgeschöpft sind.»

҉ ҉ ҉

Der Dichter Paul Valéry: «Denker sind Menschen, die noch einmal nachdenken. Die denken, dass das, was man vorher gedacht hat, niemals richtig durchdacht wurde.»

҉ ҉ ҉

Der Mathematiker Henri Poincaré: «Ein Gedanke ist nur ein Blitz inmitten einer langen Nacht. Aber dieser Blitz ist das, worauf es ankommt.»

Der Humorist Will Rogers: «Es war die Dummheit, die uns dieses Chaos verschafft hat. Warum kann sie uns nicht da rausholen?»

Teil 2

Völlig abgedreht

1. Direkt vom Reißbrett

Selbst Shakespeare wurde erst Shakespeare, nachdem er seine ersten Entwürfe korrigiert hatte. Hier sind einige historische Entwürfe, die es fast nicht vom Reißbrett geschafft hätten:

1) Von Proverbs, Inc.

CHEF: Ich denke, diese neue Idee ist viel versprechend. Notwendigkeit und Erfindungsgeist liegen eng zusammen. Wir haben es fast.

PROVERB-SCHREIBER: Danke, Chef.

CHEF: Aber einige Ihrer Sprichwörter müssen noch einmal überarbeitet werden. Zum Beispiel dieses hier: Das erste Rad spart die zweite Naht. Einprägsam, aber nicht wirklich aussagekräftig. Einfach nicht stark genug. Wenn es mir nur die zweite Naht spart, dann bringt mir das nicht wirklich was.

SCHREIBER: Ich dachte, wir bleiben realistisch, damit es überzeugend wirkt. Nun ja, wir könnten ja auch sagen: Das erste Rad spart die dritte Naht.

CHEF: Na, dann doch gleich richtig: Das erste Rad spart die vierte Naht!

SCHREIBER: Wow, Chef, ich glaube, das ist einfach zu viel. Man darf doch einem einzigen Stich nicht so viel Druck zumuten. Haben Sie schon einmal einen Knopf angenäht? Niemand wird glauben, dass man dafür vier Stiche braucht!

Der Produktmanager betritt den Raum.

MANAGER: Chef, das hier kommt gerade von oben. Sie wollen neun.

CHEF: Neun was?

MANAGER: Na, für das Rad-Nähding, an dem Sie da gerade arbeiten. Sie wollen, dass es neun Stiche spart.

SCHREIBER: Sind die verrückt geworden? Kein Rad kann neun Stiche sparen. Fünf vielleicht, mit ein bisschen Glück sogar sechs. Aber neun?

CHEF: Hm, vielleicht sollten wir einfach mal die Nadel einfädeln und schauen, wer damit näht. Außerdem: In einhundert Jahren wird niemand mehr wissen, wovon wir hier reden.

2) In der Werbeagentur Cats, Dogs and Birds

KUNDENBERATER DER TIERHANDLUNG: Na prima, Nate, die Verkaufszahlen für Katzen und Hunde sind gestiegen, seitdem wir den Bauern unser neues Niederschlagsmesssystem verkauft haben. Aber wie sieht es bei den Vögeln aus?

ASSISTENT: Die Vögel fliegen nicht gerade aus der Tür, Boss.

KUNDENBERATER: Wie schätzt du das ein, Bob?

ASSISTENT: Na, da draußen fliegen 'ne Menge Vögel kostenlos herum. Die Leute sehen nicht ein, warum sie einen kaufen und in einen Käfig tun sollten. Die Gratis-Vögel da draußen kommen besser an, weil man den Waldboden nicht jeden zweiten Tag sauber machen muss.

KUNDENBERATER: Aber unsere Vögel sind mehr wert.

ASSISTENT: Das hat unsere Studie aber nicht ergeben. Die Leute halten einen Vogel im Prinzip immer für einen Vogel.

KUNDENBERATER: Das kann doch nicht sein, Ray. Wenn man das Produkt nicht hat, dann muss man eben das Feuer verkaufen.

ASSISTENT: Sie wollen die Vögel braten? Ich glaube nicht, dass die Kunden das gut finden. Die sind ja eher sanftmütig.

KUNDENBERATER: Dann besorg uns fettere Kunden.

ASSISTENT: Ich meinte die Vögel.

KUNDENBERATER: Der Knackpunkt ist doch der, dass die Vögel da draußen nichts kosten. Aber der Preis macht die Musik. Unsere Vögel hier drinnen sind viel, viel mehr wert als diese billigen da draußen, die nicht einmal genau wissen, wohin sie fliegen sollen.

ASSISTENT: Ach so. Ein Vogel im Käfig ist so viel wert wie drei auf einem Baum. Was meinen Sie?

KUNDENBERATER: Vielleicht. Aber wie wäre es mit «Besser einen Vogel in der Hand als zwei auf dem Dach»?

ASSISTENT: Ich weiß nicht, Chef. Haben Sie schon einmal einen Vogel in der Hand gehalten? Der pickt Sie gleich in den Finger. So einen will keiner haben.

3) Technischer Kundendienst im Garten von Eden

ADAM: Sieh mal, Gott, ich will mich ja gar nicht beschweren. Das Leben ist ein schönes Schnäppchen, verglichen mit dieser großen Leere, die du da geschaffen hast. Aber wenn wir schon alle anderen beherrschen wollen, sollten wir dann nicht die Stärksten sein? Ich meine, was ist mit dem Bär? Ganz abgesehen von dem Löwen und den Tigern. Wenn wir nicht die Stärksten sind, dann wäre es doch ziemlich gut, wenn wir wenigstens zu den stärksten fünf gehörten, oder? Und Klauen – fast alle haben Klauen außer uns.

GOTT: Ich hab dir ein Gehirn gegeben.

ADAM: Das ist ja das Problem. Mein Gehirn sagt mir, es wäre ziemlich cool, wenn wir schneller wären als alles, was uns verfolgen will. Wurdest du schon einmal von einem Wolf gebissen, Herr?

GOTT: Niemand beißt Gott.

ADAM: Siehst du, das ist klug. Deshalb bist du ja der Boss. Aber wir hier unten könnten auch ein bisschen mehr davon gebrauchen. Und erst im Wasser! Wer soll denn diesen Haien sagen, dass sie nicht die Herrscher der Meere sind?

Wir fangen schon an zu glauben, dass du sie nach deinem Ebenbild geschaffen hast.

4) Die Neuregelung der zwanzig Gebote

GOTT: Oh, Moses.

MOSES: Du sprichst zu mir?

GOTT: Du hast elf bis zwanzig vergessen!

MOSES: Diese Steintafeln sind aber ganz schön schwer, Herr. Ich könnte vierzig, fünfzig Gebote niederschreiben, wenn wir Papier hätten.

GOTT: Keine schlechte Idee, aber ihr habt das Papier noch nicht erfunden.

MOSES: Du bist doch allmächtig: Kannst du nicht ein paar Erfindungen vorziehen? Papier wäre zum Beispiel nett. Ein paar dieser leichten Sandalen mit Fußbett. Eiswürfel kämen auch nicht schlecht. Ich weiß ja nicht, warum das Wasser in der Wüste unbedingt so heiß sein muss.

GOTT: Moses, du vergisst das elfte Gebot: Du sollst nicht meckern.

MOSES: Okay, okay, ist ja gut.

GOTT: Und Nummer zwölf: Wenn du eine Frage dazu hast, warum das Leben so ist, wie es ist, behalte sie für dich.

MOSES: Ja, stimmt, denn wenn du die Dinge erklären wolltest, dann hättest du das schon getan. Du hast das ja schließlich nicht einfach vergessen.

GOTT: Also, Moses. Dann nimm die nächsten zehn mit.

MOSES: Ich komme darauf zurück, versprochen. Sobald ich die Menschen dazu kriegen kann, die ersten zehn zu befolgen.

GOTT: Vergiss es nicht.

Aber Moses hat es vergessen. Machen Sie nicht den gleichen Fehler. Fordern Sie eine Kopie der «Vergessenen Gebote Nummer elf bis zwanzig» an. Und legen Sie bitte eine an Sie selbst adressierte Retour-Steintafel bei.

2. Mottos der Reichen und Berühmten

Nicht alles, was glänzt, ist Goldie Hawn.

Wie willst du sie denn auf der Farm halten – jetzt, wo sie
   Paris Hilton gesehen haben?

Das ist so wahnsinnig George-Bush-mäßig.

Er hat das Frank-Lloyd-Wright-Gen.

Ich wäre lieber Dwight D. Eisenhower als Präsident.

Du bist so Loretta Young, wie du dich fühlst.

3. Sechs Löcher im Topf auf dem Weg zum Erfolg

1) Reich werden

Der Multimilliardär John Paul Getty verrät uns, wie man in
drei einfachen Schritten zu Reichtum kommt:

Schritt 1: Stehe früh auf. Schritt 2: Arbeite hart. Schritt 3:
Finde Öl.

Wenn Sie Schritt 3 befolgen, können Sie die Schritte 1 und
2 überspringen. Wenn Sie bei Schritt 3 besonders gut sind,
dürfen Sie zur Belohnung andere Leute ermutigen, schwer zu
arbeiten, während Sie ausschlafen.

Aber selbst wenn wir niemals reich werden, haben wir
schon einen unglaublichen Erfolg zu verzeichnen. Wir existieren. Und das bei einer Chance von etwa 1 : 1 000 000.

Wir tun alles, um uns das Leben schwer zu machen. Aber
wenn wir bis zum Ende dieses Satzes überleben, dann haben
wir schon länger gelebt, als eine Million anderer Lebensfor-
men, die denselben Anspruch haben.

Millionen anderer Menschen hätten statt Ihrer geboren
werden können, wenn die Umstände nur ein kleines bisschen
anders gewesen wären. Sie hätten auf einem anderen Planeten geboren werden oder einer Million unterschiedlicher Rah-
menbedingungen auf dieser Erde unterworfen sein können.
Die Anzahl der genetischen Möglichkeiten für ein alternatives
Ich ist gigantisch groß.

Die Menschen, die Erfolg im Leben haben, indem sie nur einige wenige ihrer wichtigsten Ziele realisieren, sollten in ihrem Lebenslauf Glück an die erste Stelle setzen. Sein Glück macht man oft nur mit viel Glück.

Aber die Menschen, denen dies gelingt, sind in der Regel auch diejenigen, die sich dafür beklatschen lassen. Es gibt nicht viele Bücher über Menschen, die sich für ihren Misserfolg feiern lassen.

Die Erfolgreichen haben ohnehin viel Glück und sind nicht unbedingt erpicht darauf, Ihnen etwas davon abzugeben.

Sie drucken Millionen von Los-Nieten, damit die Menschen etwas haben, wofür sie ihr Geld sinnlos ausgeben können. Wenn Sie schon Geld mit einer Lotterie machen wollen, dann kaufen Sie sich eine Druckmaschine!

2) Selbsthilfe? Hilf dir selbst

Es gibt inzwischen so viele Selbsthilfebücher, dass wir Hilfe brauchen, um herauszufinden, wo wir um Hilfe nachsuchen können. Zyniker behaupten, dass die meisten dieser Ratgeber reine Zeitverschwendung sind. Aber alles ist irgendwie Zeitverschwendung.

Eine halbe Million Amerikaner lässt jedes Jahr chirurgische Eingriffe über sich ergehen, um besser auszusehen. Man sieht aber nicht unbedingt jedes Jahr eine halbe Million besser aussehender Amerikaner, oder?

3) Den Fortschritt retten

Wenn man das große Ganze betrachtet, muss man die Zivilisation dafür beglückwünschen, das Prinzip der Rohrleitungen verbessert zu haben. Aber in Bezug auf das Lösen von Problemen ist noch nicht eindeutig zu erkennen, ob dabei wirklich ein Fortschritt erzielt wurde.

Wenn unseren Vorfahren aus der Urzeit kalt wurde, haben sie ein Feuer gemacht. Wir bauen Atomkraftwerke.

Unsere größeren Gehirne lassen uns glauben, dass wir unseren primitiven Vorfahren weit voraus sind. Dennoch ist es sehr wahrscheinlich, dass unsere einzige dauerhafte Errungenschaft die Zerstörung der Zivilisation bleiben wird.

Man braucht wohl ein hochentwickeltes Hirn, um Atombomben zu bauen, die jeden töten können, auf den wir sauer sind, jeden, den wir mögen, und alle, die wir noch nicht kennengelernt haben.

Dann würden nur Genies entscheiden: «Das ist noch nicht genug. Wir brauchen mehr Vielfalt in der Auswahl unserer Selbstvernichtungswaffen. Lasst uns chemische und biologische Kampfstoffe entwickeln, damit Menschen, die kein Geld haben, um eigene Atombomben zu bauen, die gleichen Chancen erhalten, die Menschheit zu zerstören.»

Wollten dumme Menschen die menschliche Rasse ausrotten, würden sie einen Stein nehmen und jedem, den sie treffen, damit auf den Kopf schlagen. Es würde wohl einige Jahrhunderte dauern, bis sie ihre Mission erledigt hätten. Intelligente Menschen schaffen dies in nur wenigen Stunden.

4) Sind wir die Besten oder die Schlechtesten?

Wie stehen die Chancen, dass wir Menschen unter allen intelligenten Spezies im Universum die dümmste sind? Angesichts der Milliarden Welten da draußen ist die Wahrscheinlichkeit groß, dass Gott nicht unbedingt uns als die Essenz seiner Schöpfungsgeschichte auf der Rechnung hatte.

Diese Ehre gebührt vermutlich einer bedeutungslosen Rasse in einem hinterwäldlerischen Sonnensystem, die am Sonntag Gott in der Kirche preist und sich dann von Montag bis Freitag gegenseitig umbringt. Oder auch am Samstag, wenn sie während der Woche nicht alle erwischt haben.

5) Wir verändern alles

Wenn ich die Regierung richtig verstehe, gibt es freiheitslie-
bende Menschen auf der ganzen Welt, die nur darauf warten, dass wir endlich in ihr Land einmarschieren und sie
davor schützen, von einem Diktator gefoltert und ermordet zu werden, und ihnen stattdessen die Chance geben,
von einem demokratischen Regime gefoltert und getötet zu
werden.

6) Sind wir Zukunft oder Sackgasse?

Intelligenz kann einfach nicht die höchste Errungenschaft
der Natur sein, weil Unfälle nicht mitzählen.

Intelligenz, die Fähigkeit zu fliegen oder das Talent, sich
durch etwas durchzubeißen, bedeutet für die Natur ein und
dasselbe: Die Koordination von Milliarden von Kreaturen, die
auf einem hyperaktiven Planeten, der an Aufmerksamkeits-
defizitstörung leidet, Amok laufen.

«Es gibt sechstausend Arten von Säugetieren, von denen
keines außerhalb der Gattung der Primaten droht, sich zu einer mächtigen, intelligenten Spezies zu entwickeln», erklärt
der Biologe Stephen Jay Gould in der enervierenden Art von
jemandem, der genau weiß, wovon er redet.

«Wenn es Intelligenz wirklich geben sollte, möchte man
meinen, dass sie sich in einer ganzen Reihe anderer Aus-
prägungen äußern würde. Es handelt sich dabei nur um eine
seltsame Erfindung, die sich vor ein paar Millionen Jahren bei
einer ebenso seltsamen Spezies entwickelt hat, die in den
Savannen Afrikas lebte.»

4. Elf lustig-dumme Schilder aus der ganzen Welt

1. Auf einer Straße an einem Fluss in Burma: «Wenn dieses
    Schild sich unter Wasser befindet, ist die Straße unpas-
    sierbar.»
2. In einem Restaurant in Nairobi: «Gäste, die der Meinung

sind, unsere Kellnerinnen seien unhöflich, sollten den Manager kennenlernen.»

3. In einer Säuglingsstation in Indien: «Kinder haben keinen Zutritt.»

4. Im Zoo von Budapest: «Bitte die Tiere nicht füttern. Geben Sie das Futter dem diensthabenden Wachmann.»

5. Auf einem Händetrockner auf der Toilette einer Tankstelle in Amerika: «Maschine nicht mit nassen Händen in Gang setzen.»

6. Auf einem deutschen Friedhof: «Bitte pflücken Sie nur Blumen von Ihrem eigenen Grab.»

7. In einem Aufzug in einem Pariser Hotel: «Bitte hinterlegen Sie Vermögensgegenstände und Ihre sonstigen Werte an der Rezeption.»

8. In einer Reinigung in Rom: «Lassen Sie Ihre Kleidung hier und verbringen Sie einen unterhaltsamen Nachmittag.»

9. Vor einem Secondhandladen in Baltimore: «Wir tauschen alles – Fahrräder, Waschmaschinen usw. Warum bringen Sie nicht einfach Ihre Frau vorbei? Wir machen Ihnen einen guten Preis!»

10. Auf einer Broschüre in Atlanta: «Wenn Sie nicht lesen können, dann erfahren Sie in dieser Broschüre, wo Sie Unterricht nehmen können.»

5. Kritzeleien in den unteren Gewebeschichten meines Gehirns

1. Im vergangenen Jahrzehnt haben die amerikanischen Unternehmen ihre Produktivität um 30 Prozent gesteigert. Einzige Ausnahme ist die Kunstszene.

Um die künstlerische Produktivität zu steigern, sollen jetzt alle Beethoven-Symphonien von einem einzigartigen Wunder-Orchester, dem «Time and a Half Orchestra», gleichzeitig gespielt werden.

Sind die verrückt?

War Beethoven verrückt? Er hat sie schließlich geschrieben.

Eine nach der anderen.

Damals ging alles etwas langsamer vonstatten.

Ich denke, wir könnten sie alle in einer Saison spielen, aber nacheinander. Wir haben aber keine Zeit dafür. Also spielen wir sie alle zusammen, und das Publikum kann multipel zuhören. Einige der Musiker spielen eine Symphonie, andere die Nummer zwei und so weiter.

Passend dazu erreichen uns Neuigkeiten von einem ähnlich gearteten Wunder-Theater, dem «Faster Acting Theater», wo man beschlossen hat, *Tod eines Handlungsreisenden* und *A Chorus Line* gleichzeitig aufzuführen.

Wenn man sie zusammenwirft, machen die Stücke keinen Sinn. Sie machen aber auch so keinen Sinn.

In der Ballett-Variante wird die «Double-Dancing Ballet Company» *Schwanensee* und die *Nussknacker-Suite* gleichzeitig tanzen.

Die Tänzer werden alle ineinanderprallen. Beim Fußball funktioniert das schließlich auch irgendwie.

2. Warum steigen die Studiengebühren für die Universität Jahr für Jahr? Werden die Studenten jedes Jahr dümmer, und müssen die Professoren schwerer arbeiten, um ihnen denselben alten Mist beizubringen? Oder wird der Preis für das Lehren von Geschichte jedes Jahr teurer, weil es immer ein bisschen mehr Geschichte zu vermitteln gibt als im Vorjahr?

3. In Bierwerbespots sieht man immer kernige Typen und sexy Frauen Bier trinken. Und alle sind immer schlank. Im wahren Leben fragt man sich, wo sich all die dünnen Biertrinker verstecken. Laufen sie zwischen den einzelnen Runden ein paar Mal um den Block? Oder sind sie ständig auf dem Klo, um das Bier wieder loszuwerden?

4. Der Präsident hat sich darüber mokiert, dass der Kongress

neue Gesetze zu langsam verabschiedet. Ab sofort werden die Gesetze gleich verabschiedet, und der Kongress kann später – wenn er mehr Zeit hat – darüber abstimmen. Das Weiße Haus wird einfach davon ausgehen, dass jeder diese Gesetze und Regelungen befürwortet – warum sollte dem auch nicht so sein?

6. Sechzehn Lektionen für den gelehrten Idioten

1. Das Leben ist nicht nur ein dummer, gemeiner, sinnloser Schritt nach dem anderen. Oft geschehen gleich mehrere dumme, gemeine, sinnlose Dinge gleichzeitig.

2. Die Welt ist voller Idioten. Aber es gibt zu viele kluge Leute, die das immer wieder ändern.

3. Je mehr Sie sich darüber beklagen, wie dämlich das alles ist, desto länger lässt der Herrgott Sie leben, denn er sieht, dass Sie es begriffen haben.

4. Ein Dutzend Äpfel am Tag hält Ihnen das Krankenhaus vom Leib.

5. Schönheit geht nur unter die Haut. Aber tiefer will ja ohnehin keiner schauen.

6. Die amerikanische Außenpolitik kann gar nicht idiotischer werden, sonst hätten unsere Politiker längst dafür gestimmt.

7. Es ist sicher klug, Geld zu heiraten, aber nehmen Sie das Geld vorher. Denn wenn Sie Geld heiraten, werden Sie auch dafür eingetauscht werden. Reich zu sein bedeutet, sich niemals fragen zu müssen: Kann ich mir das neue Modell mit der tollen, glitzernden Ausstattung leisten?

8. Für die meisten Produkte, die man unter 10 Dollar kaufen kann, gilt, dass man im Grunde mehr für den Werbekosten- als für den Produktanteil zahlt.

9. Die meisten Führungskräfte haben kein Interesse daran, ein besseres Produkt zu entwickeln, für eine bessere Welt zu kämpfen oder ein profitableres Unternehmen zu er-

wirtschaften. Ihr Hauptziel ist es, betriebliche Prozess-abläufe so komplex zu gestalten, dass nur sie sie leiten können.

10. Es ist fast unmöglich aufzugeben, wenn man allen anderen voraus ist. Realistischer wäre da schon die Strategie, auszusteigen, wenn man noch nicht zu weit abgehängt ist.

11. Wenn Sie etwas Intelligentes machen, wird man Sie zu weiteren intelligenten Taten ermutigen. Dies ist eine fast sichere Methode, etwas Dummes zu tun.

12. Der Tod steht jeder Art von nachhaltigem Spaß im Weg.

13. Wenn Sie dumm sind, dann sind Sie zu dumm, um es zu wissen. Aber dumme Menschen sind fast so klug wie intelligente Menschen, denn intelligente Menschen sind nicht so klug, wie sie glauben.

14. Warum brauchen wir so viele Produkte, die neuer und besser sind? Hätten wir gleich ein vernünftiges Produkt auf den Markt gebracht, wäre dies dann nicht unnötig? Alt und ohne die Notwendigkeit, es zu verbessern. Das ist etwas, was ich kaufen würde!

15. Wann immer es zu einer Katastrophe kommt und die Verantwortlichen nicht wollen, dass wir denken, sie passiere noch einmal, schreiben sie das Desaster einem «menschlichen Fehler» zu. Ist das nicht dasselbe wie «irgendein Idiot hat es wieder mal vermasselt»?

16. Wie kann unsere Intelligenz uns retten, wenn es unsere Gehirne sind, die uns in dieses Schlamassel geritten haben?

7. Neun dämliche Witze

1. Ein dummer Frosch ging zu einem Medium, das in die Zukunft sah und ihm prophezeite: «Du wirst ein wunderschönes Mädchen treffen, das alles über dich wissen will, aber dein Herz brechen wird.» – «Vielleicht ist es die Mühe

wert», sagte der Frosch. «Wo finde ich sie? Unten beim See?» – «Nein», antwortete das Medium, «im Biologieunterricht.»

2. Ein dummer Geschäftsführer traf in seinem Club auf einen Anwalt. «Wie viel würde es mich kosten, wenn Sie mir drei Fragen beantworteten?», fragte der Geschäftsführer.

«Fünfhundert», antwortete der Anwalt. – «Das ist aber viel, oder?» – «Nun ja, ich vermute, das ist es in der Tat», sagte der Anwalt. «Wie lautet Ihre dritte Frage?»

3. Warum hat die Idiotin ihren Trauring am falschen Finger getragen? Sie hat den falschen Kerl geheiratet.

4. Der Dummkopf dachte, er hätte alles vorbereitet. Aber als seine schwangere Frau das Fruchtwasser verlor, bekam er Panik. Er war sich nicht sicher, ob sie es rechtzeitig bis ins Krankenhaus schaffen würden, also rief er den Notruf 112 an und schrie ins Telefon: «Sie müssen mir helfen, meine Frau kriegt das Kind.» – «Bitte bleiben Sie ruhig», antwortete der zuständige Notruf-Beamte. «Ist das Ihr erstes Kind?» – «Nein, ich bin ihr Ehemann.»

5. Eine Gruppe amerikanischer Touristen bereiste England, wo ein Geschichtsprofessor sie durch Runnymede führte. «Was hat sich hier zugetragen?», fragte einer der dummen Amerikaner. – «Hier an diesem Ort wurde die Magna Charta unterschrieben», erklärte der Professor. – «Wann denn?», fragte der Amerikaner. – «1215», antwortete der Professor. – «Das ist ja doof», sagte der Amerikaner zu seiner Frau enttäuscht, «wir sind 20 Minuten zu spät dran.»

6. Was haben Attila der Hunnenkönig, Bozo der Clown und Fipps der Affe gemein?
Denselben zweiten Vornamen.

7. Ein Idiot verlief sich in New York und fragte einen Polizisten: «Wie komme ich am schnellsten zur Carnegie Hall?» – «Zu Fuß oder mit dem Taxi?», fragte der Polizist. –

«Mit dem Taxi, denke ich», antwortete der Idiot. – «Ja, das ist am schnellsten.»

8. Ein dummer Zeitgenosse saß in der Kirche und wartete auf die Predigt, als ein anderer Mann den Mittelgang entlangkam und ihn fragte: «Ist der Platz neben Ihnen noch frei?» – «Nein», antwortete er, «aber ich bete dafür.»

9. Zwei Buchhalter trafen sich, als sie nach einem Kundenbesuch zurück ins Büro kamen. «Was trägst du in diesem großen Leinenbeutel mit dir rum?», fragte der Dumme. – «Goldbarren», antwortete der andere. «Mein Kunde hat zu viele davon im Büro herumliegen und hat mir ein paar abgegeben.» – «Mann, hast du ein Glück», bewunderte ihn der erste. «Meine Kunden schreiben immer nur rote Zahlen. Ich möchte eine Wette mit dir abschließen. Wenn ich errate, wie viele Goldbarren du in deiner Tasche hast, gibst du mir dann einen davon ab?» – »Ich habe schon so viele davon zu Hause», antwortete der zweite Buchhalter. «Ich sag dir was: Wenn du errätst, wie viele Goldbarren ich in der Tasche habe, gebe ich dir beide.» – «Okay, ich sage sechs.» – «Falsch.»

8. Kostenloser Rat zum halben Preis

Der Schriftsteller Franklin Jones: «Die leichteste Art, ein Problem zu lösen, besteht darin, ein leicht lösbares Problem zu suchen.»

Die Dichterin Alice Walker: «Erwarte nichts. Lebe genügsam von Überraschungen.»

Der Komiker Jeffrey Jena: «Wenn du dich betrinkst, ruf nicht etwa ein Taxi, sondern einen Abschleppwagen. Das kostet vielleicht ein bisschen mehr, aber dein Auto steht vor der Tür, wenn du aufwachst.»

Der Komponist Billy Rose: «Investieren Sie Ihr Geld nie in etwas, das Nahrung zu sich nimmt oder immer wieder neu gestrichen werden muss.»

Der Schriftsteller Mark Twain: «Kaufe Land. Es wird nicht mehr hergestellt.»

Der Schriftsteller Robert Benchley: «Erzählen Sie Ihren Freunden nichts von Ihren Verdauungsbeschwerden. ‹Wie geht es dir?› ist eine Begrüßungsformel, keine Frage.»

Der Dichter Heinrich Heine: «Man sollte seinen Feinden vergeben. Aber nicht, bevor sie hängen.»

Schriftsteller Edgar Howe: «Statt Ihre Feinde zu lieben, sollten Sie Ihre Freunde einfach besser behandeln.»

Der Komiker Buddy Hackett: «Trage nie jemandem etwas nach. Während du noch am Nachtragen bist, tanzt der Nächste schon mit ihr.»

Der Finanzexperte Bernard Baruch: «Wählen Sie den Mann, der am wenigsten verspricht. Er wird Sie weniger enttäuschen als die anderen.»

Der Schriftsteller Jerome K. Jerome: «Es ist immer besser, die Wahrheit zu sagen, es sei denn, man ist ein ausgesprochen guter Lügner.»

Der Schriftsteller Wallace Stegner: «Wenn du schon alt wirst, dann werde wenigstens so alt, wie es geht.»

Der Schriftsteller Damon Runyon: «Das Rennen gewinnen nicht immer die Schnellen und den Kampf nicht immer die Starken. Aber so läuft das nun einmal mit den Wetten.»

Der Politiker H. H. Asquith: «Legen Sie sich nie mit einem Kaminfeger an.»

Oliver Wendell Holmes Jr., Richter am Obersten Gerichtshof: «Es ist einer meiner alten Tricks, nach außen Begeisterung zu vermitteln und im Inneren ironisch zu bleiben.»

Der Philosoph Blaise Pascal: «Wenn du gewinnst, gewinnst du alles. Wenn du verlierst, verlierst du nichts. Du kannst also ohne Zweifel darauf wetten, dass es IHN gibt.»

Der ehemalige US-Präsident Jimmy Carter: «Wir sollten unser Leben so leben, als ob Christus noch heute Nachmittag vorbeischauen würde.»

Der Schriftsteller W. Somerset Maugham: «Es gibt drei Regeln für das Schreiben eines Romans. Leider weiß niemand genau, welche das sind.»

Milliardär Warren Buffett: «Ich suche keine drei Meter hohen Stäbe, über die ich springen muss. Ich suche welche, die 50 Zentimeter hoch sind und über die ich ganz einfach steigen kann.»

Der Dichter Robert Frost: «Achte darauf, dein Pferd zu verkaufen, bevor es stirbt. Die Kunst des Lebens besteht darin, Verluste weiterzugeben.»

Der Journalist Richard Ingrams: «Wenn Ihre Anwälte Ihnen sagen, Ihre Chancen stünden gut, den Prozess zu gewinnen, sollten Sie sofort auf einen Vergleich eingehen.»

Die Anthropologin Ashley Montagu: «Man sollte in der Jugend so hart arbeiten, dass alles, was danach kommt, sich im Vergleich dazu einfach ausnimmt.»

Die Schriftstellerin Irish Murdoch: «Eines der Geheimnisse für ein glückliches Leben sind andauernde kleine Überraschungen. Wenn einige davon günstig und schnell besorgt werden können – umso besser.»

Der ehemalige US-Präsident Calvin Coolidge: «Das Geheimnis des finanziellen Erfolges liegt darin, gute Aktien zu kaufen, zu warten, bis diese steigen, und sie dann zu verkaufen. Wenn sie nicht steigen, kaufen Sie sie einfach nicht.»

Admiral John Fisher: «Behaupten Sie niemals das Gegenteil. Geben Sie niemals Erklärungen ab. Entschuldigen Sie sich niemals.»

Die Schriftstellerin Susan Chitty: «Beantworte außer dem Heiratsantrag niemals eine Frage mit ja oder nein.»

Die Geschäftsfrau Estée Lauder: «Suchen Sie sich einen reizenden Menschen. Vergessen Sie die Reichen.»

Die Journalistin Mignon McLaughlin: «Ein wirklich glückliches Leben lässt sich dadurch erlangen, dass man die Tage gründlich plant und die Nächte dem Zufall überlässt.»

Der Modedesigner Bill Blass: «Wenn du nicht weißt, was du tragen sollst – kleide dich in Rot.»